KB175857

데이터 분석

Be the Solver

정성적
자료 분석(QDA)

데이터 분석

Be the Solver

정성적
자료 분석(QDA)

송인식 지음

'문제 해결 방법론(PSM)'[1]의 재발견!

오랜 기간 기업의 경영 혁신을 지배해온 「6시그마」의 핵심은 무엇일까? 필자의 과제 수행 경험과 강의, 멘토링, 바이블 시리즈 집필 등 20년 넘게 연구를 지속해오면서 6시그마를 지배하는 가장 중요한 요소가 무엇인지 깨닫게 되었다. 그것은 바로 **'문제 처리(Problem Handling)', '문제 해결(Problem Solving)', '문제 회피(Problem Avoiding)'**이다. 이에 그동안 유지해온 타이틀 『6시그마 바이블』 시리즈와 『Quality Bible』 Series를 이들 세 영역에 초점을 맞춘 **『Be the Solver』** 시리즈로 통합하고, 관련 내용들의 체계를 재정립한 뒤 개정판을 내놓게 되었다.

기업에서 도입한 경영 혁신의 핵심은 대부분 '문제 처리/문제 해결/문제 회피(이하 '3대 문제 유형')'를 위해 사전 활동으로 '과제 선정'이 요구되고, '3대 문제 유형'을 통해 사후 활동인 '성과 평가'가 이루어진다. 또 '3대 문제 유형'을 책임지고 담당할 '리더'가 정해지고, 그들의 '3대 문제 유형' 능력을 키우기 위해 체계적인 '전문 학습'이 기업으로부터 제공된다. 이들을 하나로 엮으면 다음의 개요도가 완성된다.[2]

---

1) Problem Solving Methodology.
2) 송인식(2016), 『The Solver』, 이담북스, p.38 편집.

상기 개요도에서 화살표로 연결된 내용들은 '용어 정의'를, 아래 밑줄 친 내용들은 '활동(Activity)'을 각각 나타낸다. 기업에는 모든 형태의 문제(공식화될 경우 '과제')들이 존재하고 이들을 해결하기 위해 세계적인 석학들이 다양한 방법론들을 제시했는데, 이같이 문제들을 해결하기 위한 접근법을 통틀어 '**문제 해결 방법론(PSM, Problem Solving Methodology)**'이라고 한다.

필자의 연구에 따르면 앞서 피력한 대로 문제들 유형은 '문제 처리 영역', '문제 해결 영역' 그리고 '문제 회피 영역'으로 나뉜다. '문제 처리 영역'은 '사소한 다수(Trivial Many)'의 문제들이, '문제 해결 영역'은 고질적이고 만성적인 문제들이, 또 '문제 회피 영역'은 연구 개발처럼 '콘셉트 설계(Concept Design)'가 필요한 문제 유형들이 포함된다. '문제 회피(Problem Avoiding)'의 의미는 설계 제품이 아직 고객에게 전달되지 않은 상태에서 "향후 예상되는 문제들을 미리 회피시키기 위해 설계 노력을 강구함"이 담긴 엔지니어 용어이다. 이들 '3대 문제 유형'과 시리즈에 포함돼 있는 '문제 해결 방법론'을 연결시켜 정리하면 다음과 같다.

[**총서**]: 문제 해결 역량을 높이기 위한 이론과 전체 시리즈 활용법 소개.
- The Solver → 시리즈 전체를 아우르며 문제 해결 전문가가 되기 위한 가이드라인 제시.

[**문제 처리 영역**]: '사소한 다수(Trivial Many)'의 문제들이 속함.

- 빠른 해결 방법론 → 전문가 간 협의를 통해 해결할 수 있는 문제에 적합. '실험 계획(DOE, Design of Experiment)'을 위주로 진행되는 과제도 본 방법론에 포함됨(로드맵: 21 - 세부 로드맵).
- 원가 절감 방법론 → 원가 절감형 개발 과제에 적합. 'VE(Value Engineering: 가치공학)'를 로드맵화한 방법론(로드맵: 12 - 세부 로드맵).
- 단순 분석 방법론 → 분석 양이 한두 건으로 적고 과제 전체를 5장 정도로 마무리할 수 있는 문제 해결에 적합.
- 즉 실천(개선) 방법론 → 분석 없이 바로 처리되며, 1장으로 완료가 가능한 문제 해결에 적합.
- 실험 계획(DOE) → '요인 설계'와 '강건 설계(다구치 방법)'로 구성됨(로드맵: '빠른 해결 방법론'의 W Phase에서 'P - D - C - A Cycle'로 전개).

[문제 해결 영역]: 고질적이고 만성적인 문제들이 속함.
- 프로세스 개선 방법론 → 분석적 심도가 깊은 문제 해결에 적합(로드맵: 40 - 세부 로드맵).
- 통계적 품질 관리(SQC) → 생산 중 문제 해결 방법론. '통계적 품질 관리'의 핵심 도구인 '관리도'와 '프로세스 능력'을 중심으로 전개.
- 영업 수주 방법론 → 영업 수주 활동에 적합. 영업·마케팅 부문(로드맵: 12 - 세부 로드맵).
- 시리즈에 포함되지 않은 동일 영역의 기존 방법론들 → TPM, TQC, SQC, CEDAC, RCA(Root Cause Analysis) 등.[3]

[문제 회피 영역]: '콘셉트 설계(Concept Design)'가 포함된 문제들이 속함.
- 제품 설계 방법론 → 제품의 설계·개발에 적합. 연구 개발(R&D) 부문

---

3) TPM(Total Productive Maintenance), TQC(Total Quality Control), SQC(Statistical Quality Control), CEDAC(Cause and Effect Diagram with Additional Cards).

(로드맵: 50 - 세부 로드맵).

- 프로세스 설계 방법론 → 프로세스 설계·개발에 적합. 금융/서비스 부문 (로드맵: 50 - 세부 로드맵).
- FMEA → 설계의 잠재 문제를 적출해 해결하는 데 쓰임. Design FMEA 와 Process FMEA로 구성됨. 'DFQ(Design for Quality) Process'로 전개.
- 신뢰성(Reliability) 분석 → 제품의 미래 품질을 확보하기 위해 수명을 확률적으로 분석·해석하는 데 적합.
- 시리즈에 포함되지 않은 동일 영역의 기존 방법론들 → TRIZ, NPI 등.[4]

다음은 『Be the Solver』 시리즈 전체와 개별 주제들의 서명을 나타낸다.

분류	『Be the Solver』 시리즈
총서	The Solver
문제 해결 방법론 (PSM)	[문제 처리 영역] 빠른 해결 방법론, 원가 절감 방법론, 단순 분석 방법론, 　　　　　　　　즉 실천(개선) 방법론 [문제 해결 영역] 프로세스 개선 방법론, 영업 수주 방법론 [문제 회피 영역] 제품 설계 방법론, 프로세스 설계 방법론
데이터 분석 방법론	확증적 자료 분석(CDA), 탐색적 자료 분석(EDA), R분석(빅 데이터 분석), 정성적 자료 분석(QDA)
혁신 방법론	혁신 운영법, 과제 선정법, 과제 성과 평가법, 문제 해결 역량 학습법
품질 향상 방법론	[문제 처리 영역] 실험 계획(DOE) [문제 해결 영역] 통계적 품질 관리(SQC)―관리도/프로세스 능력 중심 [문제 회피 영역] FMEA, 신뢰성 분석

---

4) TRIZ(Teoriya Resheniya Izobretatelskikh Zadach), DFQ Process(Design for Quality Process), NPI(New Product Introduction).

'정성적 자료 분석(QDA)'이란?

기업에서 수행되는 과제는 프로세스 내 문제를 해결하고 이를 통해 수익성과 성장성을 담보한다. 이때 문제를 극복하기 위해 '근본 원인(Root Causes)'을 깊이 있게 탐구하게 되며, 이렇게 확인된 '근본 원인'을 제거하거나 감소시킬 목적의 해당 프로세스에 대한 '개선 방향'이 설정되면 '분석(Analyze)'이 마무리된다. 이 과정에 소요되는 각종 도구(Tools)들에 '확증적 자료 분석(CDA)'과 '탐색적 자료 분석(EDA)', 'R 분석(빅 데이터 분석)' 그리고 '정성적 자료 분석(QDA)'이 있다.

우선 '확증적 자료 분석(CDA, Confirmatory Data Analysis)'은 문제 해결 중 흔히 접하는 '가설 검정'이다. 두 개의 '가설'을 두고 수치적(또는 통계적) 접근을 통해 하나를 선택하는 '검정'의 과정이며, 따라서 "유의하다(의미 있을 정도로 변했다, 다르다)" 또는 "유의하지 않다(의미가 없다, 달라지지 않았다)"로 가설 중 하나를 선택한다. 둘 중 하나의 선택이므로 '판사 역할'에 대응한다. 이에 반해 '탐색적 자료 분석(EDA, Exploratory Data Analysis)'은 프로세스에서 일어나는 여러 현상을 '정제된 데이터'가 아닌 '원 자료(관측치)' 그대로에서 탐구하는 분석법이다. 상당한 양의 데이터를 대상으로 하므로 주로 '그래프 분석'이 주류를 이룬다. 많은 자료 속에서 원인을 찾아가므로 마치 범인을 잡기 위해 탐문하고 증거를 추적하는 '탐정 역할'에 비유된다. 또 'R 분석(빅 데이터 분석)'은 오픈 소스로 쓰이는 통계 패키지 'R'을 빗댄 명칭으로 서버에 저장된 프로세스의 '빅 데이터'를 대상으로 한다. 일반적으로 기업 안에서의 데이터를 지칭하므로 일상에서의 'SNS 데이터'와 구별되지만 그 양이 많으므로 품질 교육에서 배우는 '가설 검정'이나 '그래프 분석' 등의 분석적 접근과는 도구 선택과 해석에 큰 차이가 있다. 분석 환경이 다르므로 고도의 학습이 요구된다.

앞서 언급한 세 개의 분석법은 모두 '정량적 분석'에 속한다. 쉽게 말해 숫자가 존재한다. 그러나 모든 분석에 숫자가 존재하는 것은 아니다. 예를 들어 팀원들이 모여 문제의 원인들을 브레인스토밍으로 도출하고 그들을 선별하기 위해 평가를 하거나, 특정 현상들의 '전후관계' 또는 '인과관계'를 규명하기 위해 서로 연결 짓는 일, 많은 그렇지만 성격이 다른 정보들을 한 곳에 모아 놓고 의미 있는 판단을 해야 할 때 등 상황과 성격에 따라 다양한 해석과 결론을 유도할 필요가 있다. 이와 같이 숫자 없이 의사 결정이 필요한 분석을 '정성적 분석'이라고 한다. '정성적 분석'을 '확증적 자료 분석(CDA)'과 '탐색적 자료 분석(EDA)'의 명칭과 보조를 맞추기 위해 <u>정성적 자료 분석(QDA, Qualitative Data Analysis)'</u>으로 명명하였다.

'정성적 자료 분석(QDA)'은 문제 해결에 있어 팀원들의 의견 수렴과 올바른 의사 결정, 그리고 수치 해석을 위한 사전 분석용으로 매우 중요한 역할을 한다. 독자는 본문에 들어가기 전 바로 이어질 '본문의 구성'을 반드시 정독하기 바란다. 기업에서의 문제 해결에 '확증적 자료 분석(CDA)'과 '탐색적 자료 분석(EDA)' 그리고 '정성적 자료 분석(QDA)' 들을 조화롭게 활용함으로써 프로세스에서 명확한 증거를 확보하는 새로운 분석 체계를 완성해보기 바란다.

저자 송인식

본문의 구성

본문은 '정성적 도구(Tools)'들 하나하나의 쓰임새를 체계적으로 정리하고 있다. 하지만 활용 측면에서 관심 있는 도구의 용법을 죽 읽는 것만으로도 실제 활용에는 무리가 없다. 그러나 이 책의 두드러진 특징과 의미를 요약하면 다음과 같이 5가지로 압축할 수 있다.

첫째, 문제 해결 중 지금껏 써왔던 모든 정성적 도구들을 모아놓았다는 것,
둘째, 그들 각각의 출처를 찾아 정리했다는 것,
셋째, 정확한 명칭, 즉 원래 이름을 찾아 명명했다는 것,
넷째, 가급적 탄생 당시의 용법을 그대로 옮겨놓았다는 것,
다섯째, 필자가 만든 도구를 처음으로 포함시켰다는 것 등이다.

특히 '다섯째 특징'은 좀 조심스러운데, '정성적 도구'들을 정리하면서 "어쩜 서구나 일본에서 만들어져 만든 이의 이름이 붙은 도구는 꽤 되는데, 우리가 만든 우리나라 사람 이름이 붙은 도구는 하나도 없을까?" 하는 씁쓸함이 느껴졌다. 해서 욕먹을 각오하고 멘토링 중 필자가 만든 도구인 'IMCAT(Insik's Market Condition Analysis Table)'를 포함시켰다. 물론 명칭에 필자 이름인 'Insik'이 포함돼 있다. 웃을 수 있는 일이지만 이런 도구들이 무지하게 많이 나와 세계 여기저기서 출처를 대한민국에서 찾아보는 그날이 오기를 간절히

바라는 바이다.

'정성적 도구'를 '정량적 도구'와 다르게 보는 기본적 차이는 무엇일까? 쉽게 말해 '수치 데이터의 유무' 정도가 되지 않을까 싶다. 즉, '수치 데이터'가 있으면 '모아서 계산'하는 꼴이므로 한자어인 '통계(統計)'가 이루어질 수밖에 없다. 본 책 역시 이 기본적 차이를 그대로 적용하여 '정성적 도구'를 선택하는 주요 근거로 삼았다. 따라서 QC 7가지 도구' 내에서도 수치 데이터가 사전에 요구되는 '파레토 차트', '산점도' 등은 있다는 것만 언급했을 뿐 설명 대상에선 제외시켰다. 본 책의 구성은 다음과 같다.

1. 성격이 유사한 '정성적 도구'들은 특정 유형으로 묶어 전개하였다. 예를 들어 '**X-Y 좌표형 도구**'엔 다양한 Matrix(첫 행과 첫 열에 자료가 입력되므로 X, Y 구조로 이해) 형상을 띤 '표 유형'과, 또 실제 X-Y 평면에서 논의가 이루어지는 '그림 유형'으로 구분하고 각각 11개와 14개의 도구들을 모아놓았다. 각 유형별 대표적인 것에 'Cause & Effect Matrix'와 'BCG Matrix'가 포함된다. 두 번째는 '**전개형 도구**'로 한 점에서 뻗어나가는 '가지 유형'과 그렇지 않은 '그림 유형'으로 구분하였고, 각각의 대표적 도구에 'Ishikawa Diagram(특성 요인도)'과 'Affinity Diagram(친화도법)'이 있다. '가지 유형'과 '그림 유형' 각각에 7개가 포함돼 있다. 끝으로 '**묶음형 도구**'가 있는데, 통상 여러 개가 묶음으로 형성돼 있거나 또는 그렇게 설명하는 것이 편리한 도구들로 '갭 분석(Gap Analysis)', '아이디어 창출(Idea Generation)', 'QC 7가지 도구', '신 QC 7가지 도구', 'CVA 7가지 도구' 등이 있다. 특히 '고객 가치 평가를 위한 7가지 도구(7 Tools of Customer Value Analysis)'는 영업/마케팅, 연구 부문 등에서 중요한 '고객 가치' 분석용 도구들로 이번 개정판에 새롭게 포함

시켰다. '묶음형 도구'의 대표적인 도구들에 '벤치마킹', '브레인스토밍', '파레토 차트', '연관도(Relations Diagram)', '고객 가치 지도'들이 속한다. 요약하면 다음과 같다.

[표] '정성적 도구'들의 유형별 구분

도구 구분	하위 유형	설 명
X–Y 좌표형	표 유형	첫 행과 첫 열에 자료가 입력되는 표 형식 도구
	그림 유형	X–Y 평면에서 전개되는 도구
전개형	가지 유형	한 점에서 가지가 뻗어나가는 형상의 도구
	그림 유형	서로 간의 관계를 표현하는 도구
묶음형	–	묶음으로 설명이 용이한 도구

2. 도구의 쓰임은 동일하지만 명칭이 다른 것들을 모두 찾아 기술하였다. 이것은 똑같은 도구임에도 다르게 인식될 수 있는 오류를 줄여준다.

3. 대표 '문제 해결 방법론'인 '프로세스 개선 방법론'과 '제품(또는 프로세스) 설계 방법론'의 어느 '세부 로드맵'에서 주로 쓰이는지를 언급하였다. 따라서 '로드맵'에 익숙한 리더라면 '정성적 도구'의 활용 수준을 크게 높일 수 있다.

4. 도구가 생겨난 '탄생 배경'과 '출처'를 모두 찾아 기술하였다. 이 과정에서 알고 있던 일부 도구의 명칭이 바뀌는 경우도 있고, 용법을 좀 더 명확하게 인지할 수 있는 계기도 갖는다.

5. '작성 절차'를 간단한 사례와 함께 ①, ②, ③…식으로 설명하였다. 따라

서 누구든 과정과 결과를 쉽게 접할 수 있고 그로부터 도구의 응용력을 키울 수 있는 학습 효과를 얻는다. 또 일부 사례들은 먼저 출간된 '프로세스 개선 방법론', '제품(또는 프로세스) 설계 방법론'의 본문을 사용함으로써 '로드맵' 흐름 속에서의 도구 쓰임새를 이해시키는 데 주력하였다.

6. 맨 뒤 단원에 '정성적 도구'의 원활한 활용을 위해 '도구 선택 방법론 (Methodology)' 섹션을 두었다. 개별적 도구들을 엮어 쓸 수 있는 로직에 해당한다. 이 방법을 이용하여 '정성적 도구'들을 낱개가 아닌 유기적 관계로 이해하며 활용의 극대화를 꾀하게 된다.

본문은 문제 해결 중 사용했던 '정성적 도구'들에 초점을 맞춰 구성됐다. 하지만 누구나 쉽고, 또 단순하게 느껴져 '아, 이거구나!' 하고 넘어가기보다 지속적인 연구 테마로 우리 이름을 붙인 독창적인 도구들이 탄생하는 시발점이 되었으면 하는 바람이다. 『Be the Solver』 시리즈에 대한 Q&A를 원하는 독자는 'http://ps-lab.co.kr'을 방문하기 바란다.

차례

X-Y 좌표형 도구

과제를 수행할 때 사용 빈도가 높은 '정성적 자료 분석' 도구 중 'X-Y 좌표' 형상을 띠는 도구(Tools)들을 설명한다. 'X-Y 좌표형'은 다시 '표 유형'과 '그림 유형'으로 구분된다.

1. X-Y 좌표형 도구 개요

'X-Y 좌표형'은 2차원 평면을 중심으로 'X-축'과 'Y-축'이 존재하고, 자료나 정보가 그들을 기준으로 분류되는 도구들의 총칭으로 정의한다. 두 가지로 구분되며, 개요도는 다음 [그림 T-1]과 같다.

[그림 T-1] 'X-Y 좌표형' 개요도

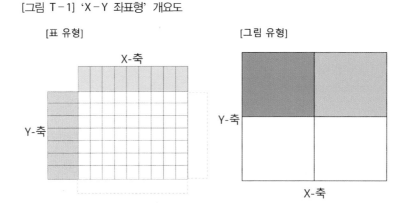

'**표 유형**'은 'X-축'과 'Y-축'의 각 입력 항목들을 일대일로 대응시켜 서로 간 상관의 정도를 셀 내 점수로 표현하는 방식이며, [그림 T-1]에서 점선으로 표시된 영역에 종합 결과가 숫자로 표기된다. '**그림 유형**'은 제시된 사각 분할 영역들 중 자료나 정보가 어디에 속하는지 분류하는 방식이다. 특히 사각 분할 영역이 몇 개 존재하는지에 대한 구분은 두지 않는다(본문은 4개, 9개 소개). 문제 해결 중 자주 쓰이는 두 유형에 속할 기존 '정성적 도구'들을 모두 모으면 다음 [표 T-1]과 같다(한글 명칭은 생략).

[표 T-1] 'X-Y 좌표형' 도구의 예

구분	정성적 도구	연관 세부 로드맵	설명 위치
표 유형	AHP(Analytic Hierarchy Process)	(IC)Step-11.1,(DV) Step-6.1	2.1.1
	(Belief) Decision Matrix	(IC)Step-11.1, (DV)Step-7.4, 8.2, 11.2	2.1.2
	C&E Matrix	(IC)Step-6.1, (DV) Step-7.2	2.1.3
	IMCAT(Insik's Market Condition Analysis Table)	(IC)Step-8.1, (DV)Step-9.2	2.1.4
	Kepner-Tregoe Matrix	(IC)Step-11.1, (DV)Step-7.4, 8.2, 11.2	2.1.5
	Multi-voting	(IC)Step-6.1, 6.2, 11.1, (DV)Step-7.2, 8.2, 11.2	2.1.6
	NGT(Nominal Group Technique)		2.1.7
	PCA(Paired Comparison Analysis)	(IC)Step-11.1,(DV) Step-6.1	2.1.8
	Pugh Method	(IC)Step-11.1, (DV)Step-7.4, 8.2, 11.2	2.1.9
	Risk Assessment	(IC)Step-13.1, (DV)매 Phase 종료 직후	2.1.10
	Showstopper 제거	(IC)Step-11.1, (DV)Step-7.4, 11.2	2.1.11
그림 유형	BCG Matrix	(IC, DV)Step-1.1	2.2.1
	ERRC	(IC)Step-11.1, (DV)Step-2.2, Step-7.3	2.2.2
	Force Field Analysis	(IC)Step-11.1, (DV)Step-11.2	2.2.3
	GE Matrix	(IC)Step-1.1, (DV)Step-1.1	2.2.4
	Kano Model	(DV)Step-5.4	2.2.5
	MDAC(Matrix Data Analysis Chart)	(IC)Step-8.1, (DV)Step-9.2	2.2.6
	Morphological Matrix	(IC)Step-11.1, (DV)Step-8.1	2.2.7
	MGPP(Multi-Generation Product Plan)	(IC)Step-2.4, (DV)Step-2.4	2.2.8
	Pick Chart	(IC)Step-11.1, (DV)Step-11.2	2.2.9
	PLC(Product Life Cycle) Theory	(DV)Step-1.1	2.2.10
	PPM(Product Portfolio Management)	(IC)Step-11.1, (DV)Step-11.1	2.2.11
	Stakeholder Analysis	(IC)Step-8.1, (DV)Step-9.2	2.2.12
	SWOT Analysis	(IC, DV)Step-1.1	2.2.13
	Window Analysis	(IC)Step-8.1, (DV)Step-9.2	2.2.14

[표 T-1]에서 첫 열인 '구분'은 'X-Y 좌표형'을 나타내는 두 개 유형들을, 둘째 열인 '정성적 도구'는 해당 유형에 속한 도구들을 나열한다. 도구들의 명칭을 영문으로 쓴 이유는, 국내 기업에서 번역상의 차이로 여러 명칭들이 난무하고 있고 번역을 전담한 공식 기관도 없어 혼선을 피하기 위해 원문을 그대로 반영한 결과다. 따라서 독자들은 정확한 명칭을 익힌 뒤 사내 교재 개발 시 편한 용어로 번역해 쓰기 바란다. 단, 번역 시 괄호를 통해 [표 T-1]의 원 명칭은 가급적 그대로 유지시키기 바란다. '원조'의 의미는 어떤 식으로든 교육적 효과에 큰 영향을 주기 때문이다.

　　세 번째 열인 '연관 세부 로드맵'은 '문제 해결 방법론(Problem Solving Methodology)'의 두 축인 '프로세스 개선 방법론(40-세부 로드맵 적용)'과 '제품(또는 프로세스) 설계 방법론(50-세부 로드맵 적용)'의 어느 '세부 로드맵'에서 핵심적으로 활용되는지를 알린다. '세부 로드맵'에 익숙한 독자는 문제 해결 시 도구 활용에 도움 받을 수 있으며, 처음 접하는 리더는 『Be the Solver』 시리즈의 해당 편을 참고하기 바란다. 끝으로 [표 T-1]의 '설명 위치' 열은 본문의 위치를 기록한 것이다. 본문 맨 앞의 '목차'와 연결시켜 해당 도구의 용법을 빠르게 찾기 위해 배려한 난이다.

　　이제 다음 단원부터 'X-Y 좌표형'의 실 활용법에 대해 학습해보자.

2. X-Y 좌표형 도구의 활용

앞서 [표 T-1]에 나열된 '정성적 도구'들 외에 훨씬 더 많은 도구들이 존재할 수 있다. 그러나 필자가 본문에 포함시킨 도구들은 20여 년 동안 마주쳤던 과제들에서 그 쓰임새가 관찰된 것들만 모아놓은 것이다. 따라서 본문에 포함되지 않은 도구들은 문제 해결 중 사용 빈도가 매우 낮거나 쓰임새가 없었던 것으로 간주해도 좋다. 이제부터 '표 유형'과 '그림 유형'의 용법에 대해 자세히 알아보자.

2.1. 표 유형

'X-Y 좌표형 도구' 중 '표 유형'의 특징을 다시 요약하면 다음과 같다. 요약 내용은 '표 유형'의 '정의(Definition)'로도 쓰일 것이며, 설사 본문에 포함되지 않은 도구라도 본 '정의'에 부합하면 동일한 범주로 간주한다.

- 2차원 평면의 'X-축(또는 입력 행)'과 'Y-축(또는 입력 열)'이 존재.
- 'X-축(또는 입력 행)'과 'Y-축(또는 입력 열)' 각 입력 항목들의 일대일 대응 평가를 통해 상관의 정도를 셀 내 점수로 표현. 단, 점수가 아닌 '기호(○, ◎, △ 등)' 표기도 가능함(점수로의 전환이 가능하므로).
- 표의 행이나 열들 수는 입력 항목 수에 따라 가감되며, 특히 표 맨 아래나 맨 오른쪽에 셀별 평가를 숫자로 종합하도록 별도의 행 또는 열을 마련함([그림 T-1]의 '표 유형' 중 점선 영역).

2.1.1. 계층 분석법(AHP, Analytic Hierarchy Process)

 'AHP(Analytic Hierarchy Process)'는 의사 결정 도구로 널리 알려져 있다. '40-세부 로드맵' 경우 'Step-11.1. 최적화 및 기대 효과'에서 '대안 (Alternative)'들 중 '최적 대안'을 찾는 용도로, '50-세부 로드맵'에선 'Step-6.1. CCR 도출'에서 '요구 품질'의 '중요도 산출' 목적으로 사용된다. 또 '가 설 검정'이나 우선순위가 필요한 다양한 상황에 적절하게 응용할 수 있다. 'AHP'의 '탄생 배경'은 다음과 같다.

> · (위키백과_Kor) 토머스 셔티(Thomas L. Saaty)가 '80년에 발표한 "The Analytic Hierarchy Process"에 처음 등장. '계층 분석법'이라고도 함.
> · (WIKIPEDIA_Eng) ...(중략)... 수학과 심리학에 근거하며, 1970년대 Thomas L. Saaty에 의해 개발된 이후 폭넓은 연구를 거쳐 세련화됨.
> · (WIKIPEDIA_Eng) (검색어; Thomas L. Saaty): 인물 소개와 함께 AHP를 통한 수 상 경력, AHP 관련 출간 서적('80~'07년까지 총 11권) 등이 수록됨.

 알려진 출처로부터 'AHP의 정의'를 요약하면 다음과 같다.

> · (위키백과_Kor) '대안'들을 비교해 계층 순위에 대한 의사 결정 지원.
> · (WIKIPEDIA_Eng) 수학적 의사 결정 도구. 이 도구는 의사 결정권자로 하여금 그들의 문제를 이해하고 원하는 최상의 대안을 찾는 데 도움을 준다...(중략). AHP는 해결할 문제를 조직화하고...(중략), 또 그들을 종합 목표와 연계시키며, 대안들을 평가하기 위 해 모든 문제를 포함한 논리적 틀을 제공한다...(중략).

영어를 번역한 것은 그렇다 치고 '위키백과_Kor'처럼 우리말로 이루어진 '백과사전'임에도 그 쓰임새가 바로 들어오지 않는 이유는 다소 낯선 단어들이 존재하기 때문인데, '계층적'이 그 한 예이다.

우선 관련 용어를 학습한 뒤, 문제 해결 중 자주 마주치는 응용 사례에 대해 알아보자. '용어'는 사전(辭典)에 근거해 설명하는 것이 바람직하므로 다시 'WIKIPEDIA'를 참조하되 설명은 익숙한 내용으로 바꾸어 실었다.

[그림 AH-1] AHP '용어' 설명을 위한 예

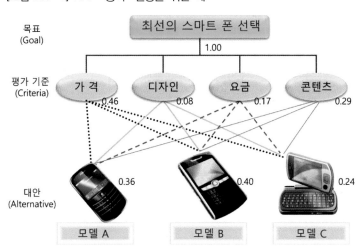

[그림 AH-1]의 '계층적(Hierarchy)' 구조처럼 현재 어느 '스마트폰'을 선택해야 할지 의사 결정 문제가 대두되었으며, '모델 A', '모델 B', '모델 C'가 후보로 떠올랐다(고 가정한다). 또 판단에 도움을 줄 항목으로 '가격', '디자인', '요금' 및 '콘텐츠'가 중요하다고 알려져 있을 때 관련 '용어'를 정리하면 다음과 같다.

- **목표(Goal)** '이루려고 하는 바'이며, 본 예 경우 '최선의 스마트폰 선택'이 목표다.
- **평가 기준(Criteria)** '판단에 도움을 줄 항목'들이며, 본 예 경우 '가격', '디자인', '요금', '콘텐츠'가 해당된다.
- **대안(Alternatives)** 최종 '목표에 부합할 후보가 들어 있는 대상'들로, 본 예의 경우 '모델 A', '모델 B', '모델 C'가 해당된다.

[그림 AH-1]을 보면 각 상자 안에 평가된 숫자들이 들어 있고, 결론적으로 '대안(Alternatives)'들 중 가장 큰 점수(0.40)를 얻은 '모델 B'가 최선의 선택임을 확인할 수 있다. 다음은 'AHP 작성 절차'이다.

① 의사 결정할 '목표(Goal)'를 설정한다.

[그림 AH-1]의 경우를 예로 들 경우 이미 '최선의 스마트폰을 선택하는 것'으로 설정한 바 있다.

② '평가 기준(Criteria)'의 쌍별 비교(Pairwise Comparison)⁵⁾를 수행한다.

쌍별 비교는 1 대 1로 수행하며, 다음 [표 AH-1]에 주어진 점수 부여 체계를 따른다.

[표 AH-1] 쌍별 비교 시 점수 체계

중요성의 강도 (Intensity of Importance)	정의 (Definition)	설명 (Explanation)
1	동일	기준 항목과 비교 항목의 중요도가 같음
3	보통	기준 항목이 비교 항목보다 약간 중요
5	중요	기준 항목이 비교 항목보다 중요
7	매우 중요	기준 항목이 비교 항목보다 상당히 중요
9	절대 중요	기준 항목이 비교 항목보다 절대 중요
2, 4, 6, 8		각 중요도별 중간 값으로 활용

---

5) 'Pairwise Comparison'의 번역은 한국통계학회 용어집에 'Pairwise Power'가 '쌍별 검정력'으로 번역한 데 따라 필자가 설정하였다.

이 점수 체계를 이용하여 '평가 기준'인 '가격', '디자인', '요금' 및 '콘텐츠'의 쌍별 비교를 아래 [표 AH-2]와 같이 산정한다.

[표 AH-2] '평가 기준'의 쌍별 비교

i \ j	가격	디자인	요금	콘텐츠
가격	1	**4**	3	2
디자인	1/4	1	1/3	1/4
요금	1/3	3	1	1/2
콘텐츠	1/2	4	2	1

표에서 대각선은 동일 '평가 기준'이므로 비교할 필요가 없어 '1'로 설정한다. 나머지는 만일 'i'가 'j'보다 얼마나 중요한가에 따라 [표 AH-1]의 점수를 부여한다. 예를 들어 빨강으로 강조한 '4' 경우, 'i'인 '가격'이 'j'인 '디자인'보다 '중요'하다는 판단에 따라 부여된 점수이다. 또 AHP의 점수 부여 특징인데 그의 역('i'인 '디자인'이 'j'인 '가격')은 '4'의 역수인 '0.25(=1/4)'를 입력한다. 이런 규칙을 적용해 평가를 쉽게 할 수 있는 방법은 우선 'i'가 'j'보다 중요한 모두를 먼저 평가한 뒤, 그 역에 해당되는 셀을 찾아 '역수'를 입력한다.

③ '평가 기준'의 '우선순위(Priority)'를 결정한다.
다음 [표 AH-3]은 '평가 기준'에 대한 '우선순위'의 과정과 결과이다.

[표 AH-3] '평가 기준'의 우선순위(Priority)화

i \ j	가격	디자인	요금	콘텐츠	기하 평균	우선순위
가격	1	4	3	2	2.213364	0.46
디자인	1/4	1	1/3	1/4	0.379918	0.08
요금	1/3	3	1	1/2	0.840896	0.17
콘텐츠	1/2	4	2	1	1.414214	0.29
						1.00

'우선순위'화를 위해 '기하 평균(Geometric Mean)'을 사용한다. '기하 평균'은 "n개의 양수가 있을 때, 이들을 모두 곱한 뒤 n 제곱근한 값이다"이다. [표 AH-3]에서 'i'들 중 '가격'의 예를 들면, '기하 평균'은 '$(1 \times 4 \times 3 \times 2)^{1/4} \fallingdotseq$ 2.2134'를 얻는다. 맨 끝 열의 '우선순위'는 확률화가 되도록 '기하 평균 전체 합으로 각각을 나누어준 결과'이다. '평가 기준'에 대해 '가격'이 '디자인'보다 '5.75배(=0.46 ÷0.08)' 더 중요한 위치에 있음을 알 수 있다. 이 '우선순위' 값들은 최종적으로 '적합한 스마트폰'을 선정하는 데 다시 활용하게 될 것이다. 특별한 사유(팀원 이견이나 상황 변동 등)가 없는 한 이 값들은 최종 '스마트폰' 결정 때까지 그대로 유지한다.

④ '평가 기준'별 '대안(Alternative)'들에 대해 쌍별 비교를 수행한다.

[그림 AH-2] '평가 기준'별 '대안'들의 쌍별 비교

가격	모델A	모델B	모델C	기하평균	우선순위
모델A	1	1/3	7	1.33	0.29
모델B	3	1	9	3.00	0.66
모델C	1/7	1/9	1	0.25	0.05

요금	모델A	모델B	모델C	기하평균	우선순위
모델A	1	3	7	2.76	0.64
모델B	1/3	1	6	1.26	0.29
모델C	1/7	1/6	1	0.29	0.07

디자인	모델A	모델B	모델C	기하평균	우선순위
모델A	1	1/4	1/5	0.37	0.09
모델B	4	1	1/3	1.10	0.28
모델C	5	3	1	2.47	0.63

콘텐츠	모델A	모델B	모델C	기하평균	우선순위
모델A	1	7	1/2	1.52	0.39
모델B	1/7	1	1/4	0.33	0.09
모델C	2	4	1	2.00	0.52

'가격', '디자인', '요금', '콘텐츠' 각각에 대해 '대안'들의 쌍별 비교를 거쳐 최종 '우선순위'를 결정한다. 예를 들면 '가격' 경우([그림 AH-2] 왼쪽 위 예), '모델 A'와 '모델 C'의 쌍별 비교 시 '7점'이라는 것은 [표 AH-1]을 참조할 때, '모델 A가 모델 C보다 가격 측면에서 매우 중요'하다는 것을 나타낸다.

⑤ '대안'들의 우선순위를 통한 최종 판단(Judgment)을 수행한다.

[표 AH-4] 판단을 위한 '대안'의 최종 우선순위(Priority)화

i j	가격	디자인	요금	콘텐츠	우선순위
평가 기준 우선순위	0.46	0.08	0.17	0.29	–
모델 A	0.29	0.09	0.64	0.39	0.36
모델 B	0.66	0.28	0.29	0.09	0.40
모델 C	0.05	0.63	0.07	0.52	0.24
					1.00

[표 AH-4]는 [그림 AH-2]에서 얻은 결과를 바탕으로 이루어졌으며 초기에 '목표(Goal)'로 설정했던 '최선의 스마트폰 선택'을 달성한 예이다. 맨 끝 열 '우선순위'를 보면 '모델 B'가 적합한 '스마트폰'임을 알 수 있다. '모델 B'의 '우선순위 값'은 '0.46×0.66+0.08×0.28+0.17×0.29+0.29×0.09=0.40'으로 얻어졌다. 다음은 [표 AH-4]의 값들이 어떤 경로로 들어왔는지를 보여준다.

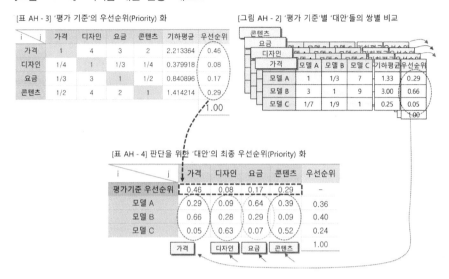

[그림 AH - 3] '최적합 대안 선정' 개요도

[표 AH - 3] '평가 기준'의 우선순위(Priority) 화

i \ j	가격	디자인	요금	콘텐츠	기하평균	우선순위
가격	1	4	3	2	2.213364	0.46
디자인	1/4	1	1/3	1/4	0.379918	0.08
요금	1/3	3	1	1/2	0.840896	0.17
콘텐츠	1/2	4	2	1	1.414214	0.29
						1.00

[그림 AH - 2] '평가 기준'별 '대안'들의 쌍별 비교

콘텐츠
요금
디자인
가격

	모델 A	모델 B	모델 C	기하평균	우선순위
모델 A	1	1/3	7	1.33	0.29
모델 B	3	1	9	3.00	0.66
모델 C	1/7	1/9	1	0.25	0.05
					1.00

[표 AH - 4] 판단을 위한 '대안'의 최종 우선순위(Priority) 화

i \ j	가격	디자인	요금	콘텐츠	우선순위
평가기준 우선순위	0.46	0.08	0.17	0.29	–
모델 A	0.29	0.09	0.64	0.39	0.36
모델 B	0.66	0.28	0.29	0.09	0.40
모델 C	0.05	0.63	0.07	0.52	0.24
					1.00

가격 디자인 요금 콘텐츠

　쉽게 설명하려다 오히려 복잡해진 것 같기도 한데 각 도표의 제목(캡션)과 본문의 제목(캡션)을 대응시키면서 천천히 관찰해보기 바란다. 가끔 교육생이 본문의 계산 과정을 따라 하다 안 보이는 값을 얻기 위해 메일로 요청하는 경우가 있어 세세히 표현한 것이니 다소 복잡해 보여도 이해해주길 바란다.

　여기까지 진행되면 목적한 바는 달성한 것이다. 그러나 이 과정이 정말 신뢰할 수 있는 것인지 검토하는 작업이 필요한데 바로 '일치 비율(CR, Consistency Ratio)'이 '0.1 미만'인지를 확인하는 일이다. 이것은 두 '평가 기준' 간 쌍별 비교 시 서로 충돌하는 속성들에 대해 얼마나 일관성 있게 응답했는가를 확인하는 지표로 통상 '0.1'을 임계치로 본다(마치 '가설 검정'에서 '유의 수준'이 '0.1'인 것처럼). 다음은 예로 들었던 '스마트폰 선택'의 '일치성6)' 검증'을 나타낸다.

---

6) 통계서에는 '일치성'보다 '일관성'으로 표기하고 있다. 이 역시 너무 다양한 번역이 통용되고 있으나 "한국통계학회 용어사전"엔 'Consistency'가 '일치성'으로 돼 있고, "아카데미 생명과학사전(생명과학사전 편찬위원

① '우선순위(Priority)'를 평가했던 [표 AH-3]을 가져와 '우선순위' 열을 복사해 [표 AH-5]와 같이 맨 아랫줄에 붙인다. 설명의 편리를 위해 '평가 기준'인 [표 AH-3]에 대해서만 전개하고 [그림 AH-2]는 독자 몫으로 남긴다.

[표 AH-5] '평가 기준'의 우선순위(Priority)화

i \ j	가격	디자인	요금	콘텐츠	기하 평균	우선순위
가격	1	4	3	2	2.213364	0.46
디자인	1/4	1	1/3	1/4	0.379918	0.08
요금	1/3	3	1	1/2	0.840896	0.17
콘텐츠	1/2	4	2	1	1.414214	0.29
우선순위	0.46	0.08	0.17	0.29		

엑셀을 이용할 경우 '선택하여 붙여넣기/행렬 바꿈' 기능을 이용한다. 이후 과정을 고려할 때 아무래도 엑셀을 이용하는 것이 유리하다.

② [표 AH-6]과 같이 '벡터 적'을 구한다(함수 'SUMPRODUCT' 이용).

[표 AH-6] '벡터 적' 구하기

	A	B	C	D	E			
1	i \ j	가격	디자인	요금	콘텐츠	기하평균	우선순위	벡터 적
2	가격	1	4	3	2	2.213364	0.46	1.874
3	디자인	1/4	1	1/3	1/4	0.379918	0.08	0.323
4	요금	1/3	3	1	1/2	0.840896	0.17	0.707
5	콘텐츠	1/2	4	2	1	1.414214	0.29	1.180
6	우선순위	0.46	0.08	0.17	0.29			

SUMPRODUCT(B2:E2,$B$6:$E$6)

회 저, 아카데미 서적)"에 앞으로 소개될 'CI(Consistency Index)' 등을 '일치 지수'로 표기하고 있어 이를 근거로 활용하였다.

표에서 빨강 점선으로 강조한 영역을 엑셀 함수인 'SUMPRODUCT'에 입력한 뒤 '벡터 적'을 구한다. '벡터 적' 첫 값(1.874) 이후는 복사한다.

③ '벡터 적'을 '우선순위'로 나눈 뒤 그중 '최댓값(λ)'을 얻는다.

[표 AH-7] '벡터 적÷우선순위'

i \ j	가격	디자인	요금	콘텐츠	기하 평균	우선순위	벡터 적	벡터 적÷우선순위
가격	1	4	3	2	2.213364	0.46	1.867	4.089
디자인	1/4	1	1/3	1/4	0.379918	0.08	0.323	4.041
요금	1/3	3	1	1/2	0.840896	0.17	0.707	4.160
콘텐츠	1/2	4	2	1	1.414214	0.29	1.178	4.063
우선순위	0.46	0.08	0.17	0.29	–	1	최댓값(λ)	4.160

④ '최댓값(λ)'을 이용하여 'CI' 및 'CR'을 구한 뒤 '0.1'과 비교한다. CI(일치 지수, Consistency Index)를 다음과 같이 구한다.

$$CI = (\lambda - n)/(n-1) \qquad\qquad (AH.1)$$
$$= (4.160 - 4)/(4-1)$$
$$= 0.053 \qquad where, n = 비교\ 항목\ 수$$

(AH.1)을 이용하여 CR(일치 비율, Consistency Ratio)을 구한다. 이때 'RI(Random Index)'를 이용하는데 이는 AHP를 고안한 Saaty가 시뮬레이션을 통해 제시한 지표이다. 다음과 같다.

[표 AH-8] 'RI(Random Index)'

n (비교 항목 수)	3	4	5	6	7	8	9	10
RI (Random Index)	0.58	0.90	1.12	1.32	1.41	1.45	1.49	1.51

$$CR = \frac{CI}{RI} = \frac{0.05\dot{3}}{0.9} \cong 0.0593 \qquad \text{(AH.2)}$$

본 예에서 CR<0.1일 때 일치성이 있다고 판단하므로, '평가 기준'에 대한 전개는 그에 부합한 결과를 얻었다고 판단한다. 그 외에 '가격'의 CR은 '0.069', '디자인'은 '0.074', '요금'은 '0.086', '콘텐츠'는 '0.153'을 얻었다. '콘텐츠'와 같이 'CR'이 '0.1'보다 큰 경우는 비교 시 단순히 "중요한가?"보다 "뛰어난가?"와 같이 질문의 방법을 바꾸는 접근 등으로 판단의 품질을 높이는 데 주력할 필요가 있다.

2.1.2. 의사 결정 매트릭스[(Belief) Decision Matrix]

'Decision Matrix'의 우리말 번역은 없다. 단지 '한국통계학회'의 '통계 용어 사전'과 '네이버 백과사전'에 'Decision Making'을 '의사 결정'으로 한데 이어, 그 외의 모든 'Decision'은 '결정', 'Matrix'는 '행렬'로 돼 있다(물론 적합한 표현으로 '표'가 있긴 하다). 이를 근거로 'Decision Matrix'를 굳이 번역하면 '결정 행렬'이 되는데 좀 어색하기 짝이 없다. 그래서 기존에 사용돼 온 관습과 도구의 왜곡을 방지하기 위해서라도 가급적 호칭은 영문 그대로인 'Decision Matrix'를 사용하기 바란다. 그런데 제목을 보면 '(Belief) Decision Matrix'와 같이 단어 'Belief'가 포함돼 있다. 이것은 'WIKIPEDIA'에서 흔히 쓰는 'Decision Matrix'가 'Belief Decision Matrix'의 특수한 경우로 해석하고 있기 때문이다. 따라서 본문의 내용도 'Belief Decision Matrix'를 함께 언급하고, 이어 'Decision Matrix' 소개로 넘어갈 것이다.

'Decision Matrix'는 '40 - 세부 로드맵' 경우 'Step - 11.1. 최적화 및 기대

효과'에서 도출된 아이디어의 선택, 그리고 '제품(또는 프로세스) 설계 방법론'
인 '50 - 세부 로드맵'에선 'Step - 7.4. 기능 대안 확정', 'Step - 8.2. 최적 콘
셉트 평가/선정', 'Step - 11.2. 상세 설계 수행'과 같이 아이디어 발굴 과정을
거친 대안들의 선별 목적으로 사용된다. 그러나 앞으로 알게 되겠지만 'Multi
- voting'이나 'NGT'와 달리 매트릭스의 'Y - 축'에 '평가 기준(Criteria)'이
추가돼 '대안(Alternatives, Options)'을 평가하는 잣대로 활용된다. 이런 '평가
기준'의 도입은 한 대상을 여러 관점에서 보고 판단하는 것을 전제하므로
'Decision Matrix' 용법은 다소 복잡하거나 조합된 구조(제품, 프로세스, 개념
의 조합 등)의 평가에 적합하다. 또, 기존 'Decision Matrix'의 평가 도구가
매우 다양한 분야에 응용되고 있음을 감안할 때, 소위 '아류'들에 어떤 것들
이 있는지 점검할 필요가 있다. 이에 대해 공인된 출처는 아니지만 신뢰할 수
있는 정보가 담긴 한 사이트의 'What is a Decision Matrix?'를 참조하였다.7)
[그림 DM - 1]은 조사된 내용들의 전체 개요도이다.

[그림 DM - 1] 'Decision Matrix'의 계층 구조 예

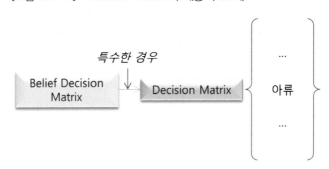

[그림 DM - 1]에서 'Decision Matrix'는 'Belief Decision Matrix'의 '특수한

---

7) http://rfptemplates.technologyevaluation.com

경우'임을, 또 'Decision Matrix'는 여러 분야에서 쓰이는 다양한 '아류'들이 존재함을 알 수 있다. 다음 [표 DM-1]은 필요에 의해 붙여진 여러 명칭들의 '아류'들이다.

[표 DM-1] 'Decision Matrix' 아류(亞流) 예

AHP Matrix	Comparison Matrix
Advantages Comparison Matrix Alternative Evaluation Matrix Alternatives Analysis Decision Making Matrix Alternatives Analysis Matrix Alternatives Comparison Matrix Alternatives/Criteria Matrix Alternatives Evaluation Matrix Alternatives Ordering Matrix Alternatives Prioritization Matrix Alternatives Rating Matrix Alternatives Scoring Matrix Analytical Grid Analytical-Hierarchy-Process Matrix Analytical Matrix Application Prioritization Matrix	Comparison Matrix Cost/Benefit Analysis Grid Cost/Benefit Matrix COWS Decision Matrix Criteria/Alternatives Matrix Criteria-based Decision Matrix Criteria-based Matrix Criteria Rating Form
	Decision Alternative Matrix
	Decision Grid Decision-making Matrix Decision Matrix Decision Matrix Form Decision-support Grid Decision-support Matrix Decision Table
	Evaluation Matrix
	Evaluation Criteria Decision Matrix Executive Decision Matrix
Bid Decision Matrix	**Government Decision Matrix**
Bid Matrix Bid/No-bid Analysis Decision Matrix Bid Prioritization Matrix Bid Scoring Decision Matrix Bidders Comparison Matrix	Government Procurement Matrix Grid-based Decision Making Grid-based Decision Support

[표 DM−1] - 계속

Importance vs. Performance Matrix	Performance Matrix
Importance vs. Past Performance Matrix Importance/Performance−based Decision Matrix	Performance vs. Importance Matrix Performance−based Decision Matrix Prioritization Grid Prioritization Matrix
Measured Criteria Technique	Prioritizing Matrix
Multiple Alternative Matrix Multiple−attribute Decision Matrix Multiple Criteria Decision Matrix Multiple Dimension Comparison Matrix	Problem Matrix Problem Prioritization Matrix Problem Selection Matrix Problem−solution Matrix Problem Solving Matrix
Opportunity Analysis	Project Selection Matrix Proposal Comparison Matrix
Option Analysis and Evaluation Matrix Options Analysis Decision Making Matrix Options Analysis Matrix Options/Criteria Matrix Options Prioritization Matrix	Proposal Decision Matrix Pugh Matrix Pugh Method
Scoring Matrix	**Rating Grid**
Scoring RFP Matrix Screening Matrix Selection Grid Selection Matrix Software Functionality Evaluation Matrix Software Vendor Selection Matrix Solution Analysis Matrix	Requirements Analysis Table Requirements Matrix RFP Alternative Matrix RFP Analysis Matrix RFP Evaluation Grid RFP Evaluation Matrix RFP Scoring Matrix
Solution Matrix Solution Selection Matrix	**Vendor Comparison Decision Matrix**
Solutions Prioritization Matrix Source Evaluation Matrix Source Selection Matrix	Vendor Comparison Matrix Vendor Matrix
Strategy Decision Matrix	**Weighted Criteria Matrix**
Supplier Comparison Decision Matrix Supplier Comparison Matrix Supplier Evaluation Matrix Supplier Rating Spreadsheet Supplier Selection Decision Supplier Rank Matrix	Weighted Comparison Matrix Weighted Decision Matrix Weighted Decision Table Weighted Prioritization Matrix Weighted Project Ranking Matrix Weighted Score Matrix Weighted Scoring Matrix

좀 불필요한 나열이 됐을지 모르지만 주변에서 쓰이던 'Decision Matrix'가 왜 변신 로봇처럼 여러 가지 모습으로 보였는지 그 의문을 충분히 해소시킬 것으로 믿는다. 특히 빨간색으로 강조된 'Multiple Criteria Decision Matrix(MCDM)'[8]는 'MCDM'이란 국제 협회(http://www.mcdmsociety.org/)가 있어 1975년부터 2년여에 한 번씩 국제 컨퍼런스를 개최하고 있고, 이 도구의 다양한 응용 연구를 수행하고 있다. 2009년에 중국에서 개최됐으며, 이후인 2011년이 핀란드였다. 특히 이 도구는 1700년대 벤저민 프랭클린(Benjamin Franklin, 1706~1790)에 의해 쓰였다는 문헌이 알려지면서 그 역사적 유래와 발전상을 엿볼 수 있다(상세 배경은 www.mcdmsociety.org 참조). 간단한 도구 임에도 긴 역사와 국제 행사를 열 만큼 쓰임새가 많다는 것은 의미하는 바가 크다. 다음 [그림 DM-2]는 '(Belief) Decision Matrix'의 '기본 양식'과 관련 '용어'를 표기한 것이다.

[그림 DM-2] '(Belief) Decision Matrix'의 기본 양식 예

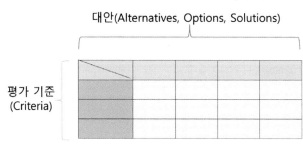

대안(Alternatives, Options, Solutions)

평가 기준
(Criteria)

(5등급 평가: Excellent, Good, Average, Below Average, Poor)

[그림 DM-2]와 같이 왼쪽 첫 열에 '평가 기준(Criteria)'이, 위 첫 행에

---

8) 이외에 MCDA(Multi-Criteria Decision Analysis), MDDM(Multi-Dimensions Decision-Making), MADM(Multi-Attributes Decision Making) 등으로도 불린다.

'대안(Alternatives, Options, Solutions)'이 들어가며 나머지 셀들은 관련성을 '5등급'으로 평가하는 데 쓰인다. 5등급은 단어 표기도 가능하지만 결과 파악이 용이토록 5점 척도(상위 5부터 하위 1까지 배정)나 비율로 기입하는 것이 일반적이다. 다음은 'Belief Decision Matrix'의 '용법'에 대한 요약이다.

- (WIKIPEDIA_Eng) 'Decision Matrix'와 유사하나, 주로 'MCDA(Multiple Criteria Decision Analysis)' 문제 해석에 사용된다. 'MCDA' 문제 경우, 'M'개의 서로 다른 '선택 사항(Options)'과 'N'개의 '평가 기준(Criteria)'이 있다면, 그 문제에 대한 'Belief Decision Matrix'는 [그림 DM-2]와 같이 'M개의 열'과 'N개의 행', 즉 'M×N'개의 조합이 생긴다. [그림 DM-2]의 각 셀을 'Belief Structure'라 하고, 그 안에 정해질 값을 'Degree of Belief(또는 Belief Degree)'라고 한다. 예를 들어, 대안들 중 하나가 '자동차-1'이고, '평가 기준' 중 하나인 '기준-1'이 '엔진 품질'일 때, 이를 5등급인 Excellent, Good, Average, Below Average, Poor로 평가한다고 가정하자. 이때 '자동차-1'의 '엔진 품질' 중 연료 소비량이 적고, 진동도 별로 없으며, 응답 특성이 좋아 최고 등급(Degree of Belief)인 'Excellent'에 '0.6'을 받았지만, 동시에 소음과 엔진 스타팅 개선이 필요하다는 판단에 'Good'엔 '0.4'를 배정했다. 따라서 본 예의 경우 $X_{11}=\{(Excellent, 0.6), (Good, 0.4)\}$. 또는 $X_{11}=\{(Excellent, 0.6), (Good, 0.4), (Average, 0), (Below Average, 0), (Poor, 0)\}$로 표기한다. 잘 알려진 'Decision Matrix'는 'Belief Structure' 내 'Belief Degree'가 단 하나의 등급만 '1'이 배정되고 나머진 모두 '0'인 특별한 경우로 해석한다.

'Belief Decision Matrix'를 한마디로 요약하면, '평가 기준'별 하위 기준이 있고(물론 미리 정할 수도 있고 평가 과정 중 팀원으로부터 나온 의견을 반영할 수도 있다) 그들을 'Excellent'한 경우, 'Good'한 경우 등으로 구분하되 점수를 추가해 평가하는 도구이다. 또, 'Decision Matrix'는 'Excellent, Good, Average, Below Average, Poor'의 5등급 중 오직 하나만 취하는 특수한 경우로 볼 수 있다. 이제 본론으로 돌아와 'Decision Matrix'의 작성 방법에 대해

알아보자.

'Decision Matrix'를 작성 또는 활용하는 방법으로 'COWS Method'라는 것이 있다. "'C(Criteria)'의 계층 구조를 정하고, 'O(Options)'를 확인한 뒤, 'W(Weights)', 즉 의사 결정에 미칠 중요도를 평가 기준에 배정한 다음, 'S(Scores)', 즉 점수를 매긴다"를 압축한 용어이다. 이어지는 내용은 작성을 단계별로 구분한 예이며, 「Be the Solver_프로세스 개선 방법론」편의 'Step-11.1. 최적화 및 기대 효과'에 있는 사례를 옮겨놓았다.[9]

① 대안(Alternatives, Options, Solutions)에 맞는 '평가 기준(Criteria)'을 정한다.

'평가 기준'을 정하는 방법이 따로 있는 건 아니지만 「Be the Solver_프로세스 개선 방법론」편에 기술된 내용이 적합하다. 이것은 'David Garvin'에 의한 '품질의 8가지 분류 기준'을 활용한 것이다. '분류 기준'은 다음과 같다.

[표 DM-2] '평가 기준(Criteria) 설정을 위한 참고 유형' 예

품질의 8가지 차원[10]	업무 기준	상품 기준	추가 기준
▷성능: 상품의 1차 특성 ▷특징: 상품의 2차 특성 ▷신뢰성: 상품의 실패 빈도 ▷일치도: 기준이나 사양과의 일치 ▷내구성: 제품의 수명 ▷서비스: 수리 역량, 대응 속도 ▷미적 특성: 외부 디자인, 마무리 ▷인지 품질: 명성	▷조직 전략에 미치는 영향 ▷조직 능력과의 적합 정도 ▷비용 효과 ▷완전 시행까지 필요한 시간	▷참신성 ▷구입 의향 ▷신뢰성 ▷호감도 ▷필요성 ▷시점 ▷가격 적절성 ▷사용 편리성	▷다른 관련 당사자의 요구 사항을 반영 ▷법적 요건 충족도 ▷직원의 안전 및 보건 ▷사회 공동체의 안전 및 보건 ▷정치적 제한 요건 충족도

---

9) p.432쪽의 예이다.

10) David Garvin에 의한 품질의 8가지 분류 기준.

평가할 '대안'이 제품이든 서비스든 아니면 단순한 아이디어든 관계없이 [표 DM-2]에 나타낸 분류를 중심으로 세분화하거나 관련된 항목을 도출하면 빠트리지 않고 중요한 '평가 기준'을 설정할 수 있는 장점이 있다. 만일 정보를 공유할 '대상 품목', '주기', '부서', '통보 내용'에 대한 3가지 대안이 있다고 할 때([표 DM-3] 참조), 이와 관련된 '평가 기준'을 '효과', '난이도', '노력도', '투자비용', '실행 주기'로 설정하였다(고 가정한다). 이 '평가 기준'은 [표 DM-2]내 '업무 기준'을 참고해서 설정한 것으로 볼 수 있다(물론 타 유형과 혼용해도 무관하다).

② '평가 기준'의 상대적 중요도를 위해 '가중치(Weights)'를 부여한다.

'가중치'는 서로 간의 상대적 중요도이므로 'AHP' 또는 'PCA' 등의 활용이 적절하다. 여기선 그와 같은 과정을 거친 것으로 가정한다. 다음 [표 DM-3]은 정리된 표이다. 참고로 '가중치'는 「Be the Solver_프로세스 개선 방법론」편의 예에 포함된 '수치'를 '전체 합의 비율'로 바꿔 표기하였다.

[표 DM-3] 'Decision Matrix'의 '상대적 중요도(가중치, Weight)' 설정 예

개선 내용		제품 품목별 정보 공유 체계화						
구분	항목	대안 1		대안 2		대안 3		
평가 기준 (Criteria)	대상품목 주기 부서 통보내용	A 품목 분기 해당 부서 차월 계획만		C 품목 분기 해당 부서 현황+차월 계획		B 품목 반기 해당 부서+관리부서 현황		
	가중치	Rating	Score	Rating	Score	Rating	Score
항목 효과	0.37						
난이도	0.11						
노력도	0.30						
투자비용	0.04						
실행주기	0.18						
종합 평점(Total)							
우선순위							

③ '대안'별 '평가 기준'에 대해 '5점 척도'로 점수를 매긴다.

[표 DM-4] 'Decision Matrix' 대안 평가 예

개선 내용		제품 품목별 정보 공유 체계화						
구분	항목	대안 1		대안 2		대안 3		
평가 기준 (Criteria)	대상품목 주기 부서 통보내용	A 품목 분기 해당 부서 차월 계획만		C 품목 분기 해당 부서 현황+차월 계획		B 품목 반기 해당 부서+관리부서 현황		
	가중치	Rating	Score	Rating	Score	Rating	Score	
항목	효과	0.37	5		5		3	
	난이도	0.11	1		5		5	
	노력도	0.30	1		3		3	
	투자비용	0.04	1		1		1	
	실행주기	0.18	5		5		5	
종합 평점(Total)								
우선순위								

④ '종합 평점(Total)'과 '우선순위(Prioritization)'를 확정한다.

[표 DM-5] '종합 평점(Total)' 및 '우선순위(Prioritization)' 확정 예

개선 내용		제품 품목별 정보 공유 체계화					
구분	항목	대안 1		대안 2		대안 3	
평가 기준 (Criteria)	대상품목 주기 부서 통보내용	A 품목 분기 해당 부서 차월 계획만		C 품목 분기 해당 부서 현황+차월 계획		B 품목 반기 해당 부서+관리부서 현황	
	가중치	Rating	Score	Rating	Score	Rating	Score
항목	효과	0.37	5	1.85	5	1.85	3	1.11
	난이도	0.11	1	0.11	5	0.55	5	0.55
	노력도	0.30	1	0.30	3	0.90	3	0.90
	투자비용	0.04	1	0.04	1	0.04	1	0.04
	실행주기	0.18	5	0.90	5	0.90	5	0.90
종합 평점(Total)			−	3.20	−	4.24	−	3.50
우선순위		3		1		2	
산출 식		Score=Weight×Rating, Total=Σ(Score)					

[표 DM - 5]에서 '대안 2'가 선택됐음을 알 수 있다. 그러나 '종합 평점'이 2위와 큰 차이가 나지 않아 대안 조정이나 재평가 등 별도의 고민이 필요할 수 있다(고 가정한다).

2.1.3. 원인 결과 매트릭스(Cause & Effect Matrix)

'C&E Matrix(Cause and Effect Matrix)'는 여러 분야에서 다양한 용도로 쓰이고 있는 만큼 그 명칭도 참으로 많다. 예를 들어 'Cause'는 '원인(X)'을, 'Effect'는 '결과(Y)'를 의미하므로 뜻을 그대로 옮겨 'X - Y Matrix'나 'Factor Response Matrix'[11]로 불리기도 하고, '제품(또는 프로세스) 설계 방법론'의 '50 - 세부 로드맵' 중 'Step - 7.2. 핵심 기능 선정'에선 '핵심 기능(CTF, Critical to Function)'을 솎아낼 목적으로 'FDM(Function Deployment Matrix)'[12]과 같이 단어 'Function'이 들어간다. 또, 미국 ASQ(American Society for Quality)[13]에선 주요한 요소들을 우선순위화하는 도구임을 감안해 'X - Y Prioritization Matrix'로, 유사하지만 'Customer Prioritization Table'[14] 및 그 외에 위험 관리 분야에선 'RIM(Risk Identification Matrix)'[15]으로도 불린다. 이들을 모두 한 곳에 모아보면 다음과 같다.

C&E Matrix //Cause and Effect Matrix //X - Y Matrix //Factor Response Matrix

---

11) Thomas A., Little Consulting, www.dr-tom.com

12) 삼성 그룹 교재에 대부분 'FDM'으로 기술하고 있다.

13) '미국품질협회'로 다양한 국제 자격 제도를 운영하고 있으며 그중 Six Sigma BB 자격 인증 제도도 포함된다. 품질 관련 연구, 포럼 등을 수행한다.

14) The Sailing Through Six Sigma eBook by Brassard & Ritter.

15) Geiger and Piaz(2000).

//FDM(Function Deployment Matrix) //X−Y Prioritization Matrix //Customer Prioritization Table //RIM(Risk Identification Matrix) (CM.1)

명칭은 달라도 확실한 공통점이 있다. 이름 끝에 'Matrix'가 붙는다는 점이다('Table'도 하나 있다). 이 도구의 탄생 배경을 찾기 위해 사실 무던히 노력했다. 그러나 결과는 실패로 끝났다. 혹시나 하는 바람에 전 세계인이 접속하는 'www.isixsigma.com'에 "Is there anyone who knows the history of Cause and Effect Matrix?"라고 질문을 던졌더니 하루 만에 세계인들이 속속 리플을 달기 시작했다. 그런데 "Dumb Question"이라든지 "Who care?" 등의 답변이나 그런 답변을 비판하는 답변 등 원하는 정보는 없고 그냥 말 싸움판만 돼버렸다(^^). 다음은 그나마 여러 출처를 통해 정보를 종합한 것인데 이후 더 확실한 내용이 있으면 보완하도록 하겠다.

- ("Six Sigma for Dummies" by Craig Gygi, Heil DeCarlo, Bruce Williams, 2005, p.258) '특성 요인도' 용법의 확장된 도구로 소개.
  : *The C&E Matrix is an extension of the C&E diagram or fishbone chart, the brainchild of kaoru Ishikawa, who pioneered quality management processes in the Kawasaki shipyards...(생략)...*
- (Gitlow, H. S. & Levine, D. M.(2005), Six sigma for green belts and champions: Foundations, DMAIC, tools, cases, and certification.) '특성 요인도'는 CTQ가 1개, C&E Matrix는 여럿일 때 활용. 첫 번째와 동일 개념.
  : *A Cause and Effect Diagram is used when there is only one CTQ for a project while a Cause and Effect is used when there are multiple CTQ's for a project.*
- (iSixsigma.com) SBTI社(美 컨설팅사)에서 Measure Phase의 Process Mapping 후 이 도구 사용을 강하게 주장했다는 언급이 있다. SBTI社는 Steve Zinkgraf가 '98년 설립한 회사로 그는 '80년대 모토롤라 및 Allied Signal社 6시그마 추진 초기 멤버로 활동했었다. 따라서 C&E Matrix의 탄생 배경은 아니더라도 6시그마로의 도입 배경은 될 수 있다. 잘 알려진 바와 같이 6시그마는 대부분 기업들의 품질 교육에 많은 영향을 주었다.

배경의 첫 번째 출처에 'C&E Matrix'의 중요한 설명이 포함돼 있는데, 바로 "'특성 요인도(C&E Diagram)'의 확장(*an extension of the C&E diagram*)"으로 탄생했다는 표현이다. '확장'의 의미는 배경 설명의 '두 번째 출처'에 소개돼 있다. 즉, "'특성 요인도'는 CTQ(Y에 대응)가 1개일 때 쓰이는 반면 'C&E Matrix'는 다수인 경우에 쓰인다"이다. 세 번째 출처는 'C&E Matrix'가 '6시그마'에 주요 도구로 편입되면서 대중화된 계기를 설명한다.

[그림 CM-1] 'C&E Matrix' 기본 양식

Cause & Effect Matrix

No	Process Stop	KPOV(Y) / Ranking / KPIV(X)															Total	% Rank
1																	0	#DIV/0!
2																	0	#DIV/0!
3																	0	#DIV/0!
4																	0	#DIV/0!
5																	0	#DIV/0!
6																	0	#DIV/0!
7																	0	#DIV/0!
8																	0	#DIV/0!
9																	0	#DIV/0!
10																	0	#DIV/0!
11																	0	#DIV/0!
12																	0	#DIV/0!
13																	0	#DIV/0!
14																	0	#DIV/0!
15																	0	#DIV/0!
16																	0	#DIV/0!
17																	0	#DIV/0!
18																	0	#DIV/0!
19																	0	#DIV/0!
20																	0	#DIV/0!
	Total	0	0	0	0	0	0	0	0	0	0	0	0	0	0	0		

[그림 CM-1]은 'C&E Matrix'의 기본 양식이다. 과제를 단 한 번이라도 수행해본 리더에겐 매우 익숙한 양식이다. 그러나 절차를 간단히 짚어보기 위

해선 입력해야 할 항목이 무엇이고, 또 그들이 어디서 오는지 명확히 해둘 필요가 있다. 왜냐하면 실제 '세부 로드맵' 전개 시 오용 사례들이 자주 목격되기 때문이다. 다음 [그림 CM-2]는 '입력'과 '출력' 정보들의 관계를 시각적으로 쉽게 파악할 수 있는 개요도이다. 그림을 잘 이해하면 응용하는 데 큰 도움을 받는다.

[그림 CM-2] 'C&E Matrix'의 '입력'과 '출력' 정보들의 관계

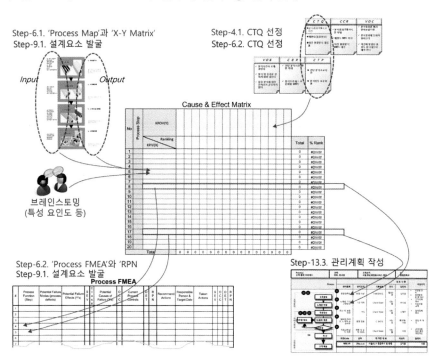

[그림 CM-2]에서 개별 그림들에 붙여진 소제목들은 '세부 로드맵'이다 (Step-6.1, Step-9.1 등 두 개씩 표기하고 있음). 첫 번째 '세부 로드맵'은

'프로세스 개선 방법론'의 '40 – 세부 로드맵' 중 하나고, 두 번째가 '제품(또
는 프로세스) 설계 방법론'의 '50 – 세부 로드맵' 중 하나다. 우선 [그림 CM
– 1]에서 'C&E Matrix'의 위쪽 'KPOV'[16]는 [그림 CM – 2]의 오른쪽 위인
'VOC/VOB ~ CCR/CBR ~ CTQ/CTP'[17]로부터 오는데, 제품 개발같이 고려할
사항이 많은 경우 'QFD(Quality Function Deployment)' 산출물[18]이 대신 들
어온다. 다시 [그림 CM – 1]에서 왼쪽 'Process Step/KPIV'[19]는 [그림 CM –
2]의 왼쪽 위처럼 '프로세스 맵'의 'Input'과 'Output'[20] 또는 팀원들의 '브레
인스토밍'으로부터 유입된다(자세한 입력 경로에 대해선 「Be the Solver_프로세스 개
선 방법론」편의 'Step – 6. 잠재 원인 변수의 발굴'을 참조하기 바란다).

'C&E Matrix'로부터 걸러진 '변수'들은 그 자체로도 하나의 의미 있는 산
출물이지만 한편으론 다른 도구들에 '재입력'됨으로써 새로운 결과를 창출하
거나 다른 용도로 전환되기도 한다. 그중 일부가 'Process FMEA'와 '관리 계
획(Control Plan)'이다. 전자는 '프로세스 개선 방법론'의 Measure Phase에서
'잠재 인자(Potential Causes)'를 도출할 목적으로([그림 CM – 2]의 왼쪽 아래),
후자는 Control Phase에서 개선 내용을 관리할 목적으로 활용된다([그림 CM –
2]의 오른쪽 아래).

특히 'Process FMEA'의 첫 번째 열 '입력'은 '프로세스 맵'의 '활동(Step
또는 Activity)'들이 직접 들어오는 게 정석이고, 이 용법은 미국 컨설팅社인
'SBTI', 'Qualtec' 등의 품질 교재에 잘 설명돼 있다. 반면에 미국 '3M社'의

---

16) 'Key Process Output Variable'이며, Y들을 지칭한다.
17) '40 – 세부 로드맵'에서 'CTQ' 도출 시 흔히 쓰이는 전개로 'QFD(Quality Function Deployment)'를 축
   약한 양식이다.
18) 'CTQ'들을 지칭한다.
19) 'Process Step'은 프로세스 맵 용어이며, 흔히 '활동(Activity)'이라 부른다. 또 'KPIV'는 'Key Process
   Input Variable'이며, X들을 지칭한다.
20) 개별 Step의 'Output'은 다음 Step의 '입력'이 되므로 크게 보면 모두 'Input'이다.

'문제 해결 로드맵'은 [그림 CM-2]의 왼쪽 아래처럼 'C&E Matrix'로부터 선별된 '변수'들이 'Process FMEA'의 '입력'으로 활용되기도 한다. 'C&E Matrix'에서 선별된 '변수'들은 그들이 속한 '프로세스 활동'에 여러 문제를 유발할 가능성이 높다고 보고 'Process FMEA'를 통해 '잠재 인자(Potential Causes)'를 추가 발굴하는 데 이용된다.

참고로 '제품(또는 프로세스) 설계 방법론' 경우, 'Step-9.1. 설계 요소 발굴'에서 'FMEA'가 쓰인다. 이때 '제품 설계 방법론'과 '프로세스 설계 방법론' 경우 용법에 다소 차이가 있다. 전자는 주로 'Design FMEA'를, 후자는

[그림 CM-3] 'C&E Matrix' 작성법 개요도

①

	Y1	Y2	Y3	Y4	Y5

②

	Y1	Y2	Y3	Y4	Y5
	5	10	7	9	4

③

	Y1	Y2	Y3	Y4	Y5
	5	10	7	9	4
X1					
X2					
X3					
X4					
X5					
X6					

④

	Y1	Y2	Y3	Y4	Y5
	5	10	7	9	4
X1		1		3	9
X2		1	3		
X3	3		9		
X4		9		3	
X5	3	9		9	
X6		1	1		

⑤

	Y1	Y2	Y3	Y4	Y5	T/T
	5	10	7	9	4	
X1		1		3	9	73
X2		1	3			31
X3	3		9			78
X4		9		3		117
X5	3	9		9		186
X6		1	1			17

⑥

	Y1	Y2	Y3	Y4	Y5	T/T	%Rank
	5	10	7	9	4		
X5	3	9		9		186	37%
X4		9		3		117	23%
X3	3		9			78	16%
X1		1		3	9	73	15%
X2		1	3			31	6%
X6		1	1			17	3%

프로세스 설계가 목적이므로 'Process FMEA'의 활용 빈도가 높다. 그러나 둘 모두 설계 과정에 필요한 도구이므로 'Design FMEA'로 호칭한다(자세한 내용에 대해선 「Be the Solver_제품 설계 방법론, 또는 프로세스 설계 방법론」편을 참고하기 바란다).

[그림 CM-3]은 'C&E Matrix'의 작성법으로 완성 과정을 6단계로 보여준다. 다음과 같으며, 양식은 [그림 CM-1]을 참조하기 바란다.

① 'CTQ(만일 '운영적 정의'가 완료됐으면 'Ys')'들을 순서 없이 입력한다. 'CTQ 출처'에 대해선 [그림 CM-2]와 본문 설명을 참고하기 바란다. '①'을 보면 'Y1~Y5'가 입력돼 있다.

② 'Y'들의 '중요도' 순위를 매긴다(Rank). 고객 관점에서 과거 크게 부각된 문제라든가, 아니면 심각하게 고려될 사항 또는 발생 빈도가 매우 높은 순으로 '10~1'을 입력한다. '중요도' 점수는 서로 독립적이며, 따라서 중복된 숫자도 가능하고, 10, 9, 8, 7 등과 같이 순서 있게 배치할 필요도 없다. '프로세스 개선 방법론'에선 '과제 Y'에 '10'점을 준 뒤, 그 외의 것들은 'Y'의 '상대적 중요도'를 평가해 점수를 부여한다. '②'에는 'Y1~Y5'에 대해 순서대로 '5, 10, 7, 9, 4'가 입력돼 있다.

③ '프로세스 맵'이나 '브레인스토밍(특성 요인도, Logic Tree 등)'에서 도출된 변수들을 입력한다. 편의를 위해 입력될 모든 'X'들을 '잠재 원인 변수'라 하고, 'C&E Matrix'로부터 선별된 'X'들을 '선별 Xs(Screened Xs)'라 칭한다. '③'에는 'X1~X6'이 입력돼 있다.

④ 'X'와 'Y' 간 상관의 정도에 따라 '0, 1, 3, 9'를 부여한다. '1~10'을

입력하는 경우도 있으나 변별력을 높이기 위한 수단으로 '0, 1, 3, 9'의 사용 빈도가 매우 높다. 이 같은 점수 부여를 'Correlation Ranking'이라고 한다.

⑤ 각 셀의 '상관 순위(Correlation Ranking)'와 'Y의 중요도 순위'로부터 'X'의 종합 점수를 산출한다. 예를 들어 'X1' 경우, '$(10 \times 1) + (9 \times 3) + (4 \times 9) = 73$'이다.

⑥ 'Total(T/T)'을 중심으로 우선순위(내림차순 '정렬')화하고, '백분율' 환산 (%Rank)을 통해 'X'의 점유율을 보기 쉽도록 정리한다. 통상 '파레토 원리'에 입각해 누적으로 '80%' 되는 'X'들을 선별하지만, 'CTQ'와 '9점'으로 묶인 'X'들에 대해서도 진지하게 검토한다.

다음은 'C&E Matrix' 전개 시 조언[21]으로 도움이 될 것 같아 옮겨놓았다.

· 브레인스토밍 및 순위 매김 시점엔 '서기'와 '퍼실리테이터'를 둔다. 물론 동일인도 무 방하다. 이들에겐 투표권이 없고 모든 팀원들이 과정에 동참하도록 유도하는 임무를 띤다. 가능하면 스프레드시트에 능숙한 사람이어야 시간을 절약할 수 있다.
· 순위를 매기는 동안엔 숫자로 대화하고, 가급적 이론적 해석은 피한다.
· 만일 임의의 변수 판단에 의견이 없거나 팀원 경험이 부족한 상황이면, '통과' 처리한 다. 편향된 점수 부여를 피하기 위한 수순이다.
· 점수 차가 적은 것에 논쟁이 있어선 안 된다. 주관적 도구이므로 작은 차이에 민감하 게 반응할 필요는 없다.
· 점수 차가 크게 나는 경우 진지한 토론을 벌인다. 이런 현상은 서로 다른 배경을 가 진 사람들이 모였을 때 나타나곤 한다.
· 점수 차가 두드러질 때, 평균을 취하지 않는다('9'와 '1'일 때, '5점' 등). 대신 왜 서 로 다른지에 대해 논의한다.
· 순위 매김에 과도한 시간이 흐르면 나중에 다시 하도록 일단 건너뛴다. 이것은 새로운 아이디어 발상이나 초기 문제 해결에 긍정적 영향을 준다.

---

21) Light Pharma Inc.의 컨설턴트 J. Scott Tarpley가 경험을 통해 얻은 내용이다.

[그림 CM-4]는 「Be the Solver_프로세스 개선 방법론」편의 'Step-6.1'에 실린 'C&E Matrix(X-Y Matrix)' 작성 예이다. 물론 다양한 예가 있으나, 앞 뒤 상황 파악이 가능하도록 『Be the Solver』 시리즈의 사례들을 인용하였다.

[그림 CM-4] 'C&E Matrix' 적용 사례

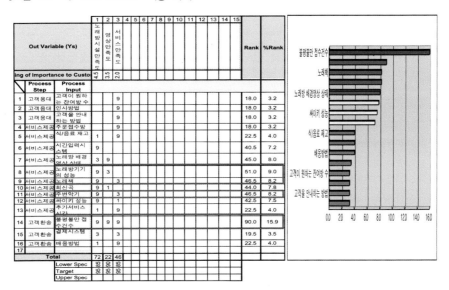

[그림 CM-1]의 '기본 양식'과 차이점은 맨 아래 'CTQ('운영적 정의'가 돼 있다면 'Y')'들의 '규격'을 넣는 난의 존재다. 이는 'QFD' 용법을 일부 가 져다 쓴 경우인데, 이같이 처한 상황에 따라 다양한 응용적 접근은 항상 열어 둔다. 변수들의 우선순위를 쉽게 파악할 수 있도록 오른편에 막대그래프(또는 파레토 차트)를 추가하였다.

끝으로 'C&E Matrix'의 시각화 측면에서 'Linkage Diagram'을 연계할 수 있는데 다음 [그림 CM-5]를 보자.

[그림 CM-5] 'C&E Matrix'를 이용한 'Linkage Diagram' 예

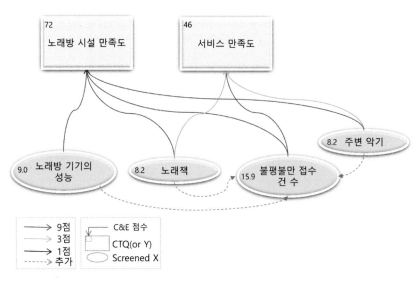

'Linkage Diagram' 용법이 반드시 사용된다기보다 'C&E Matrix'의 시각적 해석을 위해 보조 도구로 활용한다. [그림 CM-5]는 필자가 설정한 예로 [그 림 CM-4]의 영향도가 큰 'CTQ(각 CTQ별 Total 값이 큰 경우)'와 선별된

'Screened X'들 간 관계이며, '9점'의 상관은 '빨강', '3점'은 '연두', '1점'은 '검정'으로 연결시켰고, '파란 점선'은 'X'들 간 관계를 알아보기 위해 추가시켰다. '노래방 기기의 성능', '노래책', '주변 악기'에 문제가 생기면 '불평불만 접수 건수'로 몰리고, 이는 결국 '노래방 시설 만족도'에 치명적 영향이 미침을 알 수 있다. 무엇을 개선해야 할지 관계도로부터 쉽게 파악할 수 있다.

2.1.4. 시장 상황 분석표(IMCAT, Insik's Market Condition Analysis Table)

이 도구의 우리말 표현은 '인식의 시장 상황 분석'이며, '임켓'으로 발음한다. 시리즈를 완성해가며 마음 한구석이 불편해졌는데 개발자의 이름이 붙은 도구들 중 대한민국 사람은 단 한 명도 없다는 것이었다. 우리같이 뛰어난 민족 근성과 독특한 DNA를 갖고 있는 사람들이 어째서 세계가 공유할 만한 도구 하나 만들어내지 못했을까? 기초과학이 부족하다는 얘길 많이 들어온 것과 무관치 않은 듯하다. 만들어놓은 것에 대한 학습과 응용력은 커도, 새로운 것을 창조하는 데는 다소 인색하다는 주장 말이다. 거창한 구호를 달기보다 특징적인 도구를 개발해 각자의 이름을 붙여보는 운동(?)을 벌이면 어떨까? 이 운동(아직까진 필자 혼자다. 혹 외롭고 측은해 보인다고 생각되는 독자가 있다면 슬쩍 동참해주기 바란다.^^)의 일환으로 필자가 개발한 도구 하나를 본문에 소개하면서 이름을 붙여보았다. 동참하는 리더들이 많아지고 도구들의 수도 불어나면 그때 모음집 하나 만들어보는 것도 괜찮지 않겠는가? 일단 각설하고 'IMCAT'의 탄생 배경은 다음과 같다.

- (필자) 2006년 모 기업의 상반기 영업 과제 멘토링 중, 특정 제품들의 직전 3개년 시장 상황을 분석해, 판매량을 저해한 원인과 향후 대응책을 마련할 목적으로 개발하여 Analyze Phase에 적용하였다. 당시 시장 상황에 대한 여러 변수들의 유기적 관계의 이해 없이는 매출 변동을 설명하는 데 애로점이 많았으며, 이를 극복하는 과정에 개발되었다. 이 도구는 그 후 유사한 분석이 필요할 때마다 상황에 맞게 응용해서 정성적 분석에 활용하였다.

'IMCAT'의 용법을 간단히 요약하면 다음과 같다.

- (필자) 시장 상황에 영향을 주는 변수들을 선정해 '시나리오 테이블(Scenario Table)'을 작성하며, 작성된 테이블을 근거로 분석하고자 하는 제품들의 상황 분석에 활용한다.

그동안 정성적 도구들 하나씩 정리해가면서 가장 어려운 부분이 '출처'와 용법의 '정의' 등을 찾아내는 일이었는데, 이 도구는 필자가 만들었으니 그 작업이 수월해 너무 좋다. 이런 일이 많았으면 좋겠다(^^)! 이제 작성 절차에 대해 알아보자.

① 시장 상황에 영향을 주는 '변수'들을 선정한다.

'변수'는 주로 '판매량'이나 '원가', '판가', '회사 정책' 등이 해당된다. 제품의 속성, 제품이 속해 있는 산업 군, 영업팀의 특징들에 따라 '변수'가 달리 정해질 수 있다. 본문에선 A-제품에 대한 '변수'로 '판매량'과 '원가', '판가'를 선정했다(고 가정한다).

② 미니탭을 이용하여 '시나리오 테이블(Scenario Table)'을 작성한다.

'시나리오 테이블'은 정해진 변수들의 조합으로 존재할 수 있는 모든 시장 상황들을 모아놓은 표이다. 소위 '실험 계획(Design of Experiment)'에서 실험 전 미니탭을 이용하여 '설계 표(Design Matrix)'를 만드는 것과 유사하다. 다만 '변수'를 모두 포함해야 하고(현 예 경우, '변수'는 원가, 판가, 판매량으로 3개임), 각 변수별 3개 수준(증가, 정체, 감소)이 있는 점을 감안, 3수준 3인자 총 27개(=3³)의 조합(시장 상황)이 가능하다. [그림 IT-1]은 미니탭으로 '시나리오 테이블'을 만들기 위한 입력 설정을 보여준다.

[그림 IT-1] '시나리오 테이블' 작성을 위한 미니탭 입력 설정 예

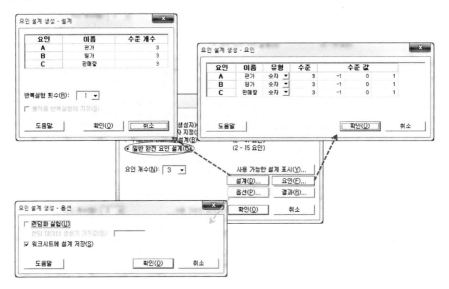

미니탭 경로는 「통계 분석(S) > 실험 계획법(D) > 요인(F) > 요인 설계 생성(C)...」이며, '3수준'을 적용해야 하므로 '일반 완전 요인 설계(G)'를 선택한

다[Default로 '2 – 수준 요인(기본 생성자)(L)'이 지정돼 있음]. 나머지 입력 설정은 [그림 IT – 1]을 참조하기 바란다. 다음 [표 IT – 1]은 미니탭에 나온 '설계 표' 중 필요 없는 열을 제외하고, 남은 열만 표로 재작성한 결과이다.

[표 IT – 1] '시나리오 테이블' 예

시나리오	판가	원가	판매량	예상되는 상황	예상 원인
1	−1	−1	−1		
2	−1	−1	0		
3	−1	−1	1		
4	−1	0	−1		
5	−1	0	0		
6	−1	0	1		
7	−1	1	−1		
8	−1	1	0		
9	−1	1	1		
10	0	−1	−1		
11	0	−1	0		
12	0	−1	1		
13	0	0	−1		
14	0	0	0		
15	0	0	1		
16	0	1	−1		
17	0	1	0		
18	0	1	1		
19	1	−1	−1		
20	1	−1	0		
21	1	−1	1		
22	1	0	−1		
23	1	0	0		
24	1	0	1		
25	1	1	−1		
26	1	1	0		
27	1	1	1		

③ '시나리오 테이블'의 조합 중 발생되지 않는 시장 상황 조합은 제외시킨다. 제품이나 상황에 따라 조금씩 다르긴 한데, 대체로 '판가가 오르고(1), 원가는 떨어지며(-1), 판매량은 줄어드는(-1) 상황'은 발생하기 어렵다. 이 조합은 '시나리오-19'에 해당하며 분석 대상에서 제외시킨다. 본 예의 경우 '시나리오-19, 20, 23, 24, 26, 27' 등은 발생 가능하지 않아 분석 대상에서 제외하였다(고 가정한다).

④ '시나리오 테이블'을 완성한다.

각 상황 조합별로 '예상되는 상황'과 '예상 원인'을 작성해 나간다. 이때 반드시 지켜야 할 사항으로 이 제품에 대해 장기간 판매 현황을 파악하고 있는 담당자와 관계자들이 꼭 참석해서 결정해야 한다. '시나리오 테이블'을 근거로 '정성적 분석'이 이루어지는 만큼 내용이 잘못되면 분석 결과도 엉뚱하게 나와 버리기 때문이다. [표 IT-2]는 완성된 일부 예이다.

[표 IT-2] '시나리오 테이블' 예

시나리오	판가	원가	판매량	예상되는 상황	예상 원인
...	...	...	...	...	...
11	0	−1	0	매출액 답보	높은 판가
12	0	−1	1	매출, 이익률 증가	시장 고성장
13	0	0	−1	매출 감소	경쟁이 치열함
14	0	0	0	매출액 답보	신규 거래선 개척 미흡
15	0	0	1	매출액 증가	시장 점진적 성장
16	0	1	−1	매출 감소	원료값 상승
17	0	1	0	매출액 답보	원료값 상승
...	...	...	...	...	......

'시나리오-11'을 보면 '판가는 정체(0)이고, 원가가 줄었음에도(-1), 판매량

이 정체(0)'인 경우, 즉 '원가'가 떨어졌음에도 '판가'를 내리지 않아 결국 고객들이 외면해서 '판매량'이 답보인 상황이다(로 추정된다). 이런 상황의 원인은 '판가'가 시장 상황에 맞지 않게 너무 높게 책정(高판가)된 것으로 판단했다. 앞서도 언급한 바와 같이 '예상되는 상황'과 '예상 원인'은 제품이나 속한 산업 군, 영업적 특징들에 따라 달라질 수 있음을 염두에 두기 바란다.

⑤ 분석 대상 제품의 특정 기간별 '시장 상황 현황 표'를 작성한다.
이제부터가 '정성적 분석'으로 들어가는 단계이다. 분석 대상인 A-제품에 대해 직전 3개년의 '시장 상황 현황 표'를 작성한다. 다음 [표 IT-3]과 같다(고 가정한다).

[표 IT-3] A-제품의 '시장 상황 현황 표' 예

	2006 → 2007			2007 → 2008			2008 → 2009		
	판가	원가	판매량	판가	원가	판매량	판가	원가	판매량
A 제품	0	1	−1	0	−1	1	0	0	0

'시장 상황 현황 표'를 얻기 위해 참석한 관계자들 간 토의가 이루어져야 한다.

⑥ '시나리오 테이블'을 참조해서 '시장 상황 현황 표'에 대한 개선 방향을 모색한다.
[표 IT-3]의 2006년도에서 2007년도로 넘어가는 시점의 시장 상황은 [표 IT-2]의 '시나리오-16'에 해당한다. 즉, "매출 감소의 상황으로 이 시점에 원료 값 상승이 원인이다." 또 '2007 → 2008'은 '시나리오-12'에 대응하며, "갑작스러운 시장 고(高)성장으로, 매출과 이익률이 동반 상승한 경우"로 해석

된다. 그 이후론 '판가', '원가', '판매량' 모두 정체된 양상을 보이고 있으며, 이 경우는 '시나리오-14'로 '신규 거래선 개척 미흡'의 원인을 들고 있다. 2006년부터 2009년까지 전체적인 관점에서의 A-제품은 외부 시장 상황에 따른 매출의 변동이 있었을 뿐 내부적으로 전략 부재의 대응 상태임을 감지할 수 있으며, 이것은 마케터의 역할이 없거나, 주요 제품이 아니어서 관심사가 아니었거나 또는 담당 영업팀에서 수동적으로 관리해왔거나 하는 등의 흐름을 읽어낼 수 있다. 본 예에선 고성장 이후 시장의 포화로 '신규 거래 선의 개척이 요구되는 상황'으로 판단하였고, 따라서 개선 방향으로 이에 대한 검토를 하는 것으로 정리하였다(고 가정한다).

'시나리오 테이블'을 제품별로 작성해두면, 이변이 일어나지 않는 한 거의 변경할 필요가 없는데 이것은 특정 제품에 대한 시장의 반응도 거의 일정하기 때문이다. 따라서 신입 인력의 제품과 시장에 대한 학습 및 타 인력들과의 협의 시 의사소통에 큰 역할을 담당한다. 제품에 맞게 응용력을 키워보기 바란다.

2.1.5. 머스트-원트 매트릭스(Kepner-Tregoe Matrix)

이 도구의 용법은 어렵지 않지만 쉽게 다가서진 않는데 아마 부르기가 좀 껄끄러운 이유 때문일 것이다. 우리말로는 '케프너 트리거 매트릭스'로 영문 그대로 호칭하는데 개발자의 이름이 붙여졌다. 이 도구와 동일하게 쓰이고 있는 것으로 'Must-want Matrix'가 있다. 이 명칭은 6시그마가 한창 간접 부문으로 확산 중이던 '02년도의 기업 교재에 존재하는 것으로 보아 당시부터 많이 쓰였던 것으로 보인다. 따라서 국내 인터넷 검색에서 명칭을 쉽게 찾아볼 순 있지만 공교롭게도 외국 포털 검색에는 나타나지 않는다. 아마 국내의 누군가가 'Kepner－Tregoe Matrix' 양식을 보니 단어 'Must'와 'Want'가 들어 있고, 또 앞서 언급했던 호칭의 어려움으로 아예 부르기 편하고 용법도 쉽게 연상되는 'Must－want Matrix'로 전환시켜 놓은 게 아닐까 추정된다. 다만 유사한 명칭으로 쓰이는 예가 있긴 하다. '스튜디오 레지던시 프로그램(Studio Residency Program)'[22])에서 작가나 예술가들을 모집할 때 쓰는 신청 양식 (Must－want Analysis)이 그것이다. 신청자가 반드시 원하는 사항(Must) 및 필요 사항(Want)을 표기함으로써 운영자 측에선 그 자료를 근거로 적합한 대상자인지 판단하고, 신청자 입장에서도 'Must', 'Want'의 수용 조건에 따라 본인이 가입해도 되는지 여부를 따질 수 있다. 즉, 여러 대안(프로그램)을 두고 '의사 결정(Decision Making)'할 수 있도록 지원한다. 유사하게 'ASU(애리조나 주립대, www.west.asu.edu/tqteam/tools/) 웹사이트'에 이 도구를 'Criteria Matrix'로도 명명해놓았다. 그러나 문제 해결에 쓰기 위해선 아무래도 원안에 설명된 'Kepner－Tregoe Matrix'의 용법을 따르는 게 바람직할 것이다. 따라서 앞으로 출처가 명확한 'Kepner－Tregoe Matrix'로 명칭을 통일하고 'Must－want Matrix'는 괄호로 함께 표기하였다. 'Kepner－Tregoe Matrix'를 설명하기 전에 'Kepner－Tregoe(Technique)'를 먼저 학습할 필요가 있다. '용법'을 정리하면 다음과 같다.

- (WIKIPEDIA_Eng) 'Kepner－Tregoe(Technique)'는 'Kepner－Tregoe'社의 상표 기술이다. 이것은 'Rational Process' 또는 일반적으로 'KT 프로세스'로 알려져 있다. KT는 특정한 상황이나 문제(잠재된 것이든 실질적이든), 의사 결정, 기회 선점 등에 사고의 스킬을 극대화하는 데 쓰이는 구조적이고 체계화된 도구이다. 다음의 과정으로 전개된다(내용을 풀어 기술함).

---

22) 기업이나 비영리 단체가 작가나 예술가들에게 일정 작업 공간과 활동 지원, 전시 기회 제공 등의 목적으로 운영하는 프로그램을 지칭한다.

1) 상황 평가(Situation Appraisal): 주변에서 일어나는 수많은 상황 중 어떤 것에 우선순위를 두고 진행해야 하는지를 결정하는 프로세스.
예) 회사 내 급료 지불 명부 시스템이 구식이라 현재를 감당해내기 어려운 지경이다(즉, 급료 지불 시스템의 개선이 중요함).

2) 문제 분석(Problem Analysis): 일의 진행에 있어 문제를 야기하는 많은 원인이 있지만 그중 근본이 되는 진짜 원인을 찾는 프로세스.
예) 급료 지불 명부 시스템은 매일 오전 7시에 멈추는 문제가 있다.

3) 의사 결정 분석(Decision Analysis): 수많은 의견과 대안 중 최적의 안을 찾아 수렴하는 프로세스.
예) "회사의 요구에 부응하는 가장 최선의 급료 지불 명부 시스템의 해결책은 무엇인가?"를 결정한다.

4) 잠재 문제(또는 기회) 분석(Potential Problem or Opportunity Analysis): 어떤 일을 계획하고 진행하는 데 있어 앞으로 일어날지 모르는 여러 가지 문제나 위험 요소를 전부 예측하여 개선책을 마련한 후, 계획한 일에 차질이 빚어지지 않도록 하는 프로세스.
예) 새 급료 지불 명부 시스템의 이행과 관련된 예상 위험을 결정한다.

결국 'Kepner-Tregoe(Technique)'는 'TQC(로드맵은 P-D-C-A Cycle)'나 '프로세스 개선 방법론(로드맵은 D-M-A-I-C)' 같은 '문제 해결 방법론'이며, 'Kepner-Tregoe Matrix'는 이 프로세스 중 '의사 결정 분석(Decision Analysis)' 단계에서 쓰이는 하나의 '도구'임을 알 수 있다. 다음은 본론인 'Kepner-Tregoe Matrix'의 용법인데 별도의 출처[23]를 참조하였다.

• (www.decide-guide.com) 상황에 따라 3가지 접근법이 있다.
(의사 결정 분석 경우)
1) 의사 결정할 사항을 준비한다.
2) '평가 기준'에 대해 '전략상 반드시 지켜져야 할 사항'은 'Must', '목적 달성에 필요한 사항'은 'Want', '제약 사항'들은 'Limit'으로 구분한다.

---

23) http://decide-guide.com/kepner-tregoe/

3) '평가 기준'에 상대적 중요도(가중치)를 부여한다('Must'는 제외).
4) '대안(Alternative)'을 나열한다.
5) 각 '대안'별 '평가 점수'를 부여한다.
6) '점수'에 '가중치'를 곱한 후 상위 2개 또는 3개의 '대안'을 선별한다.
7) 선별된 '대안'별 예상 위험을 나열한 뒤, '발생 가능성(높음, 중간, 낮음)'과 '심각성(높음, 중간, 낮음)'을 평가한다.
8) 최적의 '대안' 1개를 선택한다.

(실용적으로 응용한 경우)
1) 'Musts'항목을 정하고, '대안'들에 대해 'Go' 또는 'No Go'를 결정한다.
2) 'Wants'를 정하고, '1~10'의 '중요도'를 할당한 뒤, '대안'들에 대해 'Wants'에 부합되는 정도에 따라 '1~10'의 점수를 매긴다. 최종 '중요도×점수'를 계산한다.
3) 선별된 '대안'별 예상 위험을 나열한 뒤, '발생 가능성'과 '심각성'을 평가한 후 둘을 곱해서 합산한다.

(각 단계에 소요 시간을 배분한 경우): 각 단계에 5~10분을 할당해 전체 소요 시간을 관리해 나간다.

이제 'Kepner−Tregoe(Technique) 프로세스' 속에 설명하려는 'Kepner−Tregoe Matrix'가 포함돼 있음을 확인했으므로 '탄생 배경'은 'Matrix'가 아닌 'Kepner−Tregoe(Technique)'가 대상이다. 다음과 같다.

・(네이버 블로그/Srappy) 미국의 국방 문제를 다루는 Think Tank 회사 랜드코퍼레이션에 근무하던 케프너와 트리거에 의하여 명명된 도구이다. 1960년대 미국과 舊소련의 우주 개발 전쟁에서 미국이 뒤처졌던 시기 케프너와 트리거가 그 원인을 분석하던 중 근본 원인은 다름 아닌 사람의 사고 프로세스 차이에 있음을 발견하고 이를 토대로 탁월하고 우수하게 일처리를 하는 사람들의 사고 과정을 가시화시켜 만든 인간의 4가지 '사고 프로세스'를 가리킨다. 이 도구는 1980년대 후반 처음으로 국내에 도입돼 많은 대기업 임직원들에게 교육되었으며, 교육 과정의 특징은 과거 방식대로 문제를 풀게 한 후, 이 도구를 소개하고 다시 문제를 풀게 함으로써 전후의 차이점을 스스로 인지하도록 프로그램화돼 있다. 즉, 교육 과정 중 실제 문제를 푸는 데 이 도구를 적용시킨 것이 특징이다.

지금까지 'Kepner-Tregoe Matrix'에 대해 규모 있고 복잡하게 설명한 느낌이 드는데 사실 용법은 매우 단순하다. 'Decision Matrix'에서 언급한 '평가 기준(Criteria)'을 'Must'와 'Want'로 나눴다고 생각하면 이해가 빠르다. 또 작성 방법도 'Decision Matrix'와 동일하므로 과정은 생략하고 결과 사례만 간단히 알아보고 넘어가겠다. 다음은 「Be the Solver_프로세스 개선 방법론」편의 Improve Phase, '개요'에 실린 예를 옮겨놓은 것이다.

[표 KT-1] 'Kepner-Tregoe Matrix(Must-want Matrix)' 예

개선 내용		최적의 주거 선택					
구분		대안 1		대안 2		대안 3	
Must 조건	주거 유형	10년 된 복도식 아파트(○○ 위치)		다세대로 세수입 가능		교외 단독 주택	
근저당 설정 무		○		×		○	
1억 이하		○		○		○	
내부 인테리어		○		×		○	
Want 조건	가중치	Rating	Score	Rating	Score	Rating	Score
조용한 분위기	0.30	2	0.60	–	–	3	0.90
근처에 좋은 학교	0.37	5	1.85	–	–	6	2.22
역세권일 것	0.15	2	0.30	–	–	2	0.30
대형마트 있을 것	0.18	7	1.26	–	–	1	0.18
종합(Total)		–	4.01	–	–	–	3.60
우선순위		1		–		2	
산출 식		Score=Weight×Rating, 종합(Total)=∑(Score)					

[표 KT-1]은 복잡해 보이지만 크게 'Must'와 'Want'로 구분해 관찰하면 내용 파악이 쉽다. '최적의 주거 선택'을 하기 위해 3가지 대안이 마련되었으며, 'Must 조건'으로 '근저당 설정 무', '1억 이하', '내부 인테리어'로 설정하였다. 평가를 통해 '대안 1'과 '대안 3'만이 'X'가 없어 이 둘에 대해 'Want 조건'에서 재평가가 이루어졌다. 참고로 '가중치(Weight)'는 전체가 '1'이 되도록 설정하였다. 본 예의 경우 '대안 1'인 '10년 된 복도식 아파트(○○위치)'가 가장 적합한 것으로 파악되었다. 다만 '대안 3'과 점수 차가 그리 크지 않은 점은 재고해봐야 할 대목이다.

2.1.6. 다중 투표법(Multi-voting)

'Multi-voting'은 과제를 수행하면서 많이 접하는 도구 중 하나이다. 사람이 모여 뭔가를 선택해야 할 상황이면 으레 머리에 떠올리는 도구인데 그만큼 우리에게 친숙하고 접근성이 뛰어나다는 방증이다. '프로세스 개선 방법론'의 '40-세부 로드맵' 경우 'Step-6.1' 또는 'Step-6.3'의 '잠재 원인 변수'들의 '우선순위화'나, 'Step-11.1. 최적화 및 기대 효과'에서 도출된 아이디어의 선택, 그리고 '제품(또는 프로세스) 설계 방법론'의 '50-세부 로드맵'에서 'Step-7.2. 핵심 기능 선정', 'Step-7.4. 기능 대안 확정', 'Step-8.2. 최적 콘셉트 평가/선정', 'Step-11.2. 상세 설계 수행'과 같이 아이디어 발굴 과정을 거친 대안들의 선별 목적으로 사용된다. 사실 용법이 어렵거나 복잡한 것은 아니므로 탄생 배경 및 기본 용법을 간략히 소개한 뒤, 추가로 몇몇 기표(記票) 방식에 대해 알아볼 것이다. 다음은 '탄생 배경'의 요약이다.

- (WIKIPEDIA_Eng) 'Cumulative Voting'은 1870년부터 1980년 사용이 중단될 때까지 일리노이주 하원(주 입법부)을 선발하는 데 이용되었으며, 영국에선 19세기 후반에 몇몇 학교 운영 위원회를 선발하는 데 활용되었다. 2009년 11월에 '연방 투표권 법령'에 의거 일리노이주 지방 도시 평의회 50%, 앨라배마 카운티 평의회, 학교 운영 위원회 등 미국 내 50개 이상의 지역사회에서 이 도구를 활용하였으며, 때론 공정성 확보 차원으로 법정에서 이 방법을 사용하도록 강제하기도 하였다. 'Cumulative Voting' 형식은 팀 회의 조력자인 퍼실리테이터(Facilitator)가 '선택 사항들(Options)'을 총체적으로 우선순위화할 목적으로 사용해왔는데, 예를 들어 브레인스토밍으로부터 나온 아이디어들이 그것이다. 이런 접근을 'Multi-voting'이라 묘사하며, 'NGT(Nominal Group Technique)'로부터도 그 유래를 찾을 수 있다. 최근 기업 경영 전략인 6시그마 운영에 필요한 많은 도구들 중 하나로 쓰이고 있다.

'NGT(Nominal Group Technique)'와의 연계성도 언급돼 있는데, 이후에 별도 설명이 있을 예정이다. 다음은 '용법'에 대한 간단한 소개이다.

- (WIKIPEDIA_Eng) 공식 명칭은 'Cumulative Voting'이다. 이 외에 'Accumulation Voting', 'Weighted Voting'이 있다. 'Multi-Voting'은 '승자가 독차지하는(Winner-take-all)' 투표 방식보다 '비례 대표제'를 촉진할 목적으로 도입된 '다 승자 투표 방식(Multi-winner Voting System)'이다.

  ※ 승자 독식제(Winner-take-all): 이 도구는 미국 선거 과정에서 유래되었으며, 이에 따라 선거 용어가 자주 등장함. 한 표라도 더 얻은 측이 대통령 투표 선거인단 전체를 확보할 수 있음.
  ※ 비례대표제(Proportional Representation System): 표수에 비례해서 선거인단을 확보함.

공인된 출처를 따르다 보니 매끄럽게 해석하려 해도 바로 와 닿진 않는다.

왜냐하면 미국의 대통령 선거 방식에 대한 사전 이해가 약간 필요하기 때문이다. 과거 미국에서는 국민이 대통령을 직접 선출하는 방식이 광범위한 영토에선 매우 어려웠으므로(물론 현실에 맞게 제도의 보완이 늘 있어 왔음) 인구수에 비례한 '선거인단'을 각 주마다 정해놓고 그들을 뽑는 '예비 선거'를 치른다. 이렇게 국민으로부터 선발된 '선거인단'이 대통령을 선출한다. 이때 특정 주(州)의 '선거인단'이 'A', 'B' 두 명의 대통령 후보 중 'A 후보'의 지지를 단 한 명이라도 더 많이 하게 되면 그 주 '선거인단' 전체(표)를 'A 후보'가 독식하게 되는데 이것을 'Winner-take-all'이라고 한다. 예를 들면 특정 주(州)가 2개 있고 한 주에는 '선거인단=100명'이, 다른 주는 '선거인단=200명'이 정해져 있다고 할 때, '예비 선거'를 통해 첫째 주(州)는 100명 중 51명이 'A 후보'를, 49명이 'B 후보'를 지지하고, 다른 한 주(州)는 200명 중 99명이 'A 후보'를, 101명이 'B 후보'를 지지했다면, 단순한 논리로 볼 때 '승자 독식제' 경우, 두 번째 주(州)의 'B 후보'가 '200표'를 갖게 돼 '100표'를 얻은 'A 후보'에 비해 훨씬 유리하다. 그러나 만일 '비례대표제'라면 'A', 'B' 후보 각각 첫 주(州)에서 '51%'와 '49%', 두 번째 주(州)에서 '49.5%'와 '50.5%'로 '선거인단 표 수'로 따지면 둘 다 '150'으로 동일하다. 본 예를 'Multi-voting'에 빗대 해석하면 투표수가 조금이라도 더 많은 것을 선택(즉, 한 후보가 독식)하기보다, 여럿을 뽑는 '다 승자 투표 방식(Multi-winner Voting System)'에 해당(즉, 비례대표제처럼)한다. 선거 제도에서 유래했기 때문에 그와 관련한 용어가 끼어들어 그렇지 사실 용법은 일상에서 쉽게 접할 만큼 매우 단순하다. 그래서인지 국내에서 쓰이는 기업 교재 경우 명칭만 언급하거나 설명이 아예 없는 경우가 대부분이다.

용법을 필자가 생각나는 대로 또 아는 대로 쓰는 것은 아무래도 객관성이 떨어진다. 또 출처에 따라 내용이 변동하는지라 쉬우면서 가장 정의에 부합된 것을 찾다 보니 'the University of KENTUCKY' 내 'College of Agriculture'에서 작성된 「Multi-voting 수행 가이드」가 현 상황에 적합할 것으로 판단돼

이를 참고하였다. 문제 해결 중 활용하는 수준의 가이드이므로 본 내용을 충실히 설명한 뒤, 응용력을 키우는 취지에서 초두에 언급했던 '기표(記票) 방식'에 대해서도 알아볼 것이다. 다음은 'Multi-voting'의 일반적 전개 과정이다.

① '선택 사항(Options)'들을 얻기 위해 브레인스토밍을 실시한다.

'Multi-voting'은 말 그대로 '투표', 즉 '뽑는 도구'이므로 그 대상이 있어야 하는데 이들은 주로 '브레인스토밍'을 통해 발굴된다. '브레인스토밍'은 '40-세부 로드맵' 중 'Step-6. 잠재 원인 변수의 발굴'과 'Step-11. 최적화'에서 주로 다루며, '50-세부 로드맵' 경우는 'Step-7. 아이디어 도출', 'Step-8. 콘셉트 개발' 및 'Step-11. 상세 설계' 등에서 주로 활용된다. 물론 그 외에 어디서든 필요하면 응용할 수 있는 매우 유용한 도구이다. 여기서는 '브레인스토밍'을 안다고 보고 그를 통해 다음과 같은 '선택 사항(Options)'들이 나왔다고 가정한다. 다음 [표 MV-1]은 「Be the Solver_프로세스 개선 방법론」편 내 'Step-11.1. 최적화 및 기대 효과' 중 '노래방 용품들의 유지 관리'를 위한 아이디어를 옮겨놓은 것이다.

[표 MV-1] 발굴된 '선택 사항(Options)' 예

용품 유형	선택 사항(Options)
탬버린	1. 탬버린 부품을 일정 재고로 확보해서 수리
	2. 필요 시 점검(주 1회로 주기화)
	3. 탬버린 종류를 조사해서 감촉이나 음량이 뛰어난 모델을 계속 최신화
	4. 주기적으로 최근 모델로 전체 교체하는 체계
마이크	1. 소독을 1일 1회로 실시
	2. 소독 관리 및 안전성을 벽면에 홍보해서 고객이 안심하도록 유도(즉 실천)
	3. 발에 걸리는 선을 없애고 자리에 앉아서도 노래 부를 수 있도록 무선 마이크 도입
노래책	1. 노래 책을 없애고 컴퓨터 검색으로 제공
	2. 컴퓨터 검색 후 초기 음이 나와 음을 떠올릴 수 있도록
	3. 노래 책의 양식을 통일해서 장표 추가 시 표시가 나지 않도록
	4. 뜯어짐이 최소화될 수 있는 보호 필름, 묶음 방법

② '브레인스토밍'으로부터 나온 '선택 사항'들을 명확화한다.

[표 MV-1]의 '선택 사항'들에 대해 의미가 유사한 것은 합친다. 이때 주의할 점은 '선택 사항'들의 의미를 모두가 명확하게 인지하는지에만 관심을 두되, 아이디어의 장점들에 대해선 논하지 않는다. [표 MV-1]의 내용들 중 다음과 같이 아이디어를 명확히 하였다(고 가정한다).

[표 MV-2] 발굴된 '선택 사항(Options)' 예

용품 유형	선택 사항(Options)
탬버린	1. 탬버린 부품을 일정 재고로 확보(10개분)해서 수리
	2. 필요 시 점검(주 1회로 주기화)
	3. 탬버린 종류를 조사(월 1회)해서 감촉이나 음량이 뛰어난 모델을 계속 최신화
	4. 주기적(6개월)으로 최근 모델로 전체 교체하는 체계
마이크	1. 소독을 1일 1회로 실시
	2. 소독 관리 및 안전성을 벽면에 홍보해서 고객이 안심하도록 유도(즉 실천)
	3. 발에 걸리는 선을 없애고 자리에 앉아서도 노래 부를 수 있도록 무선 마이크 도입
노래책	1. 노래 책을 없애고 컴퓨터 검색으로 제공
	2. 컴퓨터 검색 후 초기 음이 나와 음을 떠올릴 수 있도록
	3. 노래 책의 양식을 통일해서 장표 추가(신곡) 시 표시가 나지 않도록
	4. 뜯어짐이 최소화될 수 있는 보호 필름, 묶음 방법 고안

'재고량'과 '주기'를 삽입했다. 또 '노래책'의 '3' 경우 '장표를 왜 추가하는지' 명확화하기 위해 '신곡'을, '4'엔 향후 구체화 필요성이 있음을 명시하기 위해 '고안'을 추가했다(빨간색 글자). 반면, '마이크'의 '2'는 '즉 실천(개선)'으로 흐릿하게 처리하였다.

③ 추가 토론의 가치가 있다고 판단되는 아이디어에 투표를 실시한다.[24)]

참석자들은 각자가 필요하다고 판단되는 아이디어에 투표한다. 이때 손을 들어 의사를 표시하거나 직접 가서 아이디어 옆에 표시할 수도 있고, 또는 용지에 점을 찍는 방법도 가능하다. 만일 원하면 모든 아이디어에 투표하는 것도 허용된다. [표 MV-3]은 아이디어 옆에 다가가 '正'자로 수를 표기한 예이다.

[표 MV-3] 1차 투표를 실시한 예

용품 유형	선택 사항(Options)	1차 투표
탬버린	1. 탬버린 부품을 일정 재고로 확보(10개분)해서 수리	正正正
	2. 필요 시 점검(주 1회로 주기화)	正正正下
	3. 탬버린 종류를 조사(월 1회)해서 감촉이나 음량이 뛰어난 모델을 계속 최신화	正正下
	4. 주기적(6개월)으로 최근 모델로 전체 교체하는 체계	
마이크	1. 소독을 1일 1회로 실시	正正正丁
	2. 소독 관리 및 안전성을 벽면에 홍보해서 고객이 안심하도록 유도(즉 실천)	−
	3. 발에 걸리는 선을 없애고 자리에 앉아서도 노래 부를 수 있도록 무선 마이크 도입	正正正一
노래책	1. 노래 책을 없애고 컴퓨터 검색으로 제공	正一
	2. 컴퓨터 검색 후 초기 음이 나와 음을 떠올릴 수 있도록	正丁
	3. 노래 책의 양식을 통일해서 장표 추가(신곡) 시 표시가 나지 않도록	正正下
	4. 뜯어짐이 최소화될 수 있는 보호 필름. 묶음 방법 고안	正正正正

한 사람이 여럿 아이디어에 표기할 수 있으므로 'Multi'란 표현이 존재하는 이유이다. '마이크'의 '2' 경우, 의미는 있지만 '즉 실천(개선)'성으로 바로 처리됨에 따라 평가에서 제외하였다(고 가정한다).

---

24) [표 MV-3]은 '2.1. 표 유형'의 '정의' 중 'X-축'이 없고, 일대일 대응 평가도 관찰되지 않는 것처럼 보이나 투표 참가자들을 'X-축'에 한 열씩 포함시킬 수 있음을 고려하였다.

④ 두 번째 투표를 위해 아이디어들을 선별/정리한다.

아이디어에 투표된 수를 헤아린 뒤, 투표 인원의 과반수만큼 득표한 항목들을 두 번째 투표 후보에 올린다. 예를 들어 20명이 참여했으면 적어도 '10개' 이상을 득표한 항목들이 해당된다.

[표 MV-4] 1차 투표 후 과반수 미만을 선별한 예

용품 유형	선택 사항(Options)	1차 투표
탬버린	1. 탬버린 부품을 일정 재고로 확보(10개분)해서 수리	正正正
	2. 필요 시 점검(주 1회로 주기화)	正正正下
	3. 탬버린 종류를 조사(월 1회)해서 감촉이나 음량이 뛰어난 모델을 계속 최신화	正正下
	4. 주기적(6개월)으로 최근 모델로 전체 교체하는 체계	
마이크	1. 소독을 1일 1회로 실시	正正正丁
	2. 소독 관리 및 안전성을 벽면에 홍보해서 고객이 안심하도록 유도(즉 실천)	ㅡ
	3. 발에 걸리는 선을 없애고 자리에 앉아서도 노래 부를 수 있도록 무선 마이크 도입	正正正ㅡ
노래책	1. 노래 책을 없애고 컴퓨터 검색으로 제공	正ㅡ
	2. 컴퓨터 검색 후 초기 음이 나와 음을 떠올릴 수 있도록	正丁
	3. 노래 책의 양식을 통일해서 장표 추가(신곡) 시 표시가 나지 않도록	正正正下
	4. 뜯어짐이 최소화될 수 있는 보호 필름, 묶음 방법 고안	正正正正

[표 MV-4]를 보면, '20명'이 투표에 참여했다고 가정할 때, 그 과반수인 '10개' 이상을 득표한 항목만 '빨강'으로 표시한 예이다. 선택받지 않은 항목들은 편의상 '흐린 회색'으로 처리하였다. 이제 1차 선별된 항목들을 2차 투표로 넘긴다.

⑤ 두 번째 투표를 실시한다.

참석자들이 투표를 실시하되, 첫 번째와의 큰 차이는 아이디어들 중 50%에

만 선택 권한이 허용된다는 점이다. 예를 들면 '10개 항목'이 남아 있으면 각자는 '5개'에 대해서만 투표를 수행할 수 있다. 다음은 투표 결과이다.

[표 MV-5] 2차 투표를 실시한 예

용품 유형	선택 사항(Options)	2차 투표
탬버린	1. 탬버린 부품을 일정 재고로 확보(10개분)해서 수리	正正
	2. 필요 시 점검(주 1회로 주기화)	正正正一
	3. 탬버린 종류를 조사(월 1회)해서 감촉이나 음량이 뛰어난 모델을 계속 최신화	正下
마이크	1. 소독을 1일 1회로 실시	正正正下
	3. 빌에 걸리는 선을 없애고 자리에 있어서도 노래 부를 수 있도록 무선 마이크 도입	正丁
노래책	3. 노래 책의 양식을 통일해서 장표 추가(신곡) 시 표시가 나지 않도록	正下
	4. 뜯어짐이 최소화될 수 있는 보호 필름, 묶음 방법 고안	正正正丁

⑥ 앞서 진행된 '④'와 '⑤'를 반복한다.

통상 팀이 의사 결정이나 개선을 위해 필요한 적합한 아이디어 수는 3~5개 정도로 알려져 있다. 팀이 적합하다고 판단할 때까지 투표를 반복한다.

[표 MV-6] 최종 투표가 완료된 예

용품 유형	선택 사항(Options)
탬버린	2. 필요 시 점검(주 1회로 주기화)
마이크	1. 소독을 1일 1회로 실시
노래책	4. 뜯어짐이 최소화될 수 있는 보호 필름, 묶음 방법 고안

⑦ 최종 선별된 아이디어들에 대해 토의한다.

전체 인원이 많을 경우 소그룹으로 나누어 최종 아이디어들에 대해 찬반 토론을 실시한다. 깊이 있는 토론 분위기가 형성될 수 있도록 노력한다.

⑧ 의미 있는 활동으로 연결되도록 적합한 결론을 유도한다.

선택된 아이디어를 토대로 구체화 과정을 밟거나 필요한 분석 작업으로 들어간다. 또는 현시점에서 우선순위가 가장 높은 아이디어를 최종 선정할 수도 있다. 이후 과정은 예정된 절차를 따른다.

간단하다고 강조하면서 설명이 길어졌다. 다음 [그림 MV–1]은 'WIKIPEDIA'에서 제시한 '기표(記票) 방식'을 모아놓은 예이다.

[그림 MV–1] '선택 사항(Options)'에 대한 기표(記票) 방식 예

4개 양식 각각은 투표에 참여할 1명이 받게 될 용지이며, 기표 방식에 따라 득표 현황이 달라진다. 첫 번째 **Cumulative Ballot(누계형)**'25)은 'Accumulation Voting', 'Weighted Voting' 또는 'Multi-voting'으로도 불리며, 문제 해결 중 흔히 사용되는 'Multi-voting'이 바로 이 방식이다. 투표자 1명에 할당된 표(예에선 3표)만큼 기표하되 아이디어별 득표는 그 수를 누적해서 얻는다. '홍

---

25) 필자가 의미가 통하도록 임의로 번역한 용어이다.

길동'이 예와 같이 표기했다면 'Idea 1'은 '2표', 'Idea 5'는 '1표'로 인정된다. **'Equal & Even Ballot(등분할형)'**은 주어진 표만큼 행사하되 각 기표는 전체 수로 나눈 양만큼만 득표로 인정되는 방식이다. 예에서 '홍길동'이 2개의 아이디어에 대해 표기했으므로 'Idea 1'과 'Idea 4' 각각이 등분할된 '1/2표'씩을 인정받는다. **'Fractional Ballot(백분율형)'**은 주어진 '선택 사항(Options)'에 대해 전체가 '100'이 될 수 있게 차등을 두는 방식이다. '홍길동'이 2개만 선택한다고 할 때 'Idea 1'을 '18.5%'로 했다면, 'Idea 3'은 '100'이 되도록 '81.5%'가 돼야 한다. 결국 'Idea 1'과 'Idea 3'은 각각 '0.185표'와 '0.815표'를 인정받는다. 끝으로 **'Weighted Ballot(가중형)'**은 만일 '아이디어' '3개'를 선정하는 상황에서 '홍길동'에게 '10표'가 허용된다면 투표 가능한 총수는 '30(=3×10)'이다. 예에선 총 '30' 중 'Idea 2'에 '14표'가, 'Idea 3'에 '16표'가 부여돼 있다('투표 허용 수' 산정과 관련된 식은 WIKIPEDIA 참조). 지금까지 설명된 유형들은 주어진 상황에 맞게 선택해서 활용하거나 적절한 응용을 거쳐도 무방하다.

2.1.7. 명목 집단 도구(NGT, Nominal Group Technique)

'NGT(Nominal Group Technique)' 역시 'Multi-voting'과 동일한 의사 결정 도구이다. 그뿐만 아니라 용도도 유사하므로 '40-세부 로드맵' 경우 'Step-6.1' 또는 'Step-6.3'의 잠재 원인 변수들의 '우선순위화'나, 'Step-11.1. 최적화 및 기대 효과'에서 도출된 아이디어의 선택, 그리고 '50-세부 로드맵'에선 'Step-7.2. 핵심 기능 선정', 'Step-7.4. 기능 대안 확정', 'Step-8.2. 최적 콘셉트 평가/선정', 'Step-11.2. 상세 설계 수행'과 같이 아이디어 발굴 과정을 거친 대안들의 선별 목적으로 사용된다. 문제 해결 중에는 본래 용법을 단순화하거나 또는 편리하게 변형해 활용하기도 한다. 다음은 'NGT'의 '탄생 배경'이다.

- (WIKIPEDIA_Eng) 이 도구는 1971년(1968년을 언급하는 출처도 있음) 'Delbecq and VandeVen'에 의해 개발되었으며, 1979년 'Vedros'에 의해 성인 교육 프로그램에 응용되었다.
- (WIKIPEDIA_Eng) (논문) Delbecq A. L. and VandeVen A. H., (1971), "A Group Process Model for Problem Identification and Program Planning," Journal Of Applied Behavioral Science Ⅶ (July/August, 1971), 466–91.
  (논문) Delbecq A. L. and VandeVen A. H. and Gustafson D. H., (1975), "Group Techniques for Program Planners", Glenview, Illinois: Scott Foresman and Company.

시기적으론 'Multi‑voting' 이후에 생겨났음을 알 수 있다. 다음은 'NGT'에 대한 '용법' 설명이다.

- (WIKIPEDIA_Eng) 다수의 인원이 참여할 때 유용한 의사 결정 도구이다. 특히 투표에 의한 빠른 결정이 이루어지되, 참여자 개개인의 아이디어가 모두 반영되는 특징이 있다. 득점 방식이 기존과 좀 다른데, 먼저 참여자 모두에게 각자의 해법을 짧게 제시하게 한 후 중복된 것을 제거한다. 이어서 남겨진 해법(아이디어)에 참여자 각자가 1, 2, 3, … 순으로 순위를 매긴 뒤, 항목별 총합을 구해 득점이 가장 낮은 안(案)을 선택한다(중요도가 높은 것에 '1'이 부여되므로). 또, 순위를 매겨 평가하는 것 외에, 응용을 통한 접근 역시 이 범주에 포함시킨다.

용법을 보면 'Multi‑voting'과 큰 차이점을 발견할 수 있는데 바로 <u>'아이디어 발굴'</u> 과정이 'NGT' 속에 아예 포함돼 있다는 것이다. 그러나 큰 흐름상

으론 '순위를 매겨 합산'하는 방식 빼고는 역시 동일하다는 데 이견이 없다.

적용 과정은 여러 형태의 사례가 있으나 '위키 백과'의 내용을 '표준 절차(Standard Procedure)'로 간주하고 옮겨놓았다. 다음은 'NGT'를 전개하는 과정이다.

① 퍼실리테이터(조력자, Facilitator)가 팀 회의 목적과 절차에 대해 설명한다. 우선 목적을 갖기 위해 「Be the Solver_프로세스 개선 방법론」편의 'Step-11.1. 최적화 및 기대 효과'에서 사용한 "신입 직원에 대한 서비스 교육 실시(고객 대응법, 말씨, 긴급 상황 대처법 등)"로부터 시작하겠다. 이것은 '노래방 매출에 악영향을 끼친 고객 만족도 저하의 원인이 신입 직원의 고객 대응 미숙에 있다는 판단에 따라 교육을 체계화하자는 취지'가 담겨 있다.

② 조용한 분위기에서 아이디어 창출을 유도한다. 퍼실리테이터는 참석자들에게 아이디어 발굴용 질문이 담긴 쪽지를 나눠준 뒤, 그를 실현할 각자의 해법을 기술하도록 요청한다. 이 단계는 대략 10분 정도가 적절하다.

③ 아이디어를 공유한다. 퍼실리테이터는 참석자 각자가 고민한 생각을 공유하도록 유도하고, 그가 얘기한 언어 그대로 플립 차트에 기록해 나간다. 이 과정은 모든 아이디어가 드러날 때까지 계속된다. 또, 진행 중 논쟁은 없어야 하며, 특히 새롭게 창출된 아이디어들이 있으면 추가하는 것도 적극 권장한다. 이 단계는 약 15~30분이 적절하다. 다음은 「Be the Solver_프로세스 개선 방법론」편의 'Step-11.1. 최적화 및 기대 효과'에 실린 아이디어를(현재 발굴한 것으로 가정하고) 옮겨놓은 예이다.

[표 NG - 1] 발굴된 '아이디어' 예

아 이 디 어
1. 완전 무인 시스템으로 운영하자.
2. 기존 오리엔테이션을 서비스 교육과 통합하자.
3. A 업소처럼 외부 전문 기관에 3일 교육을 수강토록 하자.
4. 고객 대응법에 대한 매뉴얼을 만들어 활용하자.
5. 긴급 상황 대처법에 대한 사전 훈련을 주기적으로 실시하자.
6. 타 업소를 Tour시켜 배우도록 하자.
7. 전문 서비스 강사와 계약해서 주기적으로 점검받도록 하자.
8. 복장을 통일하자.
9. 각 물품의 배치를 고정화해서 서비스 할애 시간을 늘리자.
10. 룸 청소 및 쓰레기 처리는 우리가 하는 대신 외부인에게 맡기자.

④ 그룹 토의를 실시한다.

동료들이 생성한 아이디어들 중 명확하게 와 닿지 않는 항목들을 대상으로 발굴자에게 자세히 설명할 수 있는 시간을 준다. 이때 퍼실리테이터는 당사자들이 적극 참여할 수 있는 분위기 조성과, 한 주제에 너무 긴 시간이 할애되지 않도록 조정한다. 또, 최대한 자연스러운 환경 유지 및 판단과 논쟁이 없도록 하는 것도 중요한 역할 중 하나다. 참석자들로 하여금 새로운 아이디어 추가나 상호 간 결합 등의 과정을 허용하되 제거되는 것은 피한다. 이 과정은 30~45분간 수행된다. 다음은 과정을 통해 수정 및 통합된 결과이다(로 가정한다).

[표 NG - 2] 발굴된 '아이디어'의 수정 및 통합 예

아이디어
1. (의미의 명확화) 완전 무인 시스템 운영 → On Line 교육을 위탁하여 수행하자.
2. 기존 오리엔테이션을 서비스 교육과 통합하자.
3. A 업소처럼 외부 전문 기관에 3일 교육을 수강토록 하자.
4. 고객 대응법에 대한 매뉴얼을 만들어 활용하자.
5. 긴급 상황 대처법에 대한 사전 훈련을 주기적으로 실시하자.
6. 타 업소를 Tour시켜 배우도록 하자. → '3'에 통합
7. 전문 서비스 강사와 계약해서 주기적으로 점검받도록 하자.
8. 복장을 통일하자.
9. 각 물품의 배치를 고정화해서 서비스 할애 시간을 늘리자.
10. 룸 청소 및 쓰레기 처리는 우리가 하는 대신 외부인에게 맡기자.

⑤ 투표와 우선순위를 매긴다.

이 과정은 최초 질문에서 나온 아이디어들을 우선순위화하는 단계이며, 투표와 순위 매김 절차를 밟는다. 얻은 결과는 참석자들에게 바로 공지해서 회의를 통해 의미 있는 결론이 도출되었음을 알린다(본문은 편의상 참석자 3명으로 단순화할 것이나 인원수는 질문 성격이나 처한 상황에 따라 달라질 것이다. 그러나 실제는 3명보다 훨씬 많아야 하는 것은 확실하다).

[표 NG-3] 투표(Voting) 및 순위 매김(Ranking)

아이디어	1	2	3	T/T
1. On Line 교육을 위탁하여 수행하자.	7	6	2	15
2. 기존 오리엔테이션을 서비스 교육과 통합하자.	3	1	7	11
3. A 업소처럼 외부 전문 기관에 3일 교육을 수강토록 하자.	1	4	4	9
4. 고객 대응법에 대한 매뉴얼을 만들어 활용하자.	2	2	1	**5**
5. 긴급 상황 대처법에 대한 사전 훈련을 주기적으로 실시하자.	8	5	6	19
6. 전문 서비스 강사와 계약해서 주기적으로 점검받도록 하자.	6	7	5	18
7. 복장을 통일하자.	9	8	9	26
8. 각 물품의 배치를 고정화해서 서비스 할애 시간을 늘리자.	5	3	8	16
9. 룸 청소 및 쓰레기 처리는 우리가 하는 대신 외부인에게 맡기자.	4	9	3	16

우선순위가 높은 것을 '1'로 설정했으므로, 순위 매김은 'Total(T/T)'이 가장 작은 값으로 결정된다. 따라서 [표 NG-3]의 경우, 색으로 강조된 항목이 '신입 교육을 위한 가장 좋은 대안'으로 선정되었음을 알 수 있다. 이와 같이 단 1개를 선택할 수도 있으나 여러 개를 선별해 2차 평가로 들어가는 것도 가능하다. 이는 처한 주제나 상황에 따라 판단한다. 실제 문제 해결 중 쓰이는 'NGT'는 우선순위가 높은 것에 큰 점수를 주는 경우, 또는 1~10점 척도로 부여되는 경우 등 변형된 사례도 많으나 모두 'NGT' 범주에 포함시켜도 무방하다.

'NGT'의 '장점'은 세 가지로 요약할 수 있다. 하나는 참가자 일부가 본인이 낸 아이디어의 혹평을 염려한 나머지 제안에 소극적이거나 논쟁 참여를 꺼릴 경우가 있다. 그러나 아이디어에 대한 비판 금지나 그룹 미팅 과정을 통해 이견 차이를 줄이고 동등한 참여의 기회를 부여함으로써 예기된 문제 발생을 억제하는 효과가 있다. 다른 하나는 다량의 아이디어가 생성될뿐더러 이를 선별하고 확정짓는 전 단계를 포함하므로 다른 팀 참여 방법론에서 찾아볼 수 없는 일의 시작과 종결의 느낌을 받는 특징이 있다. 그리고 굳이 하나를 덧붙이면 시간 절약형 도구란 점이다.

이 외에 '<u>단점</u>'도 있는데, 우선 한 번에 한 문제만 다루는 특징이 있다(하나의 문제 해결을 위한 아이디어 창출과 선정에 집중). 또 결론에 이르는 과정 중 참가자들끼리 논쟁 없는 분위기 유지에 힘써야 하는 점도 지적 사항이다. 그리고 도구 적용을 위해 사전 준비에 필요한 시간이 적지 않게 드는데(과정 준비, 운영 계획, 편의 시설 등의 마련), 특히 '과정 준비'에 소홀할 경우 창출된 아이디어들을 융합하거나 양질의 것으로 바꾸는 작업에 제약이 생긴다. 끝으로 과정이 매우 기계적으로 진행돼 얘기치 않은 문제 발생 소지를 늘 안고 있다. 이런 문제를 극복하기 위한 다양한 응용적 접근들에 대해선 'WIKIPEDIA'의 설명과 제시된 문헌들을 참조하기 바란다.

2.1.8. 쌍 비교 분석(PCA, Paired Comparison Analysis)

'PCA(Paired Comparison Analysis)'는 'AHP(Analytic Hierarchy Process)'와 함께 접근성이 뛰어난 '의사 결정 도구(Decision Making Tools)'로 널리 알려져 있다. 그러나 삼성그룹의 '제품 설계 방법론' 교재에 '정성적 분석'용으로 소개된 사례 빼고는 여타 기업 교재에서 접하기란 매우 어렵다. 여러 대안들 중 쌍별 비교를 통해 적합한 하나를 선택하는 과정이 'AHP'와 동일하므로 '40-세부 로드맵' 경우 'Step-11.1. 최적화 및 기대 효과'에서 '대안 (Alternative)'들 중 '최적 대안'을 찾는 용도로, '50-세부 로드맵'에선 'Step -6.1. CCR 도출'에서 '요구 품질'의 '중요도 산출' 목적으로 이용된다. 후자 의 경우는 엑셀을 이용한 응용 사례이며 약간 변형된 형태에 해당한다. 또 앞 서 설명한 대로 '가설 검정' 시 '정성적 도구'의 하나로도 쓰임새가 있는데, 이 경우 '40-세부 로드맵'은 'Step-8.1. 가설 검정'에서, '50-세부 로드맵' 은 'Step-9.2. 설계 요소 분석'에서 활용된다. 용법을 설명하기 전, '탄생 배 경'을 알아보기 위해 'WIKIPEDIA'를 다시 찾았다.

- (WIKIPEDIA_Eng) 대표적 계량 심리학자인 L. L. Thurstone이 1927년에 쌍 비교 로 측량할 수 있는 과학적 방법을 처음 도입하였다. 그는 이것을 '비교에 의한 판단법 (Law of Comparative Judgement)'이라 불렀다. Thurstone은 이 방법을 Ernst Heinrich Weber와 Gustav Fechner가 발전시킨 정신 물리학 이론에 이용했으며, 또 구간 척도를 사용해 선호도나 중요도와 같은 양의 크기에 따라 대상들을 순서화하는 데 사용될 수 있음을 증명하였다.
- (최초 출처 문헌) Thurstone, L. L. "A Law of Comparative Judgment." Psychological Review 34 (1927): 273-286.

다음은 알려진 출처로부터 'PCA'의 '용법'을 요약한 것이다.

- (WIKIPEDIA_Eng) 심리학에서 주로 쓰이며, 'Pairwise Comparison'으로도 통용된다. 비교 대상 중 어떤 것이 선호되는지 또는 어떤 것이 더 큰 양(만족도, 미래의 판매량 등)을 가질 것인지 판단하기 위해 서로 비교하는 과정이 포함된다. 사용되는 분야로 선호도나 인간의 마음가짐. 투표 제도, 대중의 기호 연구 등이 있다.

'AHP(Analytic Hierarchy Process)'는 단어 'Hierarchy', 즉 '계층적'이 의미하듯 하부 구조와의 다단계 연계성을 파악해 최종 의사 결정을 이루는 반면, 'PCA' 경우 단 한 번의 비교 과정을 거쳐 최적의 것을 바로 선정하는 특징이 있다. 따라서 도구 요약에서 설명한 바와 같이 '혁신적 아이디어'나 '새로운 설계 개념'들과 같이 1단계로 결정할 수 있는 대상들이 선호된다. 예를 들어 'AHP'에서 '가격', '디자인', '요금', '콘텐츠' 등 다양한 '평가 기준' 비교를 거쳐 종합 판단한 것과 달리, 'PCA'는 "A가 B보다 중요한가(또는 더 나은가)?"처럼 '중요도(또는 우위 정도)' 하나의 기준만 가능하다. 다음 예는 「Be the Solver_프로세스 설계 방법론」편의, Step-8.1. 콘셉트 후보 도출'에서 설명한 '콘셉트 후보'들의 'PCA' 수행 과정과 결과이다. 물론 「Be the Solver_제품 설계 방법론」편의 동일 '세부 로드맵' 예를 활용해도 무방하다.

[표 PC-1] 'PCA' 수행과 결과 예

	아웃소싱 강화형 (A)	비용최소화 형 (B)	소규모 투자형 (C)	대규모 투자형 (D)	혼합형 (E)	Total	%
(A) 아웃소싱 강화형		B, 2	C, 3	A, 2	E, 1	2	10%
(B) 비용최소화 형			C, 2	B, 3	B, 1	6	30%
(C) 소규모 투자형				C, 3	C, 1	9	45%
(D) 대규모 투자형					E, 2	0	0%
(E) 혼합형						3	15%
(평가척도) ; 중요도(또는 보다 나음) 1~3 부여						20	100%

[표 PC-1]을 보면 첫 줄 '(A)와 (B)' 경우 'B, 2'로 평가돼 있으며, 이것은 "B가 더 중요하다"를 나타낸다. 평가 척도가 보통 '1, 2, 3'인 점을 감안하면 '1=중요(나음)', '2=더 중요(좀 더 나음)', '3=매우 중요(훨씬 나음)'로 볼 수 있다. 오른쪽 'Total'은 빨간 화살표 점선이 설명하듯 정해진 숫자를 합하는데 '(B)' 경우 '6=(2+3+1)'이 되며, '전체 합(20)'으로 나눈 '백분율'로 '중요도(또는 선호도)'의 우선순위를 가른다. 본 예 경우 '45%'를 점유한 '(C) 소규모 투자형'이 최우선 관심 대상이다.

'PCA'를 이용한 다양한 응용도 가능할 것이나 문제 해결 분야에서 활용되는 수준은 여기까지이다. 'AHP'와 마찬가지로 'PCA'도 하나의 도구(Tools)이므로 정해진 것 외에 사용자의 다양한 응용적 접근은 항상 열려 있다.

2.1.9. 퓨 방법(Pugh Method)

경험적으로 'Pugh Method'는 '대안(Alternative)'들의 비교/평가 도구(Tools)들 중 위계가 가장 높다. 유사 도구들의 순위를 매기면 'NGT<Decision Matrix<Kepner-Tregoe Matrix<Pugh Method' 순이다. 'NGT'는 '평가 기준(Criteria)'이 없고, 'Decision Matrix'부터 '평가 기준'이 적용되기 시작하며, 'Kepner-Tregoe Matrix'는 '평가 기준'을 다시 'Must'와 'Want'로 세분화하므로 뒤로 갈수록 '대안 평가'에 신중을 기하게 된다. 그럼 'Pugh Method'가 위계가 가장 높은 이유는 뭘까? 그 이유는 이전 도구들 경우 '대안'들이 결정되면 그들 중 우선순위화를 통해 '최적 대안' 하나만 결정하는 대신 'Pugh Method'는 '대안' 자체를 바람직한 상태로 계속 바꿔 나갈 수 있다. 'Pugh Method'는 'Pugh Concept Selection', 'Decision-matrix Method', 'Pugh Controlled Convergence', 'Pugh Matrix' 등으로도 불린다. 명칭 'Pugh Matrix'는 선택용 도구들이 대부

분 후미에 'Matrix'를 붙이고 있는 점을 감안한 표현이다. 그러나 위계가 높은 특징 때문에 현재의 'Pugh Method'가 대세다.

'Pugh Method'는 '세부 로드맵'상 'Multi-voting', 'NGT', 'Decision Matrix', 'Kepner-Tregoe Matrix' 등과 그 쓰임이 매우 유사하나 앞서 설명한 바와 같이 위계가 가장 높은 특징 때문에 주로 완성 단계의 '대안'들 평가에 유용하다. 따라서 '40-세부 로드맵' 경우 'Step-11.1. 최적화 및 기대 효과'에서 '최적 대안(단일 '아이디어'가 아닌 조합으로 이루어지거나 시스템 등과 같이 체계를 이루는 대안)'을 선정할 때나, '50-세부 로드맵' 경우 'Step-8.2. 최적 콘셉트 평가/선정'에서 주로 다룬다. '대안' 자체를 지속적으로 기능 향상시킬 수 있는 장점 때문에 정해진 기간 동안 완성도를 계속 높일 필요가 있는 '연구 개발 과제'에 매우 유용하다. 다음은 '탄생 배경'이다.

· (WIKIPEDIA_Eng) 이 도구는 영국 출신인 Stuart Pugh에 의해 1981년 탄생하였다. Pugh는 London University 기계 공학과를 졸업한 후 1950년대 이후 British Aircraft Corporation 등지에서 엔지니어로 활동했다. 이 같은 경험을 토대로 1970년 학계에 입문한 이후 Loughborough University 'Engineering Design Centre'의 수장이 되는데 이때부터 제품 설계에 대한 관심이 커졌고, 1981년 아래 논문을 통해 본 도구를 정립하였다. 미국 General Motors의 'Saturn Project'에 적용해 그 진가를 확인한 바 있다. Pugh는 설계의 통합적 해법을 제시한 'Total Design' 창시자로도 잘 알려져 있다.

(논문) "S. Pugh (1981) Concept selection: a method that works. In: Hubka, V. (ed.), Review of design methodology. Proceedings international conference on engineering design, March 1981, Rome. Zürich: Heurista, 1981, blz. 497-506.

Stuart Pugh의 기업 활동과 학계 이력을 보면 'Pugh Method'는 전적으로

'설계(Design)' 부문에 한정돼 있음을 알 수 있다. 따라서 이 도구는 '문제 해결 방법론' 관점에서 '연구 개발 부문(50 - 세부 로드맵)'에 매우 유용하다는 것을 다시 한번 명확히 해둘 필요가 있다. 그 외에 다양한 분야에서의 활용은 응용적 측면으로 이해돼야 할 것이다. 이 도구의 강점이, 정해진 '대안'들 중 우선순위가 가장 높은 것을 선택하는 것이 아닌 선택된 '대안' 자체를 원하는 수준에 부합될 때까지 변경시키는 데 있다고 한 바 있다. 이에 대해 Stuart Pugh가 논문에서 언급한 '용법' 및 장점을 다음에 옮겨놓았다(필자 일부 내용 보충함).

> · (WIKIPEDIA_Eng) 'Pugh Method'는 'QFD'와 유사한 우선순위화용 매트릭스 구조를 갖는다. 평가 팀이 구성돼야 하고, 이들이 '평가 기준(Evaluation Criteria)'과 '대안'들을 비교한다. 이때 '비교'는 기존 매트릭스 평가와 같이 '대안'들끼리 또는 '평가 기준과 대안들'끼리 하는 것이 아니라 'Baseline Concept'를 정해, '평가 기준'별로 '대안 vs. Baseline Concept'의 우열을 가리게 된다. 점수 매김은 표식(기존 매트릭스 평가에선 점수로 했음)으로 하는데 주로 '+(우세)', '-(열세)', 'S(동등)'를 사용한다. 이후 표식의 총합을 세어 가장 높은 점수를 얻는 '대안'을 1차로 선정한다. 다음 정해진 '1차 최적 대안'의 취약한 '평가 기준'에 대해 타 '대안'의 장점을 가져와 보완하게 되는데 이 같은 과정은 최종 '최적 대안'이 만들어질 때까지 반복된다.

이제 좀 더 구체적인 활용법을 알아보기 위해 학습 교재에서 다루는 사례를 옮겨놓았다.

① '대안(Alternatives, Options, Solutions)'을 준비한다.

통상 'Pugh Method'에서 얘기하는 '대안'은 연구 개발에서 쓰일 '콘셉트(Concept)'를 의미한다. '콘셉트'는 단일 아이디어 개념이 아닌 개발할 대상의 윤곽을 나타내는데, 예를 들어 어두운 공간에서 글을 쓸 수 있도록 고안된 볼펜이면 소형 전등이 붙여진 연필 도면이 있어야 한다. 또는 새로운 구조로 이루어진 종이 모양의 디스플레이면 구조를 설명할 도면이나 최소한 구조도 등이 마련돼 있어야 한다. 즉, 제품의 윤곽이 필요하다. 또 레시피가 요구되는 화학이나 바이오 계열에선 들어갈 성분이나 미생물 등의 유형/공법/조작법 등등이 얼추 마련돼 있어야 한다. 영역을 확장하면 '기계 공학적 개념'에선 '2차원 또는 3차원 도면'이, '추상적 개념'이면 '간단한 문장'이나 '특성들의 설명'을, 그 외에 'FBD(Function Block Diagram)'나 모형 또는 모형도, 비디오를 이용한 해설 등도 포함시킬 수 있다. 또 간접이나 서비스 분야는 업무의 특성, 참여 인력, 기간, 투입 자원 등등의 조합을 통해 이루어진 '대안'들이 해당될 수 있다. 본 예에선 「Be the Solver_제품 설계 방법론」편의 본문 중 'Step – 8.1. 콘셉트 후보 도출' 예를 활용할 것이다. 기존과 차별화된 '토이박스'를 개발하는 것이 핵심이며, 다음과 같은 '콘셉트 후보'들이 도출되었다(고 가정한다).[26]

[그림 PM – 1] '콘셉트 후보' 예

---

26) 전개의 편의상 '콘셉트 후보'들에 대한 설명은 생략한다.

② '평가 기준(Evaluation Criteria)'을 선정한다.

설계한 제품의 경쟁력과 관련된 항목 또는 회사에서 요구하는 사안, 규제와 연관된 조항, 팀원들의 경험이나 지식에서 우러난 정보들이 '평가 기준'으로 올 수 있다. 물론 팀원들의 적극적 개입과 협의, 판단이 요구되는데 이것은 최적의 '대안'을 선정하는 데 막대한 영향을 미치기 때문이다. '(Belief) Decision Matrix'의 '[표 DM-2] 평가 기준(Criteria) 설정을 위한 참고 유형 예'를 활용해서 빠트림 없이 짚어 나가는 것도 한 방법이다. 본 예에선 앞서 예시한 '토이박스' 개발과 관련해 제품을 특징지을 'Y' 및 연관된 기준들을 팀원들이 협의해서 결정한 것으로 가정한다.

[표 PM-1] '평가 기준' 예

No	평가 기준(Evaluation Criteria)
1	놀이 유지 시간
2	고객 선호도
3	자극 반응도
4	설비 투자비용
5	수명(인형 모듈)
6	부품 구매 용이성
7	공정에서의 작업성
8	수리 용이성
9	에너지 사용량
10	휴대 용이성

③ '평가 기준'에 대한 '상대적 가중치(Relative Weights)'를 부여한다.

'Pugh Method'는 1회의 평가만으로 '최적 대안'을 선정하기보다 선정된 안의 부족한 부분을 계속 향상시키는 도구라 하였다. 따라서 '상대적 가중치'는 제품의 성능, 원가, 특성 등과 같이 계량화된 정보를 근거로 '대안'들을 1회 평가하는 데 쓰인다. 그렇지 않고 지속적 보완이 필요한 본래의 'Pugh Method' 용법을 적용할 경우 '상대적 가중치(Relative Weights)'는 생략하고 정성적으로만 평가한다. 새로운 개념의 '대안'을 선정하는 데 정량적 접근은 사고의 제약을 주거나 초기 콘셉트 평가 과정이므로 별 의미가 없을 수도 있다. 만일 1회성 평가라면 '상대적 가중치'를 주기 위해 앞서 설명한 'AHP'나 'PCA' 등을 활용할 수 있다. 관련 내용에 대해선 '2.2.1. AHP'나 '2.1.8. PCA'를 참조하기 바란다. 본 예에선 신개념의 '토이박스'를 설계하는 과정이므로 '상대적 가중치'는 생략한다.[27]

④ 'Baseline Concept'를 선정한다.

우리말로 '기준 안', 영문으론 'Datum'으로 불린다. '평가 기준'별로 '대안'들과 비교할 대상이며 'Baseline'의 뜻처럼 현재 사용 중이거나 알려진 '콘셉트'를 의미한다. 만일 이 '기준 안'의 수준을 높이면 어떤 결과가 초래될까? 예를 들어 당대 최고 수준의 경쟁사 제품을 '기준 안'으로 쓰는 경우를 상상해보라. 비교할 '대안'들은 적어도 그것보다 훨씬 더 높은 수준의 '제품'이나 '콘셉트'로 설계 돼야 한다. 따라서 보다 나은 '콘셉트'를 형성하기 위해선 최고의 후보 대안이 적어도 하나 이상 포함돼 있어야 한다(그렇지 않으면 '기준 안'이 최적 콘셉트로 선정됨). 본 예는 경쟁사의 좀 더 나은 제품을 '기준 안'으로 정했다(고 가정한다).

[표 PM-2] 'Baseline Concept' 예

제품	'기준 안(Baseline Concept, 또는 Datum)' 특징
F사 ○○모델	기존 토이박스에 부가 기능(인형 돌출 시 몸체가 흔들리는 2차 동작)이 포함돼 있어 고객들의 반응이 좋은 제품임.

---

27) 예외 없는 원칙은 없다. 공식적이진 않지만 일부 과제들은 1회성 평가가 아님에도 '상대적 가중치'를 사용한다. 목표 달성에 긍정적이면 언제라도 적용 가능하다.

⑤ 1차 평가를 수행한다.

'평가 기준 1(놀이 유지 시간)'에 대해 '콘셉트 후보 3'이 '기준 안(Baseline Concept)'에 비해 "확실히 좋다"로 평가되면 '+', "확실히 나쁘다"일 것 같으면 '−', "거의 같다"면 'S(Same)'를 입력한다. 다음 [표 PM−3]은 그 예이다.

[표 PM−3] 'Pugh Method' 평가 예

평가 기준	Baseline Concept	콘셉트 후보 1	콘셉트 후보 2	콘셉트 후보 3	콘셉트 후보 4
놀이 유지 시간	S	−	+	+	+
고객 선호도	S	−	+	S	+
자극 반응도	S	+	+	+	+
설비 투자비용	S	−	S	S	S
수명(인형모듈)	S	+	S	+	+
부품 구매 용이성	S	+	+	S	S
공정에서의 작업성	S	S	−	S	S
수리 용이성	S	−	S	+	+
제품 원가	S	−	+	+	−
에너지 사용량	S	S	−	S	−
휴대 용이성	S	+	+	+	+
평가	'+'합	4	6	6	6
	'−'합	5	2	0	2
	'Same'합	2	3	5	3
종합 평가('Σ+' − 'Σ−')		−1	4	6	4

1차 평가 결과 '+'와 '−'의 차이가 가장 큰 '콘셉트 후보 3'을 '1차 최적 대안'으로 선정한다.

⑥ '1차 최적 대안'을 보완한다.

예를 들어 '콘셉트 후보 3' 경우 '평가 기준' 중 '부품 구매 용이성' 측면에서 'S'인 반면 '콘셉트 후보 2(또는 1)'는 '+'임을 알 수 있다. 이때 '콘셉트 후보 2'의 장점이 무엇인지 연구해서 그 장점을 '콘셉트 후보 3'에 반영하는 과정을 반복한다. 이와 같이 타 후보들의 장점을 가져와 '대안'의 개념을 잡아가므로 'Hybrid Concept Design'처럼 'Hybrid'란 단어가 붙는다. 이 과정은 편의상 생략한다.

⑦ 기능 향상 과정을 반복한다.

일단 '1차 최적 대안'에 대한 보완이 이루어지면 '기준 안'을 더 높은 수준의 것으로 바꾸거나 '평가 기준'을 재정립해서 만족한 수준이 나올 때까지 과정을 반복한다. 결과적으로 기존 개념들이 가진 장점들 모두를 흡수한 새로운 콘셉트가 탄생하게 된다. 교육 중에 이 과정을 설명할 때면 듬성듬성 쌓아놓은 자갈 돌 사이로 부드러운 시멘트를 부어 넣는 장면을 연상시킨다. 완성도가 높아짐을 표현한 예로 말이다.

2.1.10. 위험 평가(Risk Assessment)

'Risk Assessment'는 기업 혁신 활동을 수행하면서 참 많이도 듣는 용어들 중 하나다. 뭔가 새로운 아이디어(또는 변경)가 발생하면 실제 프로세스 적용 전까지 항상 '위험(Risk)'이 도사리고 있기 때문에 '평가(Assessment)' 과정은 필수이다. 한편 '네이버 IT 용어 사전'은 '위험 분석(Risk Analysis)'과 동의어로 설명한다. 그러나 이 정도 설명으론 도구의 쓰임새를 연상하기엔 역부족이므로 그 유래와 용법 등을 확인할 새로운 출처가 필요하다. 이에 대해선 다시

'WIKIPEDIA'를 활용할 것이다. 그 전에 '문제 해결 방법론' 중 어느 '세부 로드맵'에서 주로 쓰이는지 알아보자.

'프로세스 개선 방법론'은 기존 프로세스가 존재한다는 전제하에 문제 유형을 지표 'Y'로 정의한 뒤 '핵심 인자(Vital Few Xs)'를 찾아 'Improve Phase'에서 '최적화'를 단행한다. 여기까지 이르면 개선을 적용할 수 있다고 판단하며, 이어 실제 개선이 적용될 'Control Phase'로 넘어가는데 이 시점에 큰 '위험(Risk)'을 느끼기 마련이다. 바로 실제 프로세스에 적용되기 때문이다. 따라서 Control Phase 진입 첫 '세부 로드맵'인 'Step−13.1'을 '잠재 문제 분석(Potential Problem Analysis)'으로 설정한다. 반면, '제품(또는 프로세스) 설계 방법론'에선 기존에 없거나 새로운 변화를 추구해야 하므로 'D−M−A−D−V' 매 Phase가 끝날 때마다 결정된 내용이 이후에 어떤 문제를 야기할지에 관심이 집중되며 이를 해소하기 위해 결정 사안들에 대한 '위험 평가'가 요구된다. 물론 실제 생산이 이루어지는 'Verify Phase'에선 타 Phase보다 좀 더 규모 있는 '위험 평가'가 필요하다. '잠재 문제 분석'은 GE의 'Work−out' 프로그램에선 '위험 평가 비교법(Comparison of Risk Assessment Methods)'으로도 불린다.

이렇게 기업 혁신 활동의 많은 부분에서 '위험 평가'가 쓰이지만 사실은 '위험 관리(Risk Management) 프로세스'의 일부임을 아는 사람은 매우 드물다. 따라서 'Risk Assessment'를 학습하기 전에 그 모체인 '위험 관리(Risk Management)'에 대한 개략적인 사전 이해가 요구된다. 다음은 이와 관련된 출처인데 용어 '위험 관리'가 너무 일반적이라 그 발생 기원을 찾는 것은 의미가 없을 것 같다(아마 선사시대에도…). 따라서 '출처'만 정리하였다. 본문에서 설명하려는 'Risk Assessment' 주제 역시 이에 포함시켜 논의된다.

> - (WIKIPEDIA_Eng) (검색어; Risk Management) '위험(Risk)'은 금융 시장의 불확실성, 프로젝트 실패, 법률적 책무, 신용 위기, 우연한 사고, 자연 재해, 상대방의 계획적 반격에서 생겨난다. 이들 '위험'을 관리하기 위한 몇몇 표준이 'Project Management Institute', NIST('the National Institute of Science and Technology'), 보험사 협회, 그리고 ISO 표준 등에서 발전돼 왔다.
>
>   — ISO/IEC Guide 73:2009 (2009), *Risk management-Vocabulary*, International Organization for Standardization.
>   — ISO/DIS 31000 (2009), *Risk management-Principles and guidelines on implementation*, International Organization for Standardization.

용법을 설명하기 전에 몇몇 용어 정의를 명확히 해둘 필요가 있다. 바로 '위험(Risk)'과 '위험 관리(Risk Management)'가 그것이다. 앞서 표현한 바와 같이 '위험 평가(Risk Assessment)'는 '위험 관리(Risk Management)' 차원에서 논하게 될 것이다. 다음은 용어를 정리한 것인데 신뢰성 높은 출처의 것을 참조했으며, 직접 번역으로 원본의 의미 전달에 다소 차이가 있음을 양지하기 바란다. 다음은 '위험' 및 '위험 관리'의 '용어 정의'이다.

> - **위험(Risk)** (ISO 31000) (긍정적이든 부정적이든) 목표 달성에 미치는 예상치 못한 영향.
> - **위험 관리(Risk Management)** (서적) 원치 않는 사건의 발생 가능성과 영향을 줄이고 이를 감시하거나 제어하는 한편 개선 기회를 최대화하기 위해, 자원을 통합적이고 경제성 있게 운영함으로써 위험을 식별, 평가, 우선순위화하는 것.
>
> (서적명) Hubbard, Douglas (2009), The Failure of Risk Management: Why It's Broken and How ti Fix It, John Wiley & Sons, p.46.

'위험 관리'의 정의를 보면 그 안에 '위험 평가(Assessment)'가 포함돼 있음을 알 수 있는데(빨간 글자), 「ISO 31000, Risk Management - Principles and Guidelines on Implementation」에 의하면 '위험 관리'는 다음의 절차(Process)를 따른다.

[그림 RA - 1] 위험 관리 절차(Risk Management Process)

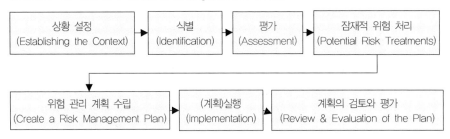

여기선 '위험 평가'에 역점을 두고 있으므로 [그림 RA - 1]에서 선보인 '절차 설명'은 다음과 같이 간단히 요약하고 넘어갈 것이다(WIKIPEDIA).

- **상황 설정** 활동의 전체적인 개요를 설정한다.
- **식별** '상황 설정'이 마무리되면 문제 자체 또는 문제가 야기될 수 있는 출처를 조사한다(Source Analysis, Problem Analysis).
- **평가** 위험이 식별되면 그로부터 야기될 '잠재적 손실의 심각성(Potential Severity of Loss)'과 '발생 확률(Probability of Occurrence)'에 대해 평가한다. 평가에 대한 많은 연구가 진행돼 왔으나 통상

    Risk=발생률(Rate of Occurrence)×영향(Impact of the Event)

    으로 산정한다.
- **잠재적 위험 처리** 평가 후 다음의 유형적 접근으로 위험을 처리한다.
    - 회피(Avoidance), 축소(Reduction), 분담(Sharing), 유지(Retention).

> · **위험 관리 계획 수립** 위험을 관리하기 위한 적용 가능하고 효과적인 방어적 통제가 이루어지도록 한다. ISO/IEC 27001에 따르면 '위험 평가'가 완료된 직후 바로 '위험 처리 계획 수립'을 제안하고 있다.
> · **(계획) 실행** 이 단계에서 위험들의 영향을 경감하기 위해 계획된 모든 방법들을 이행한다.
> · **계획의 검토와 평가** 초기 설정한 위험 관리 계획이 완전하지 않을 것이므로 필요하다면 활동과 경험을 토대로 계획의 수정을 가한다.

이제 '위험 평가(Risk Assessment)'의 출처를 파악했으므로 실제 과제에서 쓰이는 용법에 대해 알아보자. 준비 과정은 좀 규모 있게 시작했으나 사실 쓰임은 단순하다. 이것은 다른 도구와 마찬가지로 용법 그 자체보다 얼마나 깊이 있고 신중하게 접근했느냐가 중요한 의미를 갖는다. 이제 문제 해결 시 활용법에 대해 알아보자. 다음 [그림 RA-2]는 문제 해결 중 자주 발견되는 '위험 평가'의 시각화 도구 예이다.

[그림 RA-2] 문제 해결 중 접하게 되는 시각화 도구 예

R	치명적 위험 (Show Stopper)
O	중대한 위험 (Significant Risk)
Y	생산 개시 전 교정이 필요한 위험 (Fix before Production)
G	지속적인 관찰을 요하는 위험 (Proceed with Caution)

이 도구가 어디서 만들어졌는지 그 원조를 찾기 위해 사방팔방 수소문해보았으나 신뢰할 만한 결과물은 얻지 못했다. 다만 '오스트레일리아/뉴질랜드'의 표준인 「AS/NZS 4360:1999, Risk Management」에 매우 유사한 형태가 있음을 발견하였다. 다음 [그림 RA-3]은 기본 양식이다.

[그림 RA-3] AS/NZS 4360:1999, Risk Assessment 양식 예

[그림 RA-3]을 보면 실제 문제 해결 중 접했던 양식과 매우 흡사함을 알 수 있다. 그림의 왼쪽은 '위험 항목'을 입력해서 평가하고 대책까지 정리하는 용도로, 오른쪽 'Risk Table'은 시각화 용도이다. 이 양식을 이용해 「Be the Solver_프로세스 개선 방법론」편의 'Step-13.1. 잠재 문제 분석'에 쓰인 예를 옮겨보도록 하겠다. 편의상 예상 위험이 없거나 단순한 사항은 편집하였다. 다음 [그림 RA-4]와 같다.

[그림 RA-4]에서 첫 번째 열 'Event'는 '개선 방향'을, 두 번째 열 'Issues/Comments'는 '예상 문제점'을 각각 나타낸다. 맨 오른쪽 '연두색 영역'은 '위험'에 대한 재평가 결과, 그 수준이 낮아졌음을 나타낸다. 참고로 '위험 평가' 시 'Consequences'와 'Probability'는 'WIKIPEDIA-Risk Management'에서 언급한 용어 'Impact of the Event(영향, 결과)'와 'Rate of Occurrence

차별화된 서비스 제공을 통한 노래방 매출 20% 증대

Event		Issues/ Comments	Before Action			Actions	Resp	After Action		
			Conseq.	Prob.	Risk			Conseq.	Prob.	Risk
(프로세스개선)템버린 마모, 마이크 오염, 노래책 손상 유지 관리										
1.1	필요시 점검→주 1회 점검으로 주기화	점검 소홀	B	3	High	점검표 운영	홍길도	B	5	Low
1.2	소독을 1회/일 로 실시	소독 소홀	D	1	Moderate	점검표 운영	박찬우	D	5	Low
1.3	발에 걸리는 선을 없애고 자리에 앉아서도 노래 부를 수 있도록 무선 마이크 도입	마이크 도난	B	1	Very High	도난방지 센서 부착	박찬우	B	5	Low
1.4	뜯어짐이 최소화될 수 있는 보호 필름, 묶음 방법	관리 소홀	E	4	Low	-				
...	...									
(Process 개선) 신곡 모니터링 체계구축										
2.1	인터넷 업체와 연간계약	업체 개약 위반	D	2	Moderate	대금 월납	이순시	D	4	Low
...	...									
(교육체계화) 신입직원에 대한 서비스 교육실시(고객대응법, 말씨, 긴급상황대처 법 등)										
3.1	매뉴얼 자체교육	매뉴얼 분실	B	1	Very High	PC파일로 관리	석국용	B	4	Moderate

(발생률)'에 각각 대응한다. [그림 RA - 4]를 '위험 표(Risk Table)'로 시각화 시키면 다음 [그림 RA - 5]와 같다.

[그림 RA - 5] '위험 표(Risk Table)' 작성 예

Consequences

Probability		D	A	B	C	E
	1	Moderate 1.2	Very High	Very High 1.3, 3.1	High 4.1	Low
	2	Moderate 2.1	Very High	Very High	High	Low
	3	Moderate	Very High	High 1.1	High	Low 1.4
	4	Low	High	Moderate 3.2	Moderate	Low
	5	Low	Moderate	Low	Low	Low

[그림 RA-5]에 표기된 '평가(Assessment)' 결과를 '위치'와 '색'으로 시각화함으로써 현황 파악과 팀원들 간 협의의 편리성을 제공한다. 셀 내 작은 번호들은 [그림 RA-4]의 '개선 방향(Event)' 순번들이다.

2.1.11. 장애물 제거(Showstopper 제거)

　이 도구는 기업 교재에서 "문제의 해결책이 아무리 좋아도 고객에게 치명적 영향을 줄 가능성이 있거나 회사 정책 또는 사업 전략에서 벗어난 경우, 그 외에 법에 위배되는 경우의 대안(Alternatives, Options, Solutions)을 사전(事前)에 제거하는 활동"으로 정의한다. 따라서 우리말로 '장애물 제거'가 대세다. 그러나 단어 'Showstopper'의 사전적 정의는 '열렬한 갈채를 받는 명연기(자), 눈에 띄는 사람'으로 실제 쓰임과 차이가 크다. 주로 뮤지컬 분야에서 쓰이며 "유머러스한 노래나 연기를 삽입시켜 일종의 기분 전환 역할을 하는 부분"이다. 즉, 관객의 박수나 환호로 극의 진행이 사실상 끊어지게 되는 경우인데, 인터넷 'WIKIPEDIA'를 검색해보면 'Showstopper'의 여러 해석 중 우리의 현실에 빗댈만한 '정의'가 하나 발견된다. 다음과 같다(편의상 번역해 옮김).

> ·**Showstopper** (WIKIPEDIA_Eng) (일반적으로 S/W를 개발할 때) 해결이 불가능해 더 이상 프로젝트를 진행할 수 없게 만드는 문제.

　뮤지컬에서의 용어와 비교하면 얼추 서로의 의미가 연결됨을 알 수 있다. 그런데 일반 기업 교재에 이와 동일한 의미로 쓰이는 용어가 있는데 바로 'Musts Criteria'다. 'Must'가 '명사'로 쓰이면 "꼭 해야 하는 것"이니 굳이 해석하자면 "꼭 만족시켜야 할 기준"이다. 궁금증을 입력하면 전 세계인 중 관심 있는 사람이 답을 다는 웹사이트 'www.isixsigma.com'가 있다. 여기에 한 외국인이 다음과 같은 글을 올렸다. "What is the **"Musts" criteria** that is used after Brainstorming in Improve phase, while screening out solutions that are not acceptable. What are the minimum requirements?"라고. 이 질문의 연도를 보니 '2005년 6월 10일'인데 공교롭게도 단 한 개의 답변도 없다. 적게는 수 개에서 많게는 수십 개의 댓글이 달리는 경우를 고려하면 신기하기 짝이 없다. 이 질문에 'Improve Phase'나 'Screening' 등의 단어가 포함돼 있는 것을 보면 정확히 본 책에서 설명하려고 하는 용법과 동일한 것으로 생각된다. 그 외에 다른 여러 출처에서 'Must Criteria'의 용어가 발견되기도 하는데 거의 대부분은 'Kepner-Tregoe Matrix'에서 설명된 'Must 기준'과 'Want 기준'의 용법에 대해서다. 지금까지의 여러 정황으로 판단컨대 앞으로의 설명에 'Showstopper 제거'와 'Musts Criteria'는 동일 도구로 간주한다.

고려해야 할 사항이 또 있다. '대안'들 중 'Showstopper 제거'의 용법으로 '고객에게 좋지 않은 영향을 미치거나 법 또는 회사 정책, 전략 등에 위배되는 경우'는 자연히 제외되는데, 만일 대안이 '조직(부서 또는 계층 모두 포함)' 간 불협화음을 유발하거나 큰 비용 등 악영향을 미치는 경우도 고려될 수 있으며, 보통 이 영역을 따로 떼어 <u>조직 적합성(Organization Fit) 검토</u>'로 분류한다. 본문에서는 '조직 적합성 검토' 역시 하나의 장애 요소로 보고 'Showstopper'에 포함시켜 설명한다. 경험상 표 하나에 'Showstopper 제거'와 '조직 적합성 검토'를 같이 처리하면 매우 편리하고 효과도 크다.

'Showstopper 제거'는 과거 'GE'나 'PWC'의 6시그마 관련 자료 일부에서 발견되는 것으로 보아 초기부터 도구로 인정됐다는 것 외엔 정확한 출처를 알 길이 없다. '세부 로드맵' 관점에선 도출된 '대안'들을 선별하는 용도이므로 '40-세부 로드맵' 경우 'Step-11.1. 최적화 및 기대 효과'와 '50-세부 로드맵' 경우 'Step - 7.4. 기능 대안 확정'과 'Step - 11.2. 상세 설계 수행'에서 주로 이용된다. 다음은 일반적으로 알려진 '용법'과 '기본 양식'을 요약한 것이다.

- (기업 교재) '**Showstopper 제거**': 도출된 '대안(Alternatives, Options, Solutions)'들에 대해 다음과 같은 명백한 장애 요소가 있다면, 미리 확인하여 선별해 내거나 조치한다.
  - 관련 법규
  - 고객에게 역반응 야기
  - 큰 추가 비용
  - 회사 방침/전략에서 벗어남

- (기업 교재) '**조직 적합성(Organization Fit) 검토**': 도출된 '대안(Alternatives, Options, Solutions)'들에 대해 다음과 같은 명백한 장애 요소가 있다면, 미리 확인하여 선별해 내거나 조치한다.
  - 경영층 지원이 반드시 요구되는 경우
  - 부서 간 이해가 상충되거나 반발이 예상되는 경우
  - 정보 관리 시스템(ERP 등)과 상충되거나 적용이 매우 곤란한 경우

[표 ST - 1] 'Showstopper 제거' 및 '조직 적합성 검토' 양식 예

대안	Showstopper 제거				조직 적합성 검토			평가 결과
	고객 역반응 야기	법규/기업 방침/전략에 위배	예상비용 초과	타 아이디어와 중복/대치	경영층 지원 필요	문화/부서 간 상충성	IT운영 시스템 상충성	

다음 [표 ST-2]는 「Be the Solver_프로세스 설계 방법론」편 중 'Step-7.4. 기능 대안 확정'에 쓰인 예를 옮겨놓은 것이다.

[표 ST-2] 'Showstopper 제거' 및 '조직 적합성 검토' 적용 예

대안	Showstopper 제거				조직 적합성 검토			평가 결과
	고객 역반응 야기	법규/기업 방침/전략에 위배	예상비용 초과	타 아이디어와 중복/대치	경영층 지원 필요	문화/부서 간 상충성	IT운영 시스템 상충성	
매체 이용								선정
식별 번호 제공								선정
터치스크린 알림 방법			✓		✓			제외
라면 예열 방법								선정
버너 수 확대			✓					제외
물 끓임 부피 증대								선정
반찬 제공 방법								선정
물 제공 방법				✓				타 대안에 통합

설명된 예에서 '터치스크린 알림 방법'은 '예상 비용 초과'가 우려되고 이에 경영층의 의사 결정까지 요구됨에 따라 팀 내 협의를 거쳐 최종 '제외'시키기로 결정하였다(고 가정한다). 또 '물 제공 방법'은 타 아이디어와 중복됨에 따라 그에 '통합'하는 것으로 가정하였다.

지금까지 'X-Y 좌표형' 중 '표 유형'에 대해 알아보았다. 이후부터는 두 번째 유형인 '그림 유형'에 대해 학습해보자.

2.2. 그림 유형

'X – Y 좌표형 도구' 중 '그림 유형'의 특징을 요약하면 다음과 같다. 내용은 '표 유형'과 마찬가지로 '그림 유형'의 '정의(Definition)'로도 쓰일 것이며, 본문에서 설명되지 않은 도구들 중 본 '정의'에 부합하면 동일한 범주로 간주한다.

- 2차원 평면의 'X – 축(또는 입력 행)'과 'Y – 축(또는 입력 열)'이 존재.
- 'X – 축(또는 행)'과 'Y – 축(또는 열)'의 개수가 사전에 결정돼 있음(예, 4개의 블록, 또는 9개의 블록 등).
- 행과 열의 개수를 필요에 따라 가감할 수 있으나 한두 개 정도로 최소화되는 경우만 허용함(도구의 원형 상태 가급적 유지).

[표 D-1] 'X – Y 좌표형' 중 '그림 유형' 도구의 예

구분	정성적 도구	연관 세부 로드맵	설명위치
그림 유형	BCG Matrix	(IC, DV)Step-1.1	2.2.1
	ERRC	(IC)Step-11.1, (DV)Step-2.2, Step-7.3	2.2.2
	Force Field Analysis	(IC)Step-11.1, (DV)Step-11.2	2.2.3
	GE Matrix	(IC)Step-1.1, (DV)Step-1.1	2.2.4
	Kano Model	(DV)Step-5.4	2.2.5
	MDAC(Matrix Data Analysis Chart)	(IC)Step-8.1, (DV)Step-9.2	2.2.6
	Morphological Matrix	(IC)Step-11.1, (DV)Step-8.1	2.2.7
	MGPP(Multi-Generation Product Plan)	(IC)Step-2.4, (DV)Step-2.4	2.2.8
	Pick Chart	(IC)Step-11.1, (DV)Step-11.2	2.2.9
	PLC(Product Life Cycle) Theory	(DV)Step-1.1	2.2.10
	PPM(Product Portfolio Management)	(IC)Step-11.1, (DV)Step-11.1	2.2.11
	Stakeholder Analysis	(IC)Step-8.1, (DV)Step-9.2	2.2.12
	SWOT Analysis	(IC, DV)Step-1.1	2.2.13
	Window Analysis	(IC)Step-8.1, (DV)Step-9.2	2.2.14

2.2.1. BCG Matrix

'BCG Matrix(Boston Consulting Group Matrix)'는 미국의 '보스턴 컨설팅 그룹(BCG)'이 기업의 제품 개발과 시장 전략 수립을 위해 개발한 도표이다. 4개의 블록으로 나누어져 있고 문제 해결 중 자주 거론되는 도구 중 하나이다. 동의어로 다음과 같은 것들이 쓰인다.

Growth-share Matrix //B.C.G. Analysis //Boston Box //Boston Matrix //Boston Consulting Group Analysis   (BM.1)

'40 – 세부 로드맵'과 '50 – 세부 로드맵' 공통으로 Define Phase의 'Step – 1.1. 과제 선정 배경 기술'에서 생산 제품군의 현황 분석에 주로 쓰인다. 도구 용법이 자사 제품군의 현재와 미래 향방을 논하므로 '3Cs Model'에서의 'Company (또는 Corporation)'의 배경 설명에 적합하다. 다음은 '탄생 배경'이다.

> · (WIKIPEDIA_Eng) 'BCG Matrix'는 기업들이 그들의 사업 단위 또는 생산 제품의 분석을 용이하게 할 수 있도록 1968년 Boston Consulting Group의 Bruce Henderson이 개발하였다. 이 분석을 통해 기업이 자원을 어느 제품군에 할당해야 하는지 도움을 받을 뿐 아니라 브랜드 마케팅, 제품 관리, 전략 수립, 포트폴리오의 분석적 도구로 유용하게 활용된다.
>
> 〈출처〉 http://www.bcg.com/about_bcg/history/history_1968.aspx

기본 '양식'과 '용어 정의' 및 '해석'은 다음과 같다.

[그림 BM-1] 'BCG Matrix' 기본 양식 예

[그림 BM-1]의 'X, Y-축'은 각각 '상대적 시장 점유율(Relative Market

Share)'과 '시장 성장률(Market Growth Rate)'로 구성돼 있다. 우선 '상대적 시장 점유율'은 '현금 발생'과 관계한다. 왜냐하면 점유율이 커질수록 거래되는 현금도 증가하기 때문이다. 규모의 경제에서 이러한 수익의 증대는 점유율을 더 높이는 데 기여한다. 그런데 기업의 '이익'보다 '상대적 시장 점유율'을 적용한 이유는 '현금 흐름' 자체보다 더 많은 정보가 포함돼 있기 때문인데, 그것은 ① 제품이 주요 경쟁사보다 선전하고 있다거나, ② 미래 성장 가능성을 예견케 해주며, ③ 현 마케팅 전략이 잘 들어맞고 있음을 확인시켜 주는 역할을 한다. '시장 성장률'은 "기업의 성장은 투자로 이루어진다(즉, 돈 주고 산다)"는 말과 같이 기업이 어느 정도 '시장 점유율'을 확보하면 미래 수익 창출을 위해 '투자(Investment)'로 눈길을 돌리게 된다. 결국 '시장 성장률'의 높낮이는 '투자'의 관점에서 해석된다. 이같이 'BCG Matrix'는 다양한 시장 정보를 엿볼 수 있는 '상대적 시장 점유율'과 투자의 향방을 가늠할 '시장 성장률'의 시각에서 한 기업의 제품군을 분류한다.

다음 [그림 BM－2]는 작성 절차를 설명하기 위해 마련된 공백의 'BCG Matrix'와 가정된 제품군 정보를 나타낸다.

[그림 BM－2] 눈금이 추가된 'BCG Matrix'와 제품군 정보 예

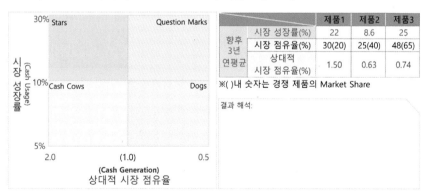

우선 눈금에 대해 알아보면 'X‒축'인 '상대적 시장 점유율(RMS, Relative Market Share)'은 항상 경쟁사 제품군의 가장 큰 '시장 점유율'과 비교된다.

$$RMS=(당사의\ 시장\ 점유율)/(경쟁사의\ 가장\ 큰\ 시장\ 점유율)$$ (BM.2)

예를 들어 자사의 브랜드가 10%이고, 경쟁사가 15%이면 'X≈0.67(10÷15)'를 얻는다. 물론 경쟁사 제품이 더 낮은 5%면 'X=2(10÷5)'가 된다. 통상 'X‒축'의 최대는 '2'로 하지만 그 이상인 경우 'Log Scale'을 사용한다. 해석은 만일 'RMS'가 '1'보다 크면 자사의 '시장 점유율'은 높은 것이고, '1'보다 작으면 '시장 점유율'은 낮다고 판단한다. 그에 반해 'Y‒축'인 '시장 성장률(Market Growth Rate)'은 과거가 아닌 '미래의 시장 성장률'을 사용한다. 'BCG Matrix'가 지난 실적을 평가하는 도구가 아니라 미래의 전략적 향방을 가늠하는 도구이기 때문이다. 상하를 구분 짓는 중간 값(Cut‒off Point)은 통상 '연 성장률 기준 10%'로 설정한다. 그 이유는 '연 성장률 10%' 이상의 실적을 내기 위해서는 기존 제품군에 새로운 개념의 기술적 변화가 요구되며 이것은 다시 현금성 투자의 필요성을 암시하기 때문이다. 또, 변동성이 매우 큰 소비재(FMCG, Fast Moving Consumer Goods) 경우 연간 성장률은 보통 '1%' 이하의 전형적 패턴을 보이며, 이 같은 수준의 성장률은 전략적 향방을 분석할 'BCG Matrix'에선 논외 대상이다. 따라서 'Y‒축'의 하한은 최소 '1%'보다 큰 값이 되도록 설정한다. 그러나 출처에 따라선 산업별 특성을 고려해 기업에 맞는 '중간 값'과 '하한 값'을 설정하도록 권하기도 한다. [그림 BM‒3]은 [그림 BM‒2]의 정보를 이용해 매트릭스에 표현한 결과이다.

[그림 BM-3] 'BCG Matrix' 결과 예

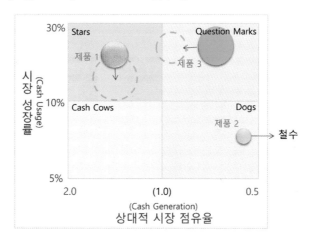

'제품 1~3'은 'Stars', 'Dogs', 'Question Marks'로 각각 분류되며, 원 크기 (직경)는 제품군의 '매출액 규모'를, 각 제품군으로부터의 '화살표'와 '점선 원' 은 그 제품이 향후 나아갈 회사의 전략적 방침을 나타낸다(고 가정한다). 사실 이 같은 표현법은 하나의 응용된 예들이다. 다음 [표 BM-1]은 'BCG Matrix' 각 영역의 '평가 방법'과 취해야 할 '전략'을 안내하는 참고 자료이다.

[표 BM-1] 'BCG Matrix'의 '평가 방법' 및 '전략'

| 영역명 | 평가 | | 전략 |
	구분	상세 평가	
Stars (성장사업, 유망사업)	고성장/ 고점유율 사업	1)현금 유입이 크기는 하나, 시장의 성 장 속도를 따라잡고 경쟁자들의 공격을 방어하기 위해 현금 유출도 큰 사업 2)제품수명 주기상 성장기에 속함 3)시장이 성숙함에 따라 보통 수익 주종 사업으로 가게 됨	1)**확대 전략(Build)**-제품 경쟁력을 유지하 기 위해 공격적 마케팅을 펼치는 전략 2)**수확 전략(Harvest)**-시장 성장률이 떨 어지는 제품군일 경우 현금 흐름을 증 가시키는 전략

Cash Cows (수익주종 사업)	저성장/ 고점유율 사업	1)성장 사업에서 시장 성장률이 10% 이하가 되면 수익 주종 사업이 됨 2)현금 유입은 크지만 시장 성장률이 낮아 현금 유출이 적게 돼 순 현금 유입이 크게 증가함 3)제품 수명 주기상 성숙기 돌입 사업	1)**유지 전략**(Hold)―현재의 시장 점유율을 유지하는 것으로, 많은 현금 흐름을 창출하는 강한 자금 제품군에 적절한 전략 2)**수확 전략**(Harvest)―사업 단위의 현금 흐름을 증가시키는 것으로 장래가 어두운 약한 자금의 제품군에 적절한 전략
Question Marks (개발사업)	고성장/ 저점유율 사업	1)성장 가능성이 있으며, 사업 초기의 대부분이 여기에 속함 2)빠른 속도로 성장하는 시장을 따라잡기 위해, 추가적인 시설 투자와 노동력 증대가 필요하므로 많은 자금이 요구됨 3)노력 여하에 따라 성장 기업이나 사양 산업으로 갈 수 있는 사업 4)제품 수명 주기상 도입기 사업	1)**확대 전략**(Build)―시장 점유율을 증가시키는 전략으로 사업을 확장하여 '별'로 이동시키려는 전략 2)**수확 전략**(Harvest)―사업 단위의 현금 흐름을 증가시켜 '젖소'로 이동시키려는 전략 1)**철수 전략**(Divest)―경쟁력이 없는 제품군을 처분하는 전략
Dogs (사양사업)	저성장/ 저점유율 사업	1)현금 투하량에 관계없이 수익성이 낮거나 손실을 가져옴 2)제품 수명 주기상 쇠퇴기에 속함	1)**철수 전략**(Divest)―사업 단위를 처분하는 것으로, 전망이 어두워 기존의 시장 점유율을 유지하는 것이 무의미한 제품군에 적용하는 전략

[그림 BM-3]과 같은 평가의 예를 절차에 따라 완성해보자. 과정은 기업 교재를 참고하였다.

① 기업을 '전략 사업 단위(SBU, Strategic Business Unit)'로 구분한다.
'전략 사업 단위'는 유사 제품 중심으로 시장을 세분화하며, 총 개수는 30개 이하가 적합하다. 작성 절차 설명은 [그림 BM-2]의 정보를 참고한다. 표를 보면 '전략 사업 단위'는 3개임을 알 수 있다. '제품 1'을 활용해보자.

② 개별 '전략 사업 단위'의 '시장 성장률'을 측정한다.
'시장 성장률' 측정은 두 가지 접근이 가능한데, 하나는 "[(당해 시장 규모 ― 전년 시장 규모)/전년 시장 규모]×100"을 적용하거나, 다른 하나는 향후 3~5년의 연평균 성장률을 추정해 적용한다. [그림 BM-2]의 표에선 향후 3개년 간 '연평균 시장 성장률'을 예측한 것으로 가정하였다.

③ '전략 사업 단위'별 '상대적 시장 점유율(RMS)'을 측정한다.

우선 [그림 BM-2]의 표에서 '제품 1'의 '상대적 시장 점유율=1.5(30÷20)'임을 알 수 있다. '1'보다 크므로 이 제품의 '시장 점유율'은 높은 편에 속한다.

④ 매트릭스에 각 '전략 사업 단위'를 포지셔닝한다.

'제품 1' 경우, '상대적 시장 점유율=1.5', '시장 성장률=22%'이다. 따라서 좌표 (1.5, 22)의 위치에 매출액 규모를 고려한 '원'이 하나 만들어졌다([그림 BM-3] 참조). 참고로 원의 반경은 매출 규모에 비례해서 상대적 크기로 결정한다. 시각적으로 상호 간 비교 가능하면 충분하다.

⑤ 과거 사업 구조와 비교해 최적의 전략을 선택한다.

'전략 사업 단위'의 포지션에 따라 투자/유지/퇴출 등의 전략을 수립한다. '제품 1'이 '시장 성장률'이 떨어지는 제품군임을 감안(가정)하여 "현금 흐름을 증가시키는 전략, 즉 '수확 전략'을 선택"하였다(고 가정한다).

이 외의 다양한 응용적 접근에 대해서는 관심 있는 독자들의 숙제로 남겨둔다.

2.2.2. 제거, 증가, 감소, 창조(ERRC, Eliminate-Raise-Reduce-Create)

'ERRC(Eliminate, Raise, Reduce, Create)'는 '40-세부 로드맵'의 'Step-11.1. 최적화 및 기대 효과'에서 '아이디어 창출'에 쓰이거나, '50-세부 로드맵'의 'Step-2.2. 목표 기술' 또는 'Step-7.3. 기능 대안 도출'에서 활용된다. 원래의 쓰임은 '블루 오션 전략(Blue Ocean Strategy)'에서 통용되는 도구로 먼저 이에 대한 사전 이해가 요구된다('탄생 배경' 포함).

- **블루 오션 전략(Blue Ocean Strategy)** (네이버 백과사전) 차별화와 저비용을 통해 경쟁이 없는 새로운 시장을 창출하려는 경영 전략. 프랑스 유럽 경영 대학원 인시아드의 한국인 김위찬 교수와 르네 모보르뉴(Renee Mauborgne) 교수가 1990년대 중반 가치 혁신(Value Innovation) 이론과 함께 제창한 기업 경영 전략론이다. '블루 오션(푸른 바다)'이란 수많은 경쟁자들로 우글거리는 '레드 오션(Red Ocean; 붉은 바다)'과 상반되는 개념으로, 경쟁자들이 없는 무경쟁 시장을 의미한다.

  2005년 2월 하버드대학교 경영 대학원 출판사에서 같은 제목의 단행본으로 출간되자마자...(중략)... 한국에서도 삼성전재(주)와 LG그룹이 블루 오션 전략을 경영 전략으로 도입할 것을 선언...(중략)... 기존의 치열한 경쟁시장 속에서 시장 점유율을 확보하기 위해 애쓰는 것이 아니라, 매력적인 제품과 서비스를 통해 자신만의 독특한 시장, 곧 싸우지 않고 이길 수 있는 시장을 만들어내는 전략을 말한다.

결국 '경쟁자 없는 시장을 창출하라!'는 논지인데 본문에선 'ERRC', 즉 '정성적 도구'를 논하고 있으므로 이 같은 '블루 오션'으로 가기 위해 제시된 도구인 '전략 캔버스(Strategy Canvas)'부터 학습할 필요가 있다. 서적 (『블루오션』, 김위찬, 르네 마보안, 교보 문고)에서 '정의'한 내용을 그대로 옮기면 다음과 같다.

- **전략 캔버스(Strategy Canvas)** (서적: 블루 오션 전략, p.34) 매력적인 블루 오션 전략을 구축하기 위한 상태 분석의 진단 도구이자 실행 프레임워크. 이것은 두 가지 용도로 활용된다. 첫째, 이미 알려진 시장 공간에서 업계 참가자들의 현 상황을 파악해 일목요연하게 보여준다...(중략). 둘째, 고객들이 기존 시장의 경쟁 상품으로부터 얻는 것은 무엇인지를 보여준다. 다음은 「Be the Solver_제품 설계 방법론」편에 실린 '전략 캔버스' 예이다.

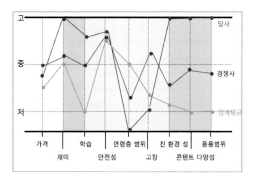

[그림 ER – 1] '전략 캔버스' 작성 예

예에서 빨간 선인 '당사'는 파란 선인 '경쟁사'에 비해 '재미'와 '학습' 및 '친환경성', '콘텐츠 다양성', '응용 범위'에 큰 차별성을 보여준다. 비교에 쓰인 곡선을 '가치 곡선(Value Curve)'이라고 하며 "전략 캔버스의 기본 구성체로 고객이 느끼는 가치를 표현"하는 데 사용된다.

[그림 ER – 1]의 '전략 캔버스'를 작성하기 위해 '블루 오션 전략' 저자들이 개발한 4가지 '액션 프레임워크(Action Framework)'가 있는데 이것이 바로 'ERRC'이다. 참고로 'Framework'란 '(판단, 결정 등을 위한) 틀'을 의미한다.

· **액션 프레임워크(Action Framework)** (블루 오션 전략) 새로운 가치 곡선 도출에 필요한 구매자 가치 요소 재구축(부연: 고객이 중요하게 생각하는 것을 찾는 일)을 위해 개발된 4가지 액션 프레임워크. 차별화와 원가우위의 상쇄 관계를 깨고 새로운 가치 곡선을 창출하기 위해 업계의 전략적 논리와 비즈니스 모델에 도전하는 4가지의 중요한 질문.

☞ 제거(Eliminate): 업계에서 당연한 것으로 받아들이는 요소들 가운데 제거할 요소는 무엇인가?

☞ <u>감소(Reduce)</u>: 업계의 표준 이하로 내려야 할 요소는 무엇인가?

☞ <u>증가(Raise)</u>: 업계의 표준 이상으로 올려야 할 요소는 무엇인가?

☞ <u>창조(Create)</u>: 업계가 아직 한 번도 제공하지 못한 것으로, 창조해야 할 요소는 무엇인가?

[그림 ER-2] '액션 프레임워크'

감소(Reduce)
업계의 표준 이하로
내려야 할 요소는
무엇인가?

제거(Eliminate)
업계에서 당연한
것으로 받아들이는
요소들 가운데 제거할
요소는 무엇인가?

새로운 가치
곡선

창조(Create)
업계가 아직 한 번도
제공하지 못한 것 중
창조해야 할 요소는
무엇인가?

증가(Raise)
업계의 표준
이상으로 올려야 할
요소는 무엇인가?

정리하면 경쟁 상대가 없는 '블루 오션'을 창출하기 위해 자사와 경쟁사 등의 현황 분석이 필요하고, 이를 시각화시켜 주는 도구가 '전략 캔버스'이며, 이것을 작성할 때 쓰이는 4개의 질문을 하나의 틀로 구성한 것이 '액션 프레임워크'이다. 이 프레임워크는 'ERRC'라는 4개의 구체적 질문 형태로 이루어져 있다. 다음 [그림 ER-3]은 [그림 ER-1]을 완성하는 데 쓰인 'ERRC'의 예이다(「Be the Solver_제품 설계 방법론」편에서 가져옴).

[그림 ER-3] 'ERRC' 작성 예

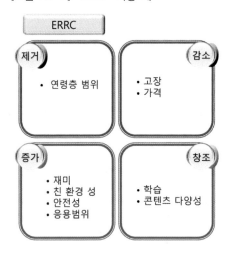

[그림 ER-3]의 'ERRC' 예는 '토이박스' 제품군의 새로운 시장 창출을 위해 신제품 개발 과정을 가정해서 작성되었다(「Be the Solver_제품 설계 방법론」편, 'Step-2.2. 목표 설정' 참조). 중요한 것은 이 작업을 위해 팀원들의 깊이 있는 고민이 요구된다는 점이다. 또 외형만 놓고 볼 때, 잘 알고 있는 'SCAMPER'와 크게 다를 바 없다. 따라서 '40-세부 로드맵' 경우 'Step-11.1. 최적화 및 기대 효과'에서 '아이디어 도출'용으로도 활용이 가능하다.

2.2.3. 역장 분석(Force Field Analysis)

'FFA(Force Field Analysis)'는 우리말 '역장 분석'으로 통한다. '40-세부 로드맵'에선 'Step-11.1. 최적화 및 기대 효과'에서, '50-세부 로드맵'은 'Step-11.2. 상세 설계 수행' 등에서 쓰인다. 그러나 실제 사용 빈도가 높은 편은 아니다. 사실 '힘(Force)'과 '장(Field)'은 물리학에서 쓰이는 용어다. 예를 들어 지구와 같이 큰 질량을 가진 물체는 안으로 당기는 '힘(중력)'이 있고, 그 힘의 영향력을 '장(중력장)'으로 표현하는 식이다. 물론 '전기력'엔 '전기장', '자기력'엔 '자기장'이 있다. 그러나 이 도구를 개발한 장본인은 물리학자가 아닌 사회 심리학자 'Kurt Lewin'이다. 그는 '집단의 정신 역학과 활동' 연구 분야 등 현대 심리학의 개척자로 알려져 있다. 다음은 도구의 '출처'를 설명한다.

· (WIKIPEDIA_Eng) 폴란드의 사회 심리학자인 Kurt Lewin에 의해 완성되었다. 출처 문헌은 다음과 같다.

☞ Lewin K. (1943). Defining the "Field at a Given Time." Psychological Review. 50:292-310. Republished in Resolving Social Conflicts & Field Theory in Social Science. Washington, D.C.: American Psychological Association, 1997.

☞ (Others) Cartwright, D. (1951). Foreword to the 1951 Edition. Field Theory in Social Science and Selected Theoretical Papers-Kurt Lewin. Washington, D.C.: American Psychological Association, 1997. Originally published by Haper & Row.

Kurt Lewin에 따르면 "우리가 대면하는 문제란 상충되는 힘이 균형을 이루며 서로 상호작용할 때의 현상인데, 이때 두 힘은 변화를 야기하려는 'Driving Forces(추진력, 긍정적인 힘, 긍정적인 요인)'와 상황을 유지하려는 'Restraining Forces(저항력, 부정적인 힘, 부정적인 요인)'을 의미한다. 이런 힘 작용의 관점은 현재 처하고 있는 상황이 '정적'이라기보다 반대 방향으로 힘이 작용하는 '동적 균형(Balance or Equilibrium) 상태'를 보이는 것이며, 이때 추진하

려는 힘이 제약하려는 힘보다 우세해져 평형 상태가 깨지면 임의의 '변화 (Change)'가 야기된다." 사회 심리학 관점에서의 '힘(Force)'이란 '개인, 조직, 네트워크, 프로젝트 등에서 부정이나 긍정적으로 고려될 수 있는 아이디어들의 총체'를 의미한다고 볼 수 있다. 다음의 'Force Field Diagram'은 주어진 문제 주변에서 줄다리기하는 힘들(영향을 주는 요소들)을 시각화해 주는 데 사용된다.

[그림 FF – 1] Force Field Diagram

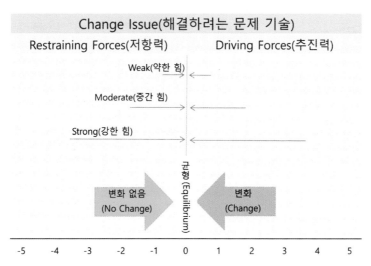

[그림 FF – 1]에서 'Driving Forces'와 'Restraining Forces' 항목들 중 '해결하려는 문제'에 약하게 작용하면 짧은 화살표로, 강하게 작용하면 긴 화살표, 그 중간 정도면 중간 길이 화살표로 시각화한다. 'FFA'의 장·단점은 다음과 같다.

· 장점(Advantage)

☞ '변화'를 야기하는 상황과 그렇지 못한 상황을 구분해준다.

☞ 목표 달성의 장애 요소를 최소화하거나 제거하는 데 필요한 분석 수단을 제공한다.

· 단점(Limitations)

☞ 절차상 주관이 개입될 수 있고, 또 문제 해결에 필요한 힘(Forces)들을 도출할 때 다수가 모여서 하거나 다수의 동의가 있어야 한다.

☞ 문제에 영향력 있는 인자들만 집중하므로, 그들 간 상호 관계에 대해선 소홀해질 수 있다.

☞ 문제와 연계된 모든 요소들이 드러나지 않을 수 있다.

지금까지 알아본 내용을 토대로 'Force Field Analysis'의 작성 과정을 총 7단계로 구분하면 다음과 같다.

① 해결하려는 '문제'와 바라는 '요구 사항'을 적는다(Change ○○ to ○○). 이것을 '성과 요구(Performance Need)'라고 한다. 예를 들어,

Change '(해결하려는 문제) 전통적인 관리 상태에서',
to '(바라는 요구 사항) 자발적 관리 팀으로의 변화' 등.

기술된 '문제'에 대해 평가가 필요한 사항인지 팀원 및 사업부장과 재점검하고, 의견 일치가 이루어지면 '바라는 요구 사항'과 함께 모두가 볼 수 있도록 플립 차트 상단에 기록한다.

② 'Needs Analysis'로부터 '동인 요소(Drivers)'와 '저항 요소(Restrainers)'[28]를 구분한다.

한 그룹당 5~7명씩 조를 짠 뒤 브레인스토밍을 통해 현 상태에서 목표 상태로 가기 위한 필요 사항(이상적 또는 최적의 사항, 최악의 사항)들을 끄집어낸다(이 같은 브레인스토밍 과정은 주어진 환경과 상황에 맞게 운영한다). 도출 단계에선 '동인/저항 요소'의 구분이 없으므로 가능한 한 많은 수의 아이디어가 나올 수 있도록 하고, 특히 문제의 심각성이 클수록 '저항 요소'가 훨씬 많아진다는 것도 유의한다(Finlay, 1984). 과정을 좀 더 세분화하면, a) 아이디어를 낸 문체 그대로 플립 차트에 기록한다. b) 유사성을 대표할 요소들을 선별해서 아우를 수 있는 것끼리 묶어낸 뒤, 의미 전달이 명확하도록 다듬는다. c) 편집이 끝난 요소들을 모두가 볼 수 있게 새로운 플립 차트에 옮겨놓는다. d) '동인 요소'와 '저항 요소'로 구분한다. 이 단계로부터 브레인스토밍을 통해 얻어진 요소들이 '동인 요소-현 상황과 바라는 상황 사이의 간극을 좁히는 데 기여', '저항 요소-현 상황과 바라는 상황 사이의 간극을 만드는 데 작용', '혼합 요소(Restrainers/Drivers)[29]-성격이 분명하지 않은 요소로 팀원들의 추가 협의를 통해 '동인'이나 '저항 요소'로 구분되도록 해야 함'으로 정리된다. 다음 표는 '동인 요소'와 '저항 요소'로 구분해서 정리한 예이다('혼합 요소'는 모두 선별해서 처리된 것으로 가정한다).

[표 FF-1] '동인 요소'와 '저항 요소'로의 분류 예

동인 요소(Drivers)	저항 요소(Restrainers)
근로자 자주 관리력의 향상	관리자 영향력 감소
기술, 기량의 유연성	재교육 비용
노동 이동의 감소(퇴직자 대비 신규 입사자 비율)	노동 원가의 증가
…	…

28) 용어 '동인 요소'와 '저항 요소'는 필자가 해석한 것이다.
29) 용어 '혼합 요소' 역시 필자가 해석한 것이다.

③ '동인 요소'와 '저항 요소'를 우선순위화한다.

한 그룹 내 결과를 다른 모든 그룹의 결과와 합산하여 최종 순위를 결정한다. 이 단계를 구분하면, a) '동인/저항 요소'들이 각 10개 이하일 경우 모든 멤버들의 점수를 요소별로 합산하여 순위를 결정한다. b) 만일 '동인/저항 요소'들이 11개 이상으로 많으면 멤버들에게 상대적 중요도에 따라 100점을 분배(0~100)토록 한 뒤 그 결과를 합산해 최종 순위를 결정한다. 10개 이하의 개수로 줄이려는 노력은 모든 절차가 순조롭게 진행되는 데 중요한 역할을 한다(Swanson, 1995).

[표 FF-2]를 보면 팀원들이 각 요소들에 대해 등급을 매긴 것(5점 척도 등)을 합쳐놓은 것인데 예를 들어 멤버 'M1'은 첫 번째 요소부터 '4, 3, 5, 3, 4, 5'를 부여했다(고 가정한다). 표에서 'T/T'는 각 요소별 '전체 합'을, 'Ave.'는 인원수로 나눈 '평균'을 나타내며, 특히 'Ave.'가 'Force Field Analysis Diagram'에 사용된다. 참고로 '저항 요소(Restrainers)'는 '평균'에 '−'를 붙인다.

[표 FF-2] '동인 요소'와 '저항 요소'에 대한 전체 멤버들의 등급 매김 예

구분	요소(Factor)	M1	M2	M3	···	M20	T/T	Ave.
동인 요소 (Drivers)	근로자 자주 관리력의 향상	4	3	5	···	4	53	2.7
	기술, 기량의 유연성	3	2	2	···	3	95	4.8
	노동 이동의 감소(퇴직자 대비 신규 입사자 비율)	5	2	1	···	4	36	1.8
저항 요소 (Restrainers)	관리자 영향력 감소	3	5	1	···	3	71	−3.6
	재교육 비용	4	4	5	···	3	59	−3.0
	노동 원가의 증가	5	3	5	···	1	84	−4.2

④ 'Force Field Analysis Diagram'을 작성한다.

새로운 플립 차트 상단에 '①'에서 정한 '성과 요구(Performance Need)'를

다시 기술한 뒤 그림을 작성한다. '성과 요구'는 "기존의 전통적 관리 상태의 비효율성을 탈피해서 자발적 팀 관리를 통한 효율적 운영으로의 전환을 꾀하는 것"이었다. 다음 [그림 FF-2]는 [표 FF-2]를 토대로 작성한 예이다.

[그림 FF-2] 'Force Field Diagram' 작성 예

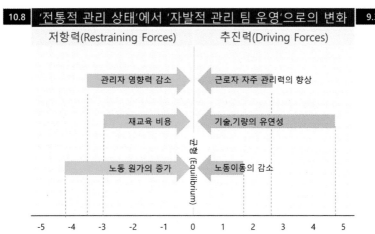

이 과정에 시각화가 용이하도록 '힘'들 간 '상대적 중요도'를 비교해 소수점이 없는 정수로의 표기도 가능하다. [그림 FF-2]에서 좌우 상단의 검은색 셀 내 값들은 '동인/저항 요소'들의 '평균 합'을 기록한 것이며, 이로부터 '저항력'이 좀 더 강한 양상임을 확인할 수 있다.

⑤ 대처가 불가한 '저항 요소'에 대해 논의한다.

'저항 요소'들 중 '동인 요소'와 비교해 극복이 어렵다고 판단된 경우 관리자나 사업부장에게 보고하고 완전히 새로운 관점에서의 접근을 모색해본다(또는 더 강한 '동인 요소'의 대안을 찾아본다).

⑥ 조정안들을 선택한다.

역장별 점수에 근거해 저항력의 영향을 감소시키거나 추진력의 영향을 증가시키기 위한 최선책들을 선택하고, 이들의 계획을 수립할 책임자를 확인한다. 이어 최선책들이 '변화'에 영향력을 행사할 수 있도록 추진 활동들을 모색한다(활동 계획서 수립 등). 예를 들어, '기술·기량의 유연성'을 증가시키기 위해 '○○ 프로세스 품질 매뉴얼 작성' 등이 거론될 수 있다.

⑦ 작성된 '활동 계획서(Action Plan)'를 보강한다.

추진력과 저항력을 구분해서 활동 계획서를 쓰되, 두 요소를 동시에 만족시킬 '활동'이 있으면 영향력을 극대화할 수 있으므로 우선 그에 집중한다. 또 '활동 계획서'는 상황이 변해도 그에 충분히 대응할 수 있도록 유연해야 하며, 각 '활동'별 마감 기한과 책임자를 정하는 일도 잊어서는 안 된다. 다음은 '활동 계획서'상에서 반드시 확인될 수 있도록 사전 설명이 요구되는 것들을 요약한 것이다.

- 왜 '변화'가 필요한 것인지
- 어디서 '변화'가 발생할 것인지
- 어떻게 '변화'가 펼쳐질 것인지
- 어떤 단계에서 중요한 활동이 개입돼야 하는지
- 언제 각 단계들이 수행돼야 하는지

팀원 간 원활환 의견 교환을 위해 'FFA Diagram'은 물론 '활동 차트'나 '간트 차트'를 작성해서 활용한다.

2.2.4. GE Matrix

'GE Matrix(General Electric Matrix)'는 'BCG Matrix'와 함께 '포트폴리오 분석(Portfolio Analysis)'을 위한 분석적 도구로 잘 알려져 있다. 이 역시 불리는 명칭이 다양한데 그들을 모아보면 다음과 같다.

GE Screening Grid ///(GE) Business Screen (Matrix) ///(GE) McKinsey Matrix //GE
Multi Factor Analysis   (GE.1)

'문제 해결 분야'에서의 쓰임은 'BCG Matrix'와 동일하게 '40(또는 50)－세부 로드맵' 공통으로 Define Phase의 'Step－1.1. 과제 선정 배경 기술'에서 생산 제품군의 현황 분석에 주로 쓰인다. 다음은 '탄생 배경'을 설명한다.

· **(네이버 블로그/minboksalaw)**   1970년대 높은 인플레이션과 경쟁이 예상되는 상황 속에서 GE는 '전략적 사업 단위(SBU, Strategic Business Unit)'의 성과를 분석하고, 이에 따라 자원의 효율적 분배를 목적으로 BCG Portfolio Matrix를 도입하였으나 '시장 성장률'과 '시장 점유율'만으론 예측의 정확성이 떨어지는 한계를 보여 이를 개선하기 위해 통합적 모델 정립을 맥킨지에 의뢰하게 되었다. 'GE Matrix(Business Screen Matrix)'는 이런 배경을 통해 1971년 맥킨지의 Mike Allen에 의해 처음 개발되었다.
이 도구는 BCG Matrix가 2개의 변수만 활용하는 대신 훨씬 더 많은 변수 평가를 통해 분석을 수행하며, 변수별로 각기 다른 가중치를 부여하는 유연성 및 9개의 셀에 사업 부문별 현황을 표현해냄으로써 전략 도출을 위한 직관적 매력을 높인 특징이 있다.

'BCG Matrix'와 유사성이 많으므로 별도 설명 없이 바로 작성 방법과 평가 법에 대해 알아보자.

① X-축(Competitive Position 또는 Business Unit Strength) 좌표 점과 Y-축(Industrial Attractiveness)[30] 좌표 점을 형성할 'Factors(또는 Sub-criteria)'를 정의한다. 향후 사업 전략을 수립할 때 영향을 크게 미칠 기업 전략의 핵심 요인들로 주의 깊게 설정해야 한다. 다음 [표 GE-1]은 그 예이다.

[표 GE-1] Factors 선정 예

사업 강점(Business Unit Strength)	산업 매력도(Industrial Attractiveness)
상대적 시장 점유율	총 시장 규모
점유율 성장 추세	연간 시장 성장률
제품의 품질	과거의 이익 추세
브랜드 파워	경쟁 강도
유통망	핵심 기술의 요건
촉진의 효율성	인플레이션 대응 능력
생산 Capa'	에너지 소요 요건
인당 생산성	환경에의 영향
단위 원가	-
연구 개발 성과	-
관리 인력	-

'Factors'는 정해졌다기보다 '전략적 사업 단위(SBU, Strategic Business Unit)'[31]별로 다양한 예를 조사하여 선정하는 노력이 필요하다.

② 각 'Factor'별 '상대적 중요도(또는 가중치)'를 결정한다. 이를 위해 'AHP (Analytic Hierarchy Process)'나 'PCA(Paired Comparison Analysis)' 등을 활

---

30) X-축은 '경쟁적 위치' 또는 '사업 강점'으로, Y-축은 '산업 매력도'로 해석된다.
31) 기업의 '사업 단위'는 그 조직만의 고유한 '제품'을 생산한다. 따라서 쉽게 '제품'으로 대체해도 무방하다.

용할 수 있다. 이에 대해선 'X−Y 좌표형 도구'의 '2.1.1. AHP' 또는 '2.1.8. PCA'를 참조하기 바란다. 다음 [표 GE−2]는 작성 예이다.

[표 GE−2] '상대적 중요도' 설정 예

사업 강점 (Business Unit Strength)	상대적 중요도	산업 매력도 (Industrial Attractiveness)	상대적 중요도
상대적 시장 점유율	0.15	총 시장 규모	0.20
점유율 성장 추세	0.20	연간 시장 성장률	0.20
제품의 품질	0.15	과거의 이익 추세	0.15
브랜드 파워	0.15	경쟁 강도	0.15
촉진의 효율성	0.05	핵심 기술의 요건	0.15
생산 Capa'	0.05	인플레이션 대응 능력	0.05
인당 생산성	0.05	에너지 소요 요건	0.05
단위 원가	0.05	환경에의 영향	0.05
연구개발 성과	0.10	−	
관리 인력	0.05	−	

③ 각 'Factor'별로 점수를 매긴 후 '상대적 중요도'와 곱한 값을 모두 더한다.

[표 GE−3] 'Factors' 평가 예

사업 강점 (Business Unit Strength)	상대적 중요도	평점	산업 매력도 (Industrial Attractiveness)	상대적 중요도	평점
상대적 시장 점유율	0.15	4	총 시장 규모	0.20	3
점유율 성장 추세	0.20	3	연간 시장 성장률	0.20	5
제품의 품질	0.15	2	과거의 이익 추세	0.15	2
브랜드 파워	0.15	5	경쟁 강도	0.15	1
촉진의 효율성	0.05	1	핵심 기술의 요건	0.15	4
생산 Capa'	0.05	4	인플레이션 대응 능력	0.05	3
인당 생산성	0.05	3	에너지 소요 요건	0.05	3
단위 원가	0.05	2	환경에의 영향	0.05	5
연구개발 성과	0.10	4	−		
관리 인력	0.05	5	−		
합계	1.00	3.4		1.00	3.2

④ 'GE Matrix'를 완성하고 해석한다.

[그림 GE‒1] 'GE Matrix' 작성 예

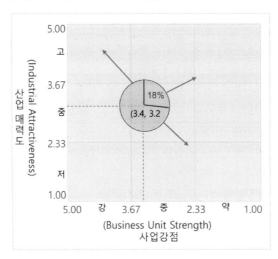

[표 GE‒3]에서 결정된 좌표 점 (3.4, 3.2)를 'GE Matrix' 위에 정한 뒤, 현재 주어진 전략하에서 향후 3~5년 동안의 각 SBU별 기대 위치를 예측한 다(예에선 화살표로 그 필요성을 보여줌). 화살표의 크기와 방향은 a) 제품의 수명 주기 분석, b) 예상되는 경쟁자의 향방 분석, c) 새로운 기술 분석, d) 경제 변화 분석 등을 토대로 결정한다.

⑤ 결과물에 대해 최종 검토하고, 필요하면 '상대적 중요도'를 변경하면서 '민감도 분석'을 수행한다.

2.2.5. 카노 모델(Kano Model)

'Kano Model'은 '카노 모델'로 읽는데, 'Kano'란 만들어낸 일본인 이름이다. 「Be the Solver_제품 설계 방법론」의 '50 – 세부 로드맵' 경우 'Step – 5.4. VOC 분석'에서 주로 사용된다. '40 – 세부 로드맵'에서도 가능하지만 프로세스가 존재하는 것을 전제하므로 자세한 고객 요구 사항을 분석할 기회나 필요성이 적어 활용 빈도는 매우 낮은 편이다. 다음은 본 도구의 출처에 대한 설명이다.

· (논문) Kano, Noriaki: Nobuhiku Seraku, Fumio Takahashi, Shinichi Tsuji (April 1984). "Attractive quality and must–be quality" (in Japanese). Journal of the Japanese Society for Quality Control 14 (2): 39–48. ISSN 0386–8230.

· (WIKIPEDIA) Kano, Noriaki: 동경대에서 박사 학위를 받았으며, 품질 관리 분야의 교육과 강의, 컨설팅을 수행하였다. 1997년 데밍 상을 수상했으며, Kano Model은 70년대 후반부터 80년대 초반까지 고객 만족(Customer Satisfaction)을 위한 요구 사항이 모두 같지 않다는 데 착안하여 정립되었다.

'제품(또는 프로세스) 설계 방법론' 경우 제품이나 프로세스 설계 시 '고객의 요구 사항'을 듣는 과정이 Measure Phase에 있으며, 이를 다시 '요구 품질'과 '품질 특성'으로 구분해 QFD(Quality Function Deployment)의 입력 자료로 사용한다. 잘 알다시피 이 결과로 얻어지는 산출물이 'CTQ(Critical to Quality)'이다. 'Kano Model'은 '요구 품질'을 'QFD'에 입력하기 직전 활용하게 되며, 통상 'Kano Diagram'을 통해 시각화한다. 'Kano Model'에 대해 요약하면 다음과 같다.

> · **Kano Model** (WIKIPEDIA) 이 모델은 고객 만족(Customer Satisfaction)과 제품 개
> 발을 연계시킨 이론으로 고객의 요구 사항을 다음의 5가지로 분류한다.
>   ☞ Attractive
>   ☞ One−Dimensional
>   ☞ Must−Be
>   ☞ Indifferent
>   ☞ Reverse

그런데 이 용어들은 애초 Kano의 논문에 쓰였던 것을 영어로 옮긴 것이며,
이때 참고인에 따라 다양한 형태로 번역되었다. 다음은 WIKIPEDIA에 실린
옮긴이별 번역 예를 참고한 것이다('기타' 및 '국내 번역'은 필자가 추가함).

[표 KM−1] 고객 선호(Customer Preferences) 용어 모음

저자(Author)	Driver Type 1	Driver Type 2	Driver Type 3	Driver Type 4
Kano('84)	Attractive	One−dimensional	Must−be	Indifferent
Herzberg et al.('59)	Motivator	−	Hygiene	−
Cadotte & Turgeon('88)	Satisfier	Critical	Dissatisfier	Neutral
Brandt('88)	Value enhancing	Hybrid	Minimum requirement	Unimportant as determinant
Venkitaraman & Jaworski('93)	Value−added	Key	Flat	Low
Brandt & Scharioth('98)	Attractive	One−dimensional	Basic	Low impact
Llosa('97, '99)	Plus	Key	Basic	Secondary
기타	delighters/exciters	Performance		
국내 번역	환희 요소, 매력적 품질	성과 요소, 일원적 품질	기본/필수 요소, 당연적 품질	무관심 품질

다음 [그림 KM-1]은 'Kano Model'을 시각화한 'Kano Diagram'이다. 참고로 'WIKIPEDIA'에 '고객 선호' 유형 'Excitement, Performance, Basic' 표기를 'Kano'가 분류한 'Attractive, One-dimensional, Must-be'로 대체하였다.

[그림 KM-1] 'Kano Diagram' 예

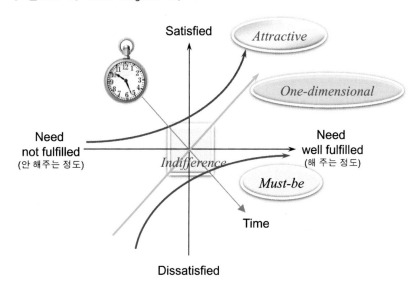

'Kano Diagram' 중 'X-축'은 "우리가 해줄수록"으로 해석하면 쉽게 와 닿는다. 반대 방향은 물론 "우리가 안 해줄수록"으로 해석한다. 그에 반해 'Y-축'은 '만족의 정도'를 나타낸다. 예를 들면 'Must-be'는 우리가 해주면 해줄수록 '만족도'가 올라가지만 급기야 '만족도=0'에 수렴하고 더 이상 올라가지 않는다. 반대로 안 해주면 '만족도'는 급격하게 떨어지는 속성을 지닌다. 이와 같은 고객의 요구 사항은 42인치 LED TV를 구매했는데 리모컨이 없는 경우를 상상할 수 있다. '리모컨이 없다(즉, 안 해줄수록)'는 사실만으로 구매

고객의 제품에 대한 '만족도'는 급격히 떨어질 수밖에 없다. 그러나 리모컨이 있다고 해도 "음, 있군!" 하는 정도로 끝나지 대단히 만족해서 감사함을 표하진 않는다. 요약하면 '리모컨이 있어야 한다'의 고객 요구 사항은 반드시 해주어야 할 '기본 품질'에 속함을 알 수 있다. 두 번째 'One-dimensional'은 우리가 해주는 정도에 비례해서 '만족도'도 올라가는 속성이다. 햇빛이 강하게 들어오는 거실에서 LED TV를 보는 고객이 표면 반사로 인해 화면이 안 보여 불만을 토로할 수 있다. 물론 기술적으로 훤히 볼 수 있는 TV를 개발할 수는 있지만 가격이 높아져 경제성이 떨어진다. 이런 경우 제조사와 사용자 간 적절한 타협점을 찾게 된다. 그러나 햇빛에 노출된 상태에서 전혀 보이지 않는 등 정도를 벗어난 경우 그에 비례해서 '만족도'는 떨어진다. 세 번째 'Attractive'는 안 해줄 땐 몰라서 불만족이 없었는데 해주면 '만족도'가 급격히 오르는 요구 사항을 나타낸다. 예를 들어 볼펜처럼 생긴 두 개의 광원을 운동장 축구 골대 한쪽씩 꽂아놓은 뒤 손뼉을 치면 그 사이에서 입체 영상이 보이는 경우를 상상해보라(좀 과장이 심했지만 여하간 교육 중 자주 써먹는 비유다)! 그것도 가격이 '10원'이면 고객들의 만족도는 극도로 높아질 것이다. 고객의 요구 사항이 "시간과 장소에 구애받지 않으면서 싸고 입체로 볼 수 있는 TV를 원한다"를 만족시켰기 때문이다. 끝으로 'Indifference'는 어떻게 해주든 관심이 없는 요구 사항이다. "파워 스위치를 앞쪽에 설치한다"의 요구 사항은 그렇게 해주거나 또는 반대로 안 해주더라도 '만족도'에 대한 반응은 '0' 주변에 머무를 가능성이 높다. 이런 요구 사항까지 개발 내역에 포함시킬 이유는 없다. 그런데 [그림 KM-1]을 자세히 보면 좌상에서 우하 쪽으로 '시간 축'이 그어져 있음을 발견한다. 이것은 초기 'Attractive'로 구별된 요구 사항이더라도 시간이 지나면 점점 'Must-be'가 되는 현실을 표현한 것이다 ('WIKIPEDIA'에는 포함돼 있지 않음). '리모컨' 경우 최초 판매됐을 당시엔 대단한 호응을 얻었겠지만 시간이 흐른 현시점엔 반드시 있어야 할 '기본 품질'이 된 것과 마찬가지다. 그럼 이제부터 '고객 요구 사항'이 어떻게 유형별로 구분되는지 그 방법에 대해 자세히 알아보자.

① '설문 문항'을 구성한다.

'설문 문항 구성'은 'VOC 수집'을 위한 사전 준비 작업으로 먼저 '50 - 세부 로드맵' 관점에서 이해할 필요가 있다. 평상 시 설문이 아니라 별도의 순서가 있다는 뜻이다. 이 과정은 Measure Phase에서 이루어지며 다음과 같이 전개된다.

[표 KM - 2] '제품(또는 프로세스) 설계 방법론'의 Measure Phase '세부 로드맵'

Step - 4	Step - 5	Step - 6
Step - 4.1. 고객 조사	Step - 5.1. VOC 조사 방법 선정	Step - 6.1. CCR 도출
Step - 4.2. 고객 세분화	Step - 5.2. VOC 수집 계획 수립	Step - 6.2. CTQ 도출
Step - 4.3. 고객 선정	Step - 5.3. VOC 수집	Step - 6.3. Ys 결정
-	Step - 5.4. VOC 분석	Step - 6.4. Scorecard 작성
-	Step - 5.5. VOC 체계화	-

'VOC 수집'을 위해 먼저 설계할 대상인 '고객'이 누구인지 정의하고 세분화해서 최종 확정하는 'Step - 4'의 과정과 그 고객에게 어떤 방법으로 조사할지와, 수집에 대한 계획 수립 절차를 거치면 'Step - 5.3. VOC 수집'에 이른다. 이때 'Step - 5.2. VOC 수집 계획 수립'에서 '설문지 설계'가 이루어지는데, 만일 고객의 요구 사항을 'Attractive', 'One - dimensional', 'Must - be'로 구분하려면 설문의 형태를 'Kano Model'에 맞게 계획하고 설계해야 한다. [표 KM - 3]은 기존 '우산'에 대한 불만이 고조돼 바람직한 방향으로 재설계를 실시할 목적으로 항목을 발굴한 뒤 엑셀에 정리한 예이다.[32]

[표 KM-3] 'Kano Model'을 위한 설문 문항 및 기록지 예

문 항	이 기능이 있으면(만들어 주면) 어떻게 생각하겠는가?	이 기능이 없으면(만들어 주지 않으면) 어떻게 생각하겠는가?	판단
펼치기가 쉽다.			
보관이 용이하다.			
우산살이 견고하다.			
손잡이 잡기가 편하다.			
사용 후 외면이 건조하다.			
우산 끝의 물방울을 제거한다.			
...	...	...	...

[표 KM-3]을 보면 '문항' 열에 고객이 필요로 하는 '요구 사항'을 나열했으며, 질문은 2가지, 즉 "이 기능이 있으면 또는 만들어주면 어떻게 생각하겠는가?"와 반대로 "이 기능이 없으면 또는 만들어주지 않으면 어떻게 생각하겠는가?"로 묻는다. 이 질문은 [그림 KM-1]의 'X-축, +방향'과 'X-축, -방향'에 각각 대응한다. 응답자는 이 2가지 질문에 대해 각각 "만족할 것이다 (좋아한다), (만족에 관계없이)기본 사항이다, 상관하지 않는다, 불편하지만 사용할 수 있다, 불만족할 것이다(싫어할 것이다)"의 다섯 경우로 답변한다.

이 단계에서 고객 선정, 조사 방법 선정 등은 사전에 모두 정해진 것으로 가정하고 자세한 설명은 생략한다.

② 설문을 수행한다.

설문은 사전에 대상과 수가 결정된 응답자에게 이루어지며, 한 명당 [표 KM-3] 한 장씩 수집된다. 즉, 100명에게 설문하면 총 100장의 결과물이 수거된다. 다음은 응답자 1명이 작성한 예를 나타낸다(고 가정한다).

---

32) http://gpd.engin.umich.edu/dfm_projects/umbrella/kano.pdf의 내용을 편집해서 옮김.

[표 KM-4] 응답자 1명으로부터 얻어진 설문지 예

문 항	이 기능이 있으면(만들어주면) 어떻게 생각하겠는가?	이 기능이 없으면(만들어주지 않으면) 어떻게 생각하겠는가?	판단
펼치기가 쉽다.	기본 사항이다.	불만족할 것이다.	
보관이 용이하다.	만족할 것이다.	상관하지 않는다.	
우산살이 견고하다.	만족할 것이다.	상관하지 않는다.	
손잡이 잡기가 편하다.	상관하지 않는다.	불만족할 것이다.	
사용 후 외면이 건조하다.	만족할 것이다.	불편하지만 사용할 수 있다.	
우산 끝의 물방울을 제거한다.	만족할 것이다.	불편하지만 사용할 수 있다.	
...	...	...	...

③ 수집된 설문을 통해 각 문항의 '고객 선호' 유형을 파악한다.

'Kano Model'에서 제시한 '고객 선호(Customer Preferences)' 유형으로 분류하는 작업은 다음 [표 KM-5]를 참조해서 이루어진다.

[표 KM-5] '고객 선호(Customer Preference)' 유형 분류 표

긍정적 질문 \ 부정적 질문		이 기능이 없으면(만들어주지 않으면) 어떻게 생각하겠는가?				
		만족할 것이다 (좋아한다)	기본 사항이다 (만족에 관계없이)	상관하지 않는다	불편하지만 사용할 수 있다	불만족할 것이다(싫어할 것이다)
이 기능이 있으면(만들어주면) 어떻게 생각하겠는가?	만족할 것이다(좋아한다)	Q	A	A	A	O
	기본 사항이다(만족에 관계없이)	R	I	I	I	M
	상관하지 않는다	R	I	I	I	M
	불편하지만 사용할 수 있다	R	I	I	I	M
	불만족할 것이다(싫어할 것이다)	R	R	R	R	Q

A(Attractive), O(One-dimensional), M(Must-be), I(Indifferent), Q(Questionable: Invalid), R(Reversal: Invalid)

'Kano Model'을 처음 접했을 당시 이 표를 어떻게 봐야 하는지 매우 난감했던 적이 있다. 여러 자료를 조사했지만 원하는 답을 얻진 못했는데 한동안 잊고 지내다 삼성그룹의 6시그마 시험 문제를 접했을 때, "아, 이런!" 하고 한눈에 들어오게 되었다(^^). 그 안에 심오한(?) 뭔가가 숨겨져 있다고 선입견을 가진 게 원인이었다. 사실 그냥 보면 되었던 것이다. 예를 들어 긍정적 질문 항목에 "강한 햇빛 아래서도 화면이 잘 보이게 해주면 어떻게 생각하겠는가?"라고 했을 때 고객 답변이 "만족할 것이다"이고, 다시 부정적 질문인 "강한 햇빛 아래서도 화면이 잘 안 보이면 어떻게 생각하겠는가?"에 대해 "만족할 것이다"라고 했으면 이 상황을 해석하는 데 '의구심'을 가질 수밖에 없다. 따라서 이때는 'Q(Questionable: Invalid)', 즉 '의심스러운(인식 불가)'으로 평가한다. 또, 긍정적 질문에 "기본 사항이다/상관하지 않는다/불편하지만 사용할 수 있다/불만족할 것이다"로 답해놓고, 부정적 질문에 "만족할 것이다"라고 하면 이 같은 유형은 [표 KM-5]의 '분홍색 영역(A, O, M 영역)'의 정상적 판단에 반한, 즉 '뒤바뀜(Reversal)' 상황에 해당한다. "해주면 기본인데, 안 해주면 만족이라니!" 이것은 일반적 사고에 역전된 답변이 되겠다. 이제 [표 KM-5]를 참고해서 [표 KM-4]를 분류해보자.

[표 KM-6] 응답자 1명으로부터 얻은 설문에 대한 '고객 선호' 분류 예

문 항	이 기능이 있으면(만들어주면) 어떻게 생각하겠는가?	이 기능이 없으면(만들어주지 않으면) 어떻게 생각하겠는가?	판단
펼치기가 쉽다.	기본 사항이다.	불만족할 것이다.	M
보관이 용이하다.	만족할 것이다.	상관하지 않는다.	A
우산살이 견고하다.	만족할 것이다.	불만족할 것이다.	O
손잡이 잡기가 편하다.	상관하지 않는다.	만족할 것이다.	R
사용 후 외면이 건조하다.	만족할 것이다.	불편하지만 사용할 수 있다.	A
우산 끝의 물방울을 제거한다.	만족할 것이다.	불편하지만 사용할 수 있다.	A
…	…	…	…

예를 들어 '펼치기가 쉽다'란 요구 사항에 대해 이 기능을 제공해주면 고객은 "기본 사항"으로 인식하고 있는 반면, 안 해주면 "불만족 사항"으로 느끼게 돼 '기본 기능'인 'M(Must-be)'으로 분류된다.

④ 응답자 전체의 평가 결과를 '고객 선호' 유형별로 합산한다.

이 과정은 개개 문항의 '고객 선호' 유형을 최종적으로 확인하기 위한 작업이다. 다음 [표 KM-7]처럼 정리한다.

[표 KM-7] 문항별 'Kano Model' 종합 예

문 항	A	O	M	I/Q/R	유형 분류
펼치기가 쉽다.	8	20	72	0	Must-be
보관이 용이하다.	48	21	12	19	Attractive
우산살이 견고하다.	7	82	6	5	One-dimensional
손잡이 잡기가 편하다.	1	33	65	1	Must-be
사용 후 외면이 건조하다.	13	28	4	55	설계 대상에서 제외
우산 끝의 물방울을 제거한다.	47	16	11	26	Attractive
…	…	…	…	…	…

A(Attractive), O(One-dimensional), M(Must-be), I(Indifferent), Q(Questionable: Invalid), R(Reversal: Invalid)

전체 설문 응답자 수를 '100명'으로 가정하면 각 '문항(또는 설계를 위한 요구 품질)'의 합이 '100'이 돼야 한다. 이 종합된 결과로부터 가장 빈도가 높은 '고객 선호' 유형을 선택하면 향후 제품 설계에 반영할 '요구 품질'을 확인할 수 있다. 예를 들어 반영 순서가 'Must-be>One-dimensional>Attractive'인 점을 감안하면 '펼치기가 쉽다'와 '손잡이 잡기가 편하다' 등이 기본적으로 충분히 반영돼야 하고, 타 제품과 차별성을 갖기 위해선 'Attractive'로 지정된 '보관이 용이하다'나 '우산 끝의 물방울을 제거한다'와 같은 기능을 부여하는 방안이 신중하게 검토돼야 한다.

「Be the Solver_제품(또는 프로세스) 설계 방법론」편 경우 'Step-5.4. VOC 분석'에서 '고객 요구 사항' 분류를 'Kano Model'이 아닌 '더트카(Dutka)'의 '벌칙-보상 분석(Penalty-Reward Analysis)'을 적용하고 있다. 도구 활용 목적이 같은 만큼 다양한 학습적 측면에서 관심 있는 분은 해당 서적의 사례를 참고하기 바란다.

2.2.6. 매트릭스 자료 분석 차트(MDAC, Matrix Data Analysis Chart)

'MDAC(Matrix Data Analysis Chart)'는 'The Seven New QC Tools(신 QC 7가지 도구)' 중 하나다. 출처에 따라 동일하게 쓰이는 용어는 다음과 같다.

Matrix Data Analysis //MDAD(Matrix Data Analysis Diagram) (MC-1)

'탄생 배경'은 본문의 '묶음형 도구' 중 '신 QC 7가지 도구(The Seven New QC Tools)'의 내용을 참조 바란다. '문제 해결'에서의 활용은 '40-세부 로드맵' 경우 Analyze Phase의 'Step-8.1. 가설 검정', '50-세부 로드맵'의 Analyze Phase 중 'Step-9.2. 설계 요소 분석'에 쓰일 수 있으나 사용 빈도는 높지 않다. 또 결과만 놓고 보면 '다변량 분석(Multivariate Analysis)' 중 '대응 분석(Correspondence Analysis)'[33]과 흡사한 구조를 갖는다. 이때 통계 분석('주 성분 분석'에 해당)이 수반되면 학습에 어려움이 예상되므로 대부분의 교재나 설명서엔 'Prioritization Matrix'처럼 정성적 도구로 대체해 소개되고 있다. 이런 이유로 명칭에 '~Chart or Diagram'이 붙는다(그렇지 않으면 'Matrix Data Analysis'가 될 것이다). 도구에 대한 정의를 간단히 요약하면 다음과 같다.

---

33) 미니탭 「통계 분석(S) > 다변량 분석(M) > 단순 대응 분석(S)」 참조.

> • **MDAC** (syque.com) 많은 수의 항목들을 비교하고자 할 때 유사성을 갖는 것끼리 묶어내는 데 매우 유용하다. 'Matrix Data Analysis Chart'는 이 항목들을 공통으로 설명할 두 '특성 축'을 선정한 뒤, 좌표축 사분위 공간 위에 점수로 평가된 항목들을 위치시켜 유사성을 시각적으로 판단한다.

'百聞이 不如一見'이므로, 간단한 사례와 함께 작성 절차에 대해 알아보자.[34]

① 비교하고 싶은 항목(Items)들을 결정한다.

예를 들면, 한 음식점에서 어떤 종류의 요리가 인기 있을 것인지 알기 위해 메뉴 표에 있는 요리들을 선택하는 식이다. 기업이면 제품들이 시장에서 어떻게 인식되고 있는지 파악할 목적으로 유사 제품들을 선정하거나, 거래 업체들에 대한 대응을 차별화할 목적으로 거래 중인 업체들의 목록을 준비하는 활동들이 해당된다. 본 예에선 한 장난감 상점이 5~10세용 장난감 판매량을 증대시킬 목적으로 판매품들에 대한 고객들의 구매 패턴을 분석한다고 가정한다. 분석 대상의 제품은 다음과 같다.

[표 MC-1] 분석 대상의 제품인 장난감 목록

No.	장난감 이름
1	가
2	나
3	다
4	라
5	마
6	바
7	사
...	...

---

34) <출처> syque.com/quality_tools/toolbook/MDAC

② 차트의 'X-축'과 'Y-축'에 쓰일 '특성(Factors)'을 결정한다.

'①'의 목적을 설명할 수 있는 축의 '특성'을 결정한다. 예를 들어, 음식점 경우 'X-축'은 '치감(씹는 느낌)'을, 'Y-축'은 '맛 만족도'를 선택할 수 있다. 장난감 상점의 예에선 'X-축'은 '제품 매력도(실제 구매와 연계된 특성)'를, 'Y-축'은 '브랜드 인지도(회사 이미지와 관련된 특성)'를 선택한다(고 가정한다). 장난감별 두 '특성'을 파악하기 위해 설문이 수행될 것이며, 각 '특성'별 '10점 척도'를 적용한다(고 가정한다).

③ 각 '특성'을 측정한다.

음식점 경우, 수개월에 걸쳐 각 메뉴별 '치감'과 '맛 만족도'를 고객으로부터 평가받아 자료화할 수 있다. 통상 평균을 사용한다. 예를 들고 있는 장난감 상점 역시 고객으로부터 제품별 두 '특성'에 대한 설문 결과를 [표 MC-2]와 같이 얻었다(고 가정한다).

[표 MC-2] 설문 결과 예

No.	장난감 이름	X-축 (제품 매력도)	Y-축 (브랜드 인지도)
1	가	3.0	9.5
2	나	6.5	10.0
3	다	7.0	6.5
4	라	6.0	9.2
5	마	3.3	4.8
6	바	9.5	6.6
7	사	9.0	2.6
...	...	...	...

④ 차트를 작성하고, 그 위에 장난감 제품별로 확보된 '좌표 점'을 표시한다.

차트는 'X-축'과 'Y-축'의 최하위 값과 최상위 값을 고려해 중간 위치에서 교차하도록 구성한다. 4개의 각 영역별 판단 기준은 [그림 MC-1]과 같다.

[그림 MC-1] 기본 차트_영역별 판단 기준 예

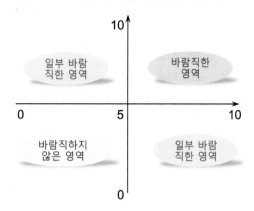

다음 [그림 MC-2]는 기본 차트에 [표 MC-2]의 '좌표 점'을 표시한 결과
이다.

[그림 MC-2] 차트에 '좌표 점' 표시 예

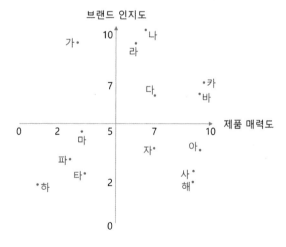

⑤ 차트상의 점들을 관찰해서 군집화가 가능한 것들을 묶는다.

논리적으로 밀접한 관계를 갖는 항목(생선 요리류, 블록 쌓기 완구류 등), 또는 자연적으로 형성된(것으로 판단되는) 항목들을 폐곡선으로 묶는다. 묶은 항목끼리는 외관상 해석이나 설명이 용이해야 한다. 정량적으로 이루어지는 '대응 분석' 경우 통계적 절차에 따라 항목들이 엮이지만, 여기선 정성적 접근으로 이루어지는 만큼 관찰자의 경험과 직관도 매우 중요하다. 다음 [그림 MC-3]은 유사성을 고려한 묶음의 예이다.

[그림 MC-3] 밀접한 항목들의 묶음 예

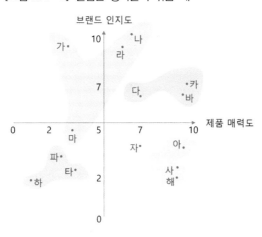

[그림 MC-3]에서, 좌상 영역의 묶음은 '블록 쌓기 완구류'가 대부분 속해 있다(고 가정한다). 또 우상 영역은 '자동차 완구류'가 모여 있음을 알 수 있다(고 가정한다). 이와 같이 유사성이 잘 구분되면 해석이 용이하지만 그렇지 않은 경우 그 유사성을 찾아내기 위한 다방면의 관찰과 연구가 추가로 필요할 수 있다.

⑥ 묶음들의 성향과 특징들을 해석하고, 그에 맞는 개선 방향을 설정한다.

[그림 MC-4]의 좌상 영역에서 '브랜드 인지도'는 대체로 높지만 판매량과 연계된 '제품 매력도'는 떨어지므로 '판매 촉진(Promotion) 수행'을, 우하 영역은 '제품 매력도'는 높지만 '브랜드 인지도'가 떨어지므로 'TV 등 광고의 강화'를, 나머지 우상 영역은 만족스러운 상황이므로 현상 유지를, 끝으로 좌하는 모두 안 좋은 제품군으로 '판매 대상에서 제외'시키는 대책이 필요하다(고 가정한다).

[그림 MC-4] MDAC 작성 예

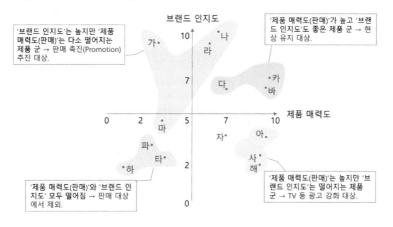

해석 과정이 순조로울 수도 있으나 실제 상황은 그리 녹록지 않다. 따라서 특정 그룹에 속해야 하는 항목들이 서로 멀리 떨어져 위치하거나, 생각지도 않은 항목들이 군집을 형성한 경우, 또 개개 항목들이 차트의 기대되는 영역에 포함돼 있지 않는 등 가정에서 벗어난 상황들에 대해 추가적인 검토를 수행한다.

2.2.7. 아이디어 상자(Idea Box, Morphological Matrix)

원 명칭인 'Morphological Matrix'는 단어만 볼 때 매우 어렵거나 낯설게 느껴지는데 그 이유는 단어 'Morphological' 때문이다. 사전적 해석은 '형태학(상)의'인데 '형태'란 "사물의 모양"을 일컫는다. 즉, "사물의 모양을 만드는 매트릭스"쯤으로 설명하면 적절할 것 같다. 유사한 명칭으로 다음과 같은 것들이 있다.

Morphological Analysis //Morphological Table //Morphological Chart
//Idea Box   (MM.1)

군이 우리말로 표현하면 'Morphological Matrix'는 '형태 매트릭스', 'Morphological Analysis'는 '형태 분석법'으로 불린다. 맨 끝에 붙은 'Idea Box'는 문제 해결에서 자주 거론되는 도구로 쓰임새가 'Morphological Matrix'와 별반 차이가 없어 포함시켰다. 'Morphological Matrix'가 '형태'를 다루는 반면 'Idea Box'는 '형태' 이외의 것들, 예를 들면 '교육 체계 수립을 위한 선택 사항(Options)'이나 '프로세스 활동에 필요한 최적 기능들의 선택' 등에 활용된다. 용법에 대한 예는 뒷부분에서 다루도록 하고, 다음은 조사된 출처이다.

· (논문) Zwicky, F., "The Morphological Method of Analysis and Construction", Courant Anniversary Volume, New York Wiley-Interscience, 1948.

· (Site) 이 도구의 창시자인 Fritz Zwicky와 관련된 추가 정보는 Swedish Morphological Society(www.swemorph.com)를 참조.

문제 해결과 관련된 '40 - 세부 로드맵'에서의 쓰임은 'Step - 11.1. 최적화 및 기대 효과', '50 - 세부 로드맵' 경우는 'Step - 8.1. 콘셉트 후보 도출'에서 다루어진다. 다음은 용법을 간단히 요약한 것이다.

> · **Morphological Matrix** (서적: The Innovator's Toolkit, David Silverstein 외) 이 도구는 여러 선택 사항들의 조합을 통해 새로운 제품이나 프로세스 또는 창조물을 얻는 데 사용된다. 예를 들어 새로운 개념의 볼펜(이해를 돕기 위해 필자가 의역함)을 개발한다고 할 때 먼저 심을 안내하는 기능, 심을 보호하는 기능, 잉크를 저장하는 기능 등과 같이 '하위 기능(Subfunction)'들을 설정하고, 그를 실현시킬 '기능 대안 (Function Alternative 또는 Design Options)'을 구상한 뒤, 그들의 조합을 통해 '콘셉트 후보'들을 얻는 과정으로 이루어진다. 이 용법을 일반화하면 제품 설계 이외의 창조물에도 적용 가능하며, 이 도구를 사용하기 위해 참여하는 팀원들은 창조할 대상에 대해 사전 깊이 있는 이해가 반드시 전제돼야 한다.

프로세스 개선과 연구 개발 부문에서의 도구 활용에 대해서는 전·후 간 '세부 로드맵' 이해가 필요하므로 「Be the Solver_프로세스 개선 방법론, 제품 (또는 프로세스) 설계 방법론」편 등을 참조하기 바란다. 적용 과정('The Innovator's Toolkit' 일부 내용 번역)을 설명하기에 앞서, 'Morphological Matrix'의 용도를 '연구 개발 부문'과 '프로세스 개선 부문'으로 나눌 필요가 있다. 용법상 차이는 없지만 전자는 새로운 것을 창조하는 의미의 '설계 관점' 이므로 용어나 개념적 차이가 있는 반면, 후자는 '선택 사항'들의 '조합 자체' 에만 관심이 있다. 따라서 사용 예를 두 가지로 구분하여 전개하고자 한다. 우선 '연구 개발 부문' 예부터 알아보자.

① 시스템(또는 제품)의 핵심 기능(CTF, Critical to Function)을 결정한다. 새로운 개념의 토이박스(자극을 주면 안에서 인형이 튀어나오는 상자)[35]를

개발한다고 가정할 경우, 이에 대한 '핵심 기능'36)이 다음과 같다(고 가정한다).

[표 MM-1] '핵심 기능(CTF)' 선정 예

Y	핵심 기능(CTF)	Y	핵심 기능(CTF)
'재미의 표현 수'를 늘린다.	인형을 바꾼다.	'부착물 접착력'을 높인다.	친환경 성분을 정한다.
	게임을 형성한다.		접착 상태를 유지한다.
'놀이 유지 시간'을 늘린다.	외관을 바꾼다.		상자 표면을 보호한다.
	부피를 가감한다.		미적 가치를 높인다.
	스스로를 이동시킨다.	−	−
'자극 반응도'를 높인다.	다양한 외부 자극을 안다.	−	−
	에너지를 적게 한다.	−	−

② 각 '핵심 기능'에 적합한 '기능 대안(Functional Alternative)'37)을 발굴한다.

'기능 대안'은 앞서 확정된 '핵심 기능'들을 실현시킬 '안(案)'들이다. 그 '안(案)'들은 팀원들의 브레인스토밍을 통해 나올 수도 있지만 벤치마킹, 또는 논문이나 연관된 문헌 조사, 그 외 전문가 소견 등을 통해서도 얻을 수 있다. '제품'으로 치면 '부품', '재료', '구조', '레시피' 등이 해당될 것이고, '프로세스'면 '활동(Activity)'들이 여기에 속한다. 본 예에선 '토이박스'라는 제품의 예를 들고 있으므로 이 관점에서 이어 나가도록 하겠다. [표 MM-1]의 '핵심 기능' 중 '인형을 바꾼다'의 '기능 대안' 예는 다음 [그림 MM-1]과 같다.

---

35) 본 예는 『Be the Solver_제품 설계 방법론』편에 실린 내용을 참조하고 있다.

36) 서적 'The Innovator's Toolkit'에서는 'Subfunction'으로 표기돼 있으나, 이들 중 설계할 시스템(또는 제품)에 직접 연관된 기능을 선별하면 '핵심 기능'이 된다.

37) 서적 'The Innovator's Toolkit'에서는 'Design Options'으로 표기돼 있다. 이 외에 'Solutions', 'Options' 등으로도 쓰인다.

[그림 MM-1] '핵심 기능: 인형을 바꾼다'에 대한 '기능 대안' 예

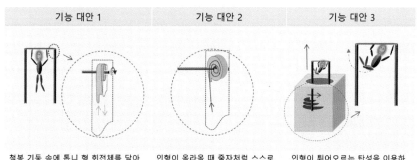

기능 대안 1	기능 대안 2	기능 대안 3
철봉 기둥 속에 톱니 형 회전체를 달아 상자 내 동력체로부터 벨트를 당겨 인형을 회전시킴. 외부 자극의 강도에 따라 장력을 결정함으로써 게임용으로 활용.	인형이 올라올 때 줄자처럼 스스로 감김과 풀림 작용으로 인형이 회전하도록 설계. 감김과 풀림의 정도는 외부 자극에 의해 결정.	인형이 튀어오르는 탄성을 이용하여 인형을 회전시킴. 탄성의 정도는 상자 내 Stopper 위치로 조정하며, 위치 조정은 외부 자극 정도에 의해 결정됨.

[그림 MM-1]은 "인형을 바꾼다"라는 '핵심 기능'에 대해 그를 실현시킬 '대안'들을 발굴한 예이다(동작 등에 대한 설명은 생략한다). 이 외에 [표 MM-1]의 나머지 '핵심 기능'들에 대한 '기능 대안'들 역시 동일한 과정을 거쳐 모두 발굴한 것으로 가정하고 결과만 [그림 MM-3]에 나타내었다.

③ 실현 가능한 '기능 대안'들을 평가해서 선별한다.

여러 출처를 통해 얻어진 '핵심 기능'별 '기능 대안'들은 조직 내에서 수용이 불가한 것도 있을 것이고, 고객의 요구 사항에 반하는 것, 실현하기 위해 투입될 자원이나 비용이 너무 큰 것, 실현이 불확실할 정도로 난이도가 높은 것 등 다양한 관점에서 고려될 필요가 있다. 어차피 설계될 시스템(또는 제품)은 현실성이나 작업성 등을 고려하지 않고는 의미가 없을 것이기 때문이다. [그림 MM-2]는 'Showstopper 제거'와 '조직 적합성 검토'의 도구를 이용해 '기능 대안'들을 선별한 예이다.

V : 영향 있음

핵심기능	기능대안	Show Stoppers 제거				조직 적합성 검토			잠재적 Idea 선정
		고객 역반응 야기	법규/기 업방침/ 전략에 위배	예상 비용 초과	타 아이 디어와 중복/ 대치	경영층 지원 필요	문화/ 부서간 상충성	IT운영 시스템 상충성	
인형을 바꾼다. (동작의 변화)	톱니형 회전체								선정
	감김/풀림 원리								선정
	인형 튀어 오름 탄성이용								선정
게임을 형성한다.	철봉인형의 '회전 수'로								선정
	철봉인형이 거꾸로 서는지 여부로								선정
외관을 바꾼다.	표면형상을 변화시킴								선정
	강한 발광효과 이용								선정
	동작의 변화를 준다								선정
스스로를 이동시 킨다.	XY평면 이동			V	V	V			제외
	XY평면 이동+길 찾기			V	V	V			제외
부피를 가감한다	접을 수 있도록								선정
	분해해서 케이스에 넣도록								선정

[그림 MM - 2]에서 '예상 비용 초과', '중복', '경영층 지원 어려움' 등으로부터 2개의 '기능 대안'이 '제외'되었음을 알 수 있다.

④ 실현 가능한 '콘셉트 후보'들을 찾는다.

이 단계는 '③'에서 결정된 '기능 대안'들의 조합을 통해 이루고자 하는 시스템(또는 제품)의 윤곽을 구성하는 과정이다. 이렇게 구성된 시스템(또는 제품)의 실체를 '콘셉트 후보'라고 한다. 왜 '후보'인지는 아직까지 가장 적합한 최종 결과를 알 수 없으므로 단 하나가 아닌 여럿을 창조해냄으로써 있을지도 모를 '위험(Risk)'에 대응하기 위함이다. [그림 MM - 3]과 [그림 MM - 4]는 그 예이다.

[그림 MM-3] 'Morphological Matrix' 활용 예

핵심 기능 (CTF)	핵심 기능 요구 사항 (CFR)	기능 대안 1	기능 대안 2	기능 대안 3	비고
인형을 바꾼다. (동작의 변화)	7점 만점 중 5.5점 이상 (5명으로 구성된 4개 패널의 평가)				-
게임을 형성한다.	결과 확인 1초 이내, 게임 난이도 하	철봉 인형 '회전 수'로 놀이형성	철봉인형 거꾸로 서는지 여부		-
외관을 바꾼다.	'Y'인 '고객선호도' 12이상(매장 방문자 '40% X 40초' 관찰)	표면형상을 변화	강한 발광효과	동작의 변화	-
부피를 가감한다.	부피 40% 축소토록 조절 가능	접을 수 있도록	분해해서 케이스에 넣도록		
다양한 외부자극을 안다.	외부자극 2개 이상 인식(이 기능을 통해 인형이나 외관등이 작동)	소리+움직임	소리+회전체	움직임+회전체	-소리 : 손뼉,음성 -움직임 : 손 움직임 -회전체 :토이박스 표면에 뻉뻉이
에너지를 적게 한다.	반영구적 (기존 토이박스가 에너지 소비가 없었음을 고려)	태양광	건전지	충전지	
친환경 성분을 정한다.	유아 장난감 국제 안전규격만족(유해성분 함량, 위해 구조 설계 등)	에틸렌 공중합체 수지	폴리비닐 알코올	분말 안정제	혼합비가 중요하며 '혼합물 실험' 필요.
접착상태를 유지한다.	접착력 250kgf 이상				

- '구동 에너지'가 많이 요구되는 "인형을 바꾼다"의 '기능 대안 1(벨트 형)'은 선정에서 제외시킴.

콘셉트 후보 3 (3-2-2-1-2-1)   콘셉트 후보 1 (2-1-1-2-1-1)   콘셉트 후보 2 (2-2-3-1-2-3)   콘셉트 후보 4 (3-2-3-1-2-1)

[그림 MM-4] 도출된 '콘셉트 후보' 예

	콘셉트 후보 1	콘셉트 후보 2	콘셉트 후보 3	콘셉트 후보 4
설계 방향	외부 소리나 움직임을 감지해서 인형이 벨트를 회전하며, 그 회전 수로 게임이 가능토록 함. 매장고객 호감을 얻기 위해 토이박스 표면에 이미지 변화를 제공함. 보관은 분해해서 케이스에 넣도록 하고 구동에 필요한 에너지는 태양광을 적용.	외부 소리나 회전체를 감지해서 인형이 벨트를 회전하며, 거꾸로 서지는지 여부로 게임이 가능토록 함. 매장고객 호감을 얻기 위해 토이박스 자체가 동작의 변화를 제공함. 보관은 접을 수 있도록 하고 구동에 필요한 에너지는 충전지를 적용.	외부 소리나 회전체를 감지해서 인형이 벨트를 회전하며, 거꾸로 서지는지 여부로 게임이 가능토록 함. 매장고객 호감을 얻기 위해 토이박스 자체가 강한 빛으로 발광함. 보관은 접을 수 있도록 하고 구동에 필요한 에너지는 태양광을 적용.	외부 소리나 회전체를 감지해서 인형이 벨트를 회전하며, 거꾸로 서지는지 여부로 게임이 가능토록 함. 매장고객 호감을 얻기 위해 토이박스 자체가 동작의 변화를 제공함. 보관은 접을 수 있도록 하고 구동에 필요한 에너지는 태양광을 적용.
보유 기능 구분				
▪외부자극 감지유형 ▪동작 원리	▪소리 + 움직임	▪소리 + 회전체	▪소리 + 회전체	▪소리 + 회전체
▪게임 유형 ▪매장고객 유인방법 ▪보관 방법 ▪구동 에너지	▪철봉인형 '회전 수'로 놀이형성 ▪표면형상을 변화 ▪분해해서 케이스에 넣도록	▪철봉인형 거꾸로 서는지 여부 ▪동작의 변화 ▪접을 수 있도록	▪철봉인형 거꾸로 서는지 여부 ▪강한 발광효과 ▪접을 수 있도록	▪철봉인형 거꾸로 서는지 여부 ▪동작의 변화 ▪접을 수 있도록

[그림 MM−4]는 [그림 MM−3]의 조합을 최종 정리한 예이다. 제품 동작 등에 대해서는 편의상 설명은 생략한다.

⑤ '콘셉트 후보'들 중 '최적 콘셉트 후보'를 평가해서 선정한다.
이 과정은 통상 '2.1.9'에서 설명한 'Pugh Method'를 사용한다. '④'의 결과가 어떻게 활용되는지는 'Pugh Method' 용법을 참조하거나 「Be the Solver_제품 설계 방법론」편을 참고하기 바란다. 여기서는 편의상 이 정도 선에서 정리한다.

다음은 '프로세스 개선 방법론'에서 쓰인 'Morphological Matrix'로서 '교육 과정 체계화'를 목적으로 수행된 예이다. 일반적으로 부르기 쉬운 'Idea Box'로 더 잘 알려져 있다.

[그림 MM−5] '교육 과정 체계화'를 위한 'Idea Box' 예

	교육 방법	교재	교육 운영	교육 장소	
1	외부 기관 위탁	사내 제작	담당 부서 신설	사내	1안
2	사업부 자체 교육	사외 제작	관련 부서 업무 추가	사외	2안
3	계열사 공통 과정에 포함	사내/ 사외 공동 제작	담당자 지정제	사내/ 사외	3안
4	컨설턴트 섭외	-	-	-	4안
5	-	-	-	-	

[그림 MM−4]에서 '교육 과정 체계화'를 위해서는 '교육 방법', '교재', '교육 운영', '교육 장소' 등이 결정돼야 하며, 이들을 실현시킬 여러 '대안'들 중 '콘셉트 후보 1'은 "계열사 공통 과정에 추가하는 '방법'으로 하며, '교재'는

전문성을 갖춘 외부 기관에 의뢰해서 제작하고, '운영'은 현재 관련 부서들 중 하나에 업무를 이관하며, '교육 장소'는 사내에서 하는 방향"이다. 참고로 열 제목을 'Parameter', 각 '대안'들을 'Variation'이라고 부른다. 참고로 'Parameter' 와 'Variation'이 각기 '10개'면 총 '총 10^{10}개의 조합'이 가능하다. [그림 MM-5]는 '총 108개 조합(=4×3×3×3)'이 존재한다.

2.2.8. 다세대 상품 기획(MGPP, Multi-Generation Product Plan)

'MGPP(Multi-Generation Product Plan)'[38]는 우리말로 '다세대 상품 기획' 쯤 된다. '쯤'을 붙인 이유는 공식적인 사전에 없기 때문이다. 다음과 같은 명 칭들도 동일하게 또는 혼용해서 쓰인다.

MGP(Multi-Generation Plan) //Multi-Generation Product Planning //Multi-Generation Product Plan //Multi-Generation Project Plan //Multigenerational Design   (MP.1)

'다세대(Multi-Generation)'라는 의미 때문인지 확장성도 매우 뛰어나 여러 분야에서 다양한 의미로 쓰인다. 예를 들어 '프로세스 개발'을 '다세대'에 걸 쳐 추진하면 'Multi-Generation Process Plan'으로 표기하는 식이다. 공식적으 로 쓰이는 용어들은 다음의 것들이 있으며, 대부분 'GE社'와 연관된 영역에서 많이 인용되는 것으로 보아 그들이 정의한 것으로 추정된다. 이런 이유로 본 인이 속한 분야에서 '일의 단계적 추진이 필요한 상황'이면 적절한 단어를 붙 여 응용할 것을 권장한다.

---

38) 합성어인데 정확히 쓰면 'Multigenerational'이나 'Multiple Generations'가 돼야 하나 문제 해결 분야에 서의 일반적인 표기법을 따랐다.

MGRP(Multi-Generation Release Plan) //MGPP(Multi-Generation Program Plan)
//MGSP(Multi-Generation Sales Plan) //MGPP(Multi-Generation Process Plan)
//MGTP(Multi-Generation Technical Plan) (MP.2)

'40(또는 50)-세부 로드맵'에서 공통으로 Define Phase의 'Step-2.4. 범위 기술' 중 '기술적 범위'의 설정에 활용된다. 구체적으로 문제 해결에 필요한 '기술'이 '1세대'인지 '2세대'인지를 명시한다. 또는 '연구 개발 부문'에서 목표 달성을 한 번에 이루기 어려운 경우 '기술적 범위'를 '세대'로 구분해 추진하게 되는데 이 같은 접근은 본래의 용도로 활용한 예이다.

'MGPP'의 탄생 배경은 문헌상으론 찾아보기 어렵고 단지 舊소련이 '61년 4월 12일 '유리 알렉세예비치 가가린'으로 하여금 보스토크 1호로 1시간 29분 동안 지구상을 일주해 인류 최초 우주 비행에 성공한 직후, 그해 5월 25일 우주 개발에 위협을 느낀 미국 케네디 대통령이 '달 탐사 프로젝트'를 선포한 즈음을 정형화된 활용 예의 기원으로 보고 있다. 즉, 케네디는 '국가의 급무와 현상에 관한 특별 교서'를 의회에 제출해 "'60년대가 끝나기 전 인간을 달에 착륙시킨 뒤 무사히 귀환시키는 목표"를 발표하는데 이때 당시 기술로 한 번에 접근이 어려워 '머큐리 계획', '제미니 계획', '아폴로 계획'으로 나눈 것이 시초로 인식된다.

- (www.isixsigma.com, by John J. McDonough): 당시 케네디 대통령의 연설 중 "우리는 60년대가 끝나기 전, 달에 가기로 결정했다. 그리고 다른 기술을 강구해야 하는데 그것은 매우 어려운 일이다(즉, 한 번에 도달이 어려움)"의 말을 빌려, 당시로 선 주목받지 못했던 'MGPP'를 지적한 예로써 설명.
- 아폴로 계획(Apollo Project) MGPP 예
  - 1세대('58.10.~'64.), 머큐리 계획: 지구 위로 비행체 고도 확장을 목표. '61.5.5. 레드스톤 로켓의 2천km, 15분 성공으로 케네디 아폴로 계획 결정.
  - 2세대('64.~'66.10.), 제미니 계획: 무중력 활동, 랑데부, 도킹을 목표.
  - 3세대('61.1.~'72.), 아폴로 계획: 1~17호까지 단계적 달 탐사 목표.

'www.isixsigma.com'에 'John J. McDonough'가 기고한 글 중, '아폴로 프로젝트'에 대한 'MGPP' 작성 예를 다음에 옮겨놓았다.

[표 MP - 1] '아폴로 프로젝트'에 대한 'MGPP'의 단순 적용 예

목표: 달에 사람을 보낸 뒤 무사히 귀환시키는 것			
기술 구분	1 세대	2 세대	3 세대
목표	머큐리 계획 인간을 우주 공간까지 보내기	제미니 계획 두 명을 지구 궤도에 보내기(랑데부, 도킹)	아폴로 계획 달 착륙 및 걷기
연구 개발	회수 캡슐 생명 유지 장치	지구 재진입 항법술	달착륙선
프로세스 개선	–	– 생명 유지 장치 – Titan III 추진 로켓 개량 – 통신술	– 항법술 – Satum V 추진 로켓 개량
Just Do It	– 위성 통신술 – Atlas 추진 로켓	– 회수 캡슐	– 회수 캡슐 – 재진입 기술 – 생명 유지 장치 – 통신술

'MGPP'의 일반적 정의를 요약하면 다음과 같다.

> · **MGPP** (기업 교재) 과제가 중·장기간 수행되어야 할 경우, 일정 시점으로 기간을 나눠 제품(또는 서비스, 프로세스) 개발의 비전, 그 비전을 달성하기 위한 세대 정의, 각 세대별 기술과 기반을 향상시키기 위한 계획 수립용 도구.
> · **MGPP** (연구 부문 교재) 상품 출시 전략을 기획함에 있어, 목표가 부여된 세대별로 기능(기술, 품질, 제조, 물류 등)의 핵심 기술, 핵심 역량, 핵심 플랫폼들을 명확화한 계획서.

'MGPP'를 작성하는 방법엔 기간을 나눠 목표를 점진적으로 확대하는 단순한 역할부터 장기간의 상품 출시 전략을 포괄할 복잡한 용도까지 다양한 접근이 가능하다. 예를 들어 단기적 접근 경우, '고객 클레임'을 줄이는 과제가

해당될 수 있다. 1단계로 저감 목표 10%를 약 2개월간 수행하기 위해 비교적 개선 활동이 용이한 항목들을 대상으로 선정하고, 2단계로 추가 5% 저감 달성을 2개월간, 또 3단계에서 새로운 목표 5% 저감을 위한 추진 방식 설정 등이다. 이런 접근은 자원이 한정돼 있거나 업무 특성을 고려한 접근법이 될 수 있다. 중기적으로는 [표 MP−2]처럼 매출 향상을 목표로 한 제품 개발형 'MGPP'를 들 수 있다. 'M/S 25%' 달성을 위해 새로운 개념의 '토이박스' 개발을 가정하고 작성되었다. 예에선 현 과제 추진이 2세대임을 강조한다(<출처> 「Be the Solver_제품 설계 방법론」편).

[표 MP−2] 범위 기술_기술적 범위 예(MGPP 활용)

구분	1세대	2세대	3세대
목표(Objective)	M/S 10%	M/S 25% 영업 이익 10억	국내 M/S 1위 수출 $100만 달성
포지셔닝(Positioning)	친근하고 다정한 이미지 	독특하고 큰 재미를 주는 이미지 ?	다양한 계층에 선호되는 재미+유익한 이미지
방법(How to)	카탈로그/인터넷 판매 등 조용한 마케팅	일반 상설점/백화점 등 적극적 마케팅	직영점 운영의 차별화/고급화
성공 요소 (Winning Point)	▷ 인형 종류 다양화 ▷ 외관 디자인	▷ 디지털 기술 접목 ▷ 선도적 Idea	▷ IT/NT/BT접목 ▷ 선도적 Idea
목표 시장 (Target Market)	▷ 국내 ▷ 10〜20대	▷ 국내/해외 ▷ 10〜30대	▷ 국내/해외 ▷ 전 연령층
출시일(Release Date)	2003년도	2010 말	2012 말

지금부터 'MGPP'의 작성 방법을 단계별로 알아보자. 이를 위해 다시 'www.isixsigma.com'에 'John J. McDonough'가 기고한 'Multi−Generation Project Planning's Fit with Six Sigma'를 번역해 옮겨놓았다('Project'지만 전개는 유사하다. 이해를 돕기 위해 일부 내용을 편집하거나 추가하였다).

① ‘최종 목표’를 확인한다(Identifying the Goal).

‘MGPP’의 전개에 있어 가장 중요한 활동이 ‘전체 목표’를 결정하는 일이다. ‘다세대’가 의미하듯 일정 기한이 전제된 만큼 하찮거나 기분에 따라 정해진 ‘목표’가 되어서는 곤란하다. ‘목표(Goal)’는 가치 있고 달성하기 어려우며, 주변 조직이 주목할 만한 수준으로 설정돼야 한다. ‘아폴로 계획’을 선포한 케네디 대통령의 ‘목표’는 ‘인간을 달에 보내는 것’처럼 상상할 수도 없을 정도의 어려운 과제였으며, 과제 성격상 장기간 수행됨을 감안해 "in this decade"처럼 ‘60년대 안’으로 기한을 명확히 했음에 유의한다. ‘전체 목표’는 현재 수준을 고려하며 다음과 같은 차별성이 있도록 설정한다.

[그림 MP - 1] ‘3세대 목표’의 차별성

I 세대(Generation I)   ··········   Step (목표 달성을 위한 조치수준)

II 세대(Generation II)   ··········   Stretch (범위를 넓혀가는 확장수준)

III세대(Generation III)   ··········   Leap (도약할 수 있는 수준)

② 세대를 구분한다(Identifying the Generations).

‘최종 목표’가 가시화되면 다음은 ‘세대’를 구분한다. 보통 세대는 3~4개 또는 그 이상도 가능한데 선진 기업들의 예를 보면 5년이 넘어가는 계획은 무의미하며, 일반적으로 이 기간 내에 3세대까지 목표를 수립하는 것이 보편화되어 있다. 그러나 ‘아폴로 계획’ 같은 큰 규모의 제품 개발 계획이면 굳이 5년에 한정하는 것은 모순이므로 상황 논리에 따라 결정한다.

‘세대’가 구분되면 독립적인 ‘성취 목표’를 각각에 마련해야 하며, 모든 이가 납득할 수 있어야 하고, 또 다음 '세대의 목표'에 기여해야 한다. [표 MP-1]의 '인간을 달에 보낸 뒤 다시 귀환하는 최종 목표'를 달성하기 위해 3개의 '세대'로 구분한 뒤 각각에 명확한 '목표 설정'을 한 예를 상기하기 바란다.

③ '기술'을 확인한다(Identifying the Technologies).

'세대'의 구분으로 해야 할 활동들이 명확해지면, '기술'을 결정하는 일도 '세대'를 구분 짓는 일과 병행한다. 최상의 제품 개발 계획이란 각 '세대'에 완전히 새로운 '기술'들이 포함되는 것이므로 신중하게 접근하는 것이 중요하다. 이 과정을 연구 개발 용어로 'Technology Development'라 한다. 예를 들면, '머큐리 계획'은 '생명 유지 장치'와 몇몇 '회수 메커니즘'이 필요했던 반면, 캡슐을 우주 공간으로 보낸 뒤 지구로 귀환시키는 데 필요한 '위성 통신 기술'이나 '항법술'은 그리 큰 고민거리는 아니었다. 그러나 '머큐리 계획'이 완료되고 '제미니 계획'으로 진입하면서 추구하는 바가 달라졌다. '머큐리 계획'에서 탐구되었던 '생명 유지 장치'의 기반은 이제 훨씬 더 오래 유지시키는 쪽으로 집중되었으며, '회수 기술' 역시 프로그램 전체에 걸쳐 사용되어야 했다. 그러나 이에 덧붙여 '제미니 계획'에선 우주 공간뿐만 아니라 궤도에 이르기 위해 캡슐의 크기와 무게가 증가돼야 했으므로 그에 따른 규모의 '추진 로켓'이 필요했다. 또 궤도상의 위성과 교신하기 위한 통신 기술과 항법술도 초미의 관심사였다. '아폴로 계획'에 이르러선 오직 두 가지 중요한 기술이 필요했는데, 하나는 "'제미니 계획'에서 확인된 지구 궤도 진입 기술로 25만 마일 떨어진 달 궤도에 비행체를 정확히 보낼 정도의 충분한 항법술이 확보됐는가?"와, 다른 하나는 뭐니 뭐니 해도 역량을 집중해 도전할 과제인 "달 착륙을 가능하게 할 수 있는가?"이었다. 아무도 달 착륙을 완수한 뒤 다시 돌아오는 계획을 수행해본 역사가 없었다. 따라서 NASA 과학자들에겐 새로운 환경에 적합한 착륙선을 개발하는 기술이 당시로선 매우 중요하였다.

④ '기술'을 범주화한다(Categorizing the Technologies).

문제 해결에 필요한 세대별 '기술'이 확인되면, 다음으로 그런 '기술' 확보를 위해 어떤 유형의 노력이 필요한지 알아야 한다. 대부분의 '기술'이 자체 또는 다른 조직이나 아웃소싱 등을 통해 얻을 수 있으면 내부 역량을 통해 바로 적용하면 그만이다([표 MP−1]의 'Just Do It'). 그러나 때론 훨씬 더 높은 수준의 역량이 갖춰져야만 실현될 수 있는 '기술'이 있으며, 이들은 '프로세스 개선'이나 '연구 개발'을 통해 확보될 수 있다. [표 MP−1]에는 각 세대별 필요 기술 확보를 위해 '프로세스 개선'과 '연구 개발'로 범주화하고 있다.

다음 [그림 MP−2]는 '내부 역량'과 '가치'의 관점에서 필요한 기술들을 범주화한 예이다. 만일 개발할 제품에 필요한 내부 역량이 낮은 상태이며, 시장에서의 가치가 매우 높은 수준으로 승부해야 한다면 왼쪽 상단의 범주인 'Develope'의 경우에 해당한다. 이 경우 '연구 개발' 접근을 통해 목적하는 기술을 확보할 수 있다.

[그림 MP−2] '기술'의 범주화(확보 방안) 예

지금까지 소개된 작성법은 '아폴로 계획'을 중심으로 '세대별 달성 기술(Technology)'에 초점을 맞췄지만, [표 MP-2]의 예와 같이 과제 유형에 따라 '포지셔닝', '성공 요소', '목표 시장', '출시일' 중 어떤 항목에 집중해야 하는지 그 대상도 달리할 수 있다. 따라서 작성법이 한 가지로 정해져 있기보다 제품이나 개발 환경에 맞도록 유연하게 대응하는 것이 바람직하다.

사실 'MGPP'의 활용은 '<u>Product Platform</u>'과도 매우 밀접한 관계를 갖는다. '플랫폼'은 하나의 제품을 개발하면 그에 적용된 기본 구조(하드웨어나 소프트웨어 등)를 파생 상품이나 차세대 상품으로 확장해 적용함으로써 '표준화', '공유화', '공용화' 등을 이룰 수 있는 토대를 말한다. 이를 통해 추가 기능에 대한 연구 개발 비용과 제조 비용을 크게 낮출 수 있음은 물론이다. 'MGPP'가 중·장기에 걸친 제품 및 기술 개발을 계획하는 도구이므로 '플랫폼'을 설계해서 반영하는 것은 매우 중요한 일이다. 그러나 '플랫폼'을 언급하는 것은 영역을 조금 벗어나므로 이 정도에서 설명을 마무리한다.

'MGPP'와 'Platform'의 직접적 연관성 외에 '<u>NPI(New Product Introduction)</u>'와의 관련성도 빠트리지 말고 확인해볼 사항이다. 'NPI'는 GE社에서 '제품 개발 선도(Product Development Leadership)'를 목적으로 세계 초우량 기업들의 신제품 개발 BP(Best Practice)를 집대성한 '신제품 개발 프로세스'이다. 다음과 같은 프로세스로 전개된다.

[표 MP-3] 'MGPP'와 'NPI'의 관계

NPI 프로세스	내 용
Target Costing	Stretched Goal과 강력한 CFT 형성을 통해 설정
Product Definition	제품에 대한 검토부터 Winning Product 정의까지 하부 9단계로 진행
MGPP	3개의 세대로 구분하여 'Step', 'Stretch', 'Leap'로 계획 세움. 한 번에 홈런을 기대하기보다 지속적으로 1루타, 2루타를 만들어내는 개념으로 접근
Risk Management	'위험 평가(Risk Assessment)'를 포함 약 9개의 하부 단계로 진행
고객 검증	Depth Interview, Conjoint Analysis, FGI 등의 방법을 통해 개발 제품의 성과를 확인

'NPI 프로세스'를 보면 'MGPP'의 활용 목적과 사용 시점이 좀 더 명확해진다. 관심 있는 리더는 'NPI'에 대해 추가 학습해보기 바란다.

2.2.9. 픽 차트(Pick Chart, Possible-Implement-Challenge-Kill Chart)

'Pick Chart'는 문제 해결 교육을 받은 리더들에겐 다소 낯설게 들릴 수 있으나 이 도구가 'Pay-off Matrix'와 동일한 것이라면 바로 "아하!" 할 것이다. 'Pick Chart'의 한 축이 'Payoff Low, Payoff High'로 돼 있는데 명칭 'Pay-off Matrix'는 아마 이 표현으로부터 유래된 것으로 추정된다. 'Payoff' 처럼 한 단어로 쓰이면 '급료 지불, 수익, 보수'의 뜻이지만 숙어인 'Pay off' 로 쓰이면 '성공하다, 성과를 올리다'가 된다. '40-세부 로드맵' 경우 'Step -11.1. 최적화 및 기대 효과'에서, '50-세부 로드맵'은 'Step-11.2. 상세 설계 수행'에서 '대안'들의 선정에 중점적으로 활용된다. 특히 후자의 경우 '제품 설계 방법론'보다 '프로세스 설계 방법론'에서의 활용 빈도가 매우 높다. 다음은 도구의 탄생 배경이다.

· (WIKIPEDIA) Lean Six Sigma 과제 수행 중 발생되는 프로세스 개선 아이디어를 정리 및 분류할 목적으로 Lockheed Martin社에서 개발한 도구
→ (참고 서적) Michael. L. George (2006). Lean Six Sigma for Services. Seoul: McGrawHill Korea. ISBN 89-88825-87-X

※ (참고) Lockheed Martin社는 1995년 'Lockheed'와 'Martin Marietta'가 합병해 생겨난 회사로 수입의 약 70%가 무기 판매(Arm Sales)에 관계하고 있다. 6시그마 활동에 Lean의 필요성이 강조된 점을 감안해 'Pick Chart'의 정확한 탄생 시점은 2000년 이후가 될 것으로 추정된다.

다음은 'WIKIPEDIA'의 용법 설명을 번역해 옮긴 것이다.

· **Pick Chart** (WIKIPEDIA) 다양한 개선 아이디어가 발굴되었을 때, 가장 유용한 것들을 선별해낼 목적으로 사용된다. 2×2 매트릭스인 4개의 범주로 구분되며, 수평축은 '성과(Payoff)'나 '이득(Benefit)'을, 수직축은 '실천의 용이성(문제 해결 분야에선 주로 '노력'으로 표현함)'이나 '비용(Cost)' 요소를 나타낸다. 아이디어가 어느 범주에 들어가느냐에 따라 'Possible(가능)', 'Implement(실행)', 'Challenge(도전)', 'Kill(제거)'로 나누는데 이 단어들의 첫 자를 따서 도구의 명칭인 'PICK'가 되었다.

다음 [그림 PT-1]은 'Pick Chart'의 기본 양식을 나타낸다.

[그림 PT-1] 'Pick Chart' 기본 양식 예

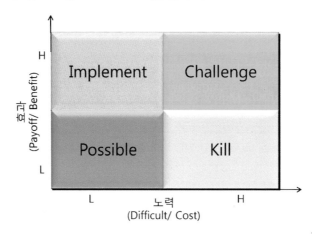

'Pick Chart'의 사용은 의외로 간단하다. 그러나 단계별로 접근하는 것이 도움 되므로 다음의 절차를 따른다.[39]

① 해결해야 할 주제를 차트상에 물음 형식으로 적는다.

미리 취합된 자료가 차트에 적힌 주제와 관련이 있는지 팀원들끼리 질의응답을 통해 확인한다. 또는 이 시점에 적힌 주제의 해결점을 브레인스토밍을 통해 발굴하는 것도 가능하다. [표 PT-1]은 「Be the Solver_프로세스 개선 방법론」편의 'Step-11.1. 최적화 및 기대 효과'에 실린 예를 옮겨놓은 것이다. 해결할 주제는 "탬버린 마모, 마이크 오염, 노래책 손상 유지 관리를 어떻게 할 것인가?"이다.

[표 PT-1] 해결할 주제와 '대안'들 도출 예

구분	물음	탬버린 마모, 마이크 오염, 노래책 손상 유지 관리를 어떻게 할 것인가?
탬버린		1.1. 탬버린 부품을 일정 재고로 확보해서 수리 1.2. 필요 시 점검 → 1회/주 점검으로 주기화 1.3. 탬버린 종류를 조사해서 감촉, 음량이 뛰어난 모델을 계속 최신화 1.4. 주기적으로 최근 모델로 전체 교체하는 체계
마이크		2.1. 소독을 1회/1일로 실시 2.2. 소독 관리, 안전성을 벽면에 홍보해서 고객이 안심하도록 유도 2.3. 발에 걸리는 선을 없애고 자리에 앉아서도 노래 부를 수 있도록 무선 마이크 도입
노래책		3.1. 노래책을 없애고 컴퓨터 검색 제공 3.2. 컴퓨터 검색 후 초기 음이 나와 음을 떠올릴 수 있도록 3.3. 노래책의 양식을 통일해서, 장표 추가 시 표시가 나지 않도록 3.4. 뜯어짐이 최소화될 수 있는 보호 필름, 묶음 방법 결정

② 메모지(Post-it)에 적힌 '대안'을 차트 왼편에 정렬한다.

이 과정은 수집되거나 발굴된 '대안'들을 'Pick Chart'의 4가지 범주로 분류하기 위한 사전 준비 작업이다.

③ '대안' 각각을 해당 범주로 분류한다.

팀원들은 모든 '대안'들이 현재의 범주에 포함되는지 그렇지 않은지를 결정

---

39) 'http://www.brighthub.com/office/project-management/articles/53018.aspx'에 실린 글을 편집해 옮겨놓음.

한다. 포함되지 않은 '대안'들은 다른 범주로 옮겨 다시 남길 것인지 옮길 것인지를 결정한다. [그림 PT-2]는 [표 PT-1]의 '대안'들을 'Pick Chart'에 분류해 놓은 예이다('2.2'는 '즉 실천'이 가능한 내용으로 가정하고 생략함).

[그림 PT-2] 'Pick Chart' 작성 예

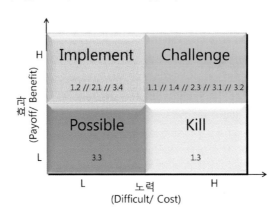

이후 과정은 이들 문제 해결에 필요한 '대안'들을 실행에 옮긴다. '프로세스 개선 방법론'에선 이를 '최적화'라고 한다('Step-11.1. 최적화 및 기대 효과'에서 이루어짐).

2.2.10. 제품 수명 주기설(PLC, Product Life Cycle Theory)

이 도구는 통상 'PLC(Product Life Cycle)'로 불리지만 정식 명칭은 맨 끝에 '이론(Theory)'이 붙은 'Product Life Cycle Theory'이다. 네이버 백과사전엔 우리말 '제품 수명 주기설'로 표기돼 있다. '50-세부 로드맵' 경우 'Step-1.1. 과제 선정 배경 기술'에서 개발 제품의 현황 분석에 용이하게 쓰일 수 있는데, 생산 제품이 시장의 어떤 위치에 있는지를 파악함으로써 그에 따른 개발 방향(과제 CTQ)을 설정할 수 있기 때문이다. 다음은 이를 주창한 인물과 최초의 출처 및 내용 설명의 요약이다('…'은 내용 생략 표시임).

> · **(네이버 블로그 캉디드)** Vernon, R., 1966, "International investment and international trade in the product cycle", Quarterly Journal of Economics, 80.

> · **제품 수명 주기설** (네이버 백과사전) 신개발품의 수명 주기에 의하여 결정되는 비교 우위의 변화가 국제 무역의 흐름을 결정한다는 설. R. 버넌, F. 허시, L. T. 웰스 등이 주장하였다. 제품 수명 주기설은 제품의 수명 주기를 개발 단계, 성숙 단계, 표준 단계로 구분한다. **개발 단계**에서는… 생산이 소규모가 되나… 가격의 고저는 별문제가 되지 않으며… 소규모적인 생산 공정이 성공하여 시장에서 수요가 증대되면, 개발 상품은 **성숙 단계**로 들어간다. 이 단계에서는 상품이 국내 시장을 지배하게 되고, 해외로부터의 주문에 의한 수출도 시작된다. 성숙 단계를 지나 대규모 소비 단계에 들어서면 상품이 **표준화**된다. 상품이 표준화되면 외국에서도 상품 개발이 가능해지는데, 외국은 그 개발에 필요한 기술 개발비의 절약과 낮은 노동 비용에 의한 가격 수준의 차에 의해 비교우위를 점하게 된다.

백과사전에 실린 내용을 토대로 'PLC Theory'를 부연하면, 만일 수요가 급증해진 성숙기 경우, 생산 원가보다 해외 수출에 따른 운송비 등 부대비용이 증가해 자국 내에서의 생산이 어려워지는데, 이때 생산 기지를 보다 저렴한 타국으로 이전하게 된다는 설이다. 즉, 신개발 제품의 수명 주기(개발 단계 → 성숙 단계 → 표준화 단계)에 따라 국제 무역의 흐름이 결정된다는 것이다. 과거 면직 공업이 영국에서 미국으로, 다시 일본으로, 그 후 한국을 포함한 개발도상국으로 이전된 과정들을 설명하는 데 적합하다. R. 버넌의 3단계 외

에 '도입기 → 성장기 → 경쟁기 → 성숙기 → 쇠퇴기'의 5단계 설도 제기돼
있다. 또 'WIKIPEDIA'에선 '경쟁기'가 빠진 'Introduction(도입기) → Growth
(성장기) → Maturity(성숙기) → Decline(쇠퇴기)'의 4단계로 구분하고 있으며,
문제 해결 분야에서는 주로 4단계 흐름을 선호한다. 4단계로 구분된 '제품 수
명 주기' 개념도와 내용을 상세하게 정리하면 다음과 같다.

[그림 PL-1] '제품 수명 주기설'의 '시간(Time) vs. 판매(Sales)'

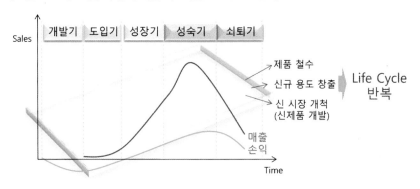

[표 PL-1] '제품 수명 주기설' 단계별 내용(출처: WIKIPEDIA)

단계	내 용
단계 1: 도입기 (Introduction)	신제품이 자국 내 필요에 의해 생겨나고, 비슷한 수준의 국가나 공통의 필요성을 갖는 국가로 최초 수출된다. 이때 수입이 발생한다. 만일 대부분의 국가가 유사한 발전 단계를 거치면 신제품은 가장 앞선 국가에서 생겨나 전파된다(예: IBM PC가 미국에서 생산돼 산업화된 국가로 빠르게 전파됨).
단계 2: 성장기 (Growth)	복제품이 여러 국가에서 생산돼 최초 만들어진 국가로 역 도입되면서 시장을 잠식한다. 이런 상황은 생산 원가가 덜 들어가는 다른 국가로의 생산 라인 이동을 초래한다(예: 초기 IBM PC의 복제품은 미국 내에서 생산되지 않았음).
단계 3: 성숙기 (Maturity)	이제 이 산업은 축소되면서 몇몇 곳으로의 집중화가 일어난다. 즉, 가장 낮은 원가로 생산하는 자가 승리한다(예: PC의 복제품 거의 대부분이 원가가 가장 낮은 곳에서 생산됨).
단계 4: 쇠퇴기 (Decline)	저개발 국가만이 유일한 시장으로 남는다. 그러므로 쇠퇴기에 있는 대부분의 제품들은 개발도상국에서 생산된다. 철수, 신규 용도 창출, 신 시장 개척(신제품 개발) 등을 통해 새로운 수명 주기를 시작한다.

문제 해결에 있어 '제품 수명 주기설'은 관심 제품의 현황 분석을 통해 다양한 전략 수립 및 방향 설정 목적으로 활용된다. 다음은 기업 교재에서 일반적으로 논하는 분석 절차를 옮겨놓은 것이다.

① 개발 제품 또는 관심 제품의 현 수준을 확인한다.

분석 대상 제품이 수명 주기의 어느 단계에 있는지 확인한다. 이를 위해 목표 시장에 대한 조사가 선행된다. 시장 조사는 제품의 특징, 예를 들어 '판매량', '고객당 비용', '이익', '고객층', '경쟁사' 등 수명 주기를 파악하는 데 필요한 요소들로 구성된다. 현 제품의 수명 주기를 어떻게 파악할 것인지 사전정의 없이 자료가 수집되면, 분석 결과의 신뢰도는 떨어질 것이다. 일단 자료가 수집되면 다음의 예를 참조해서 현 '수명 주기 단계'를 확인한다.

[그림 PL-2] 현 제품의 '수명 주기 단계' 분석을 위한 도표

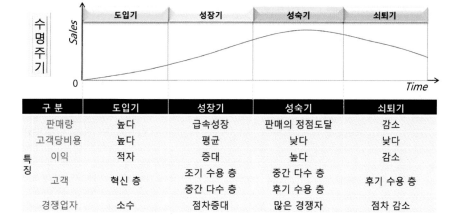

구 분		도입기	성장기	성숙기	쇠퇴기
특징	판매량	높다	급속성장	판매의 정점도달	감소
	고객당비용	높다	평균	낮다	낮다
	이익	적자	증대	높다	감소
	고객	혁신 층	조기 수용 층 중간 다수 층	중간 다수 층 후기 수용 층	후기 수용 층
	경쟁업자	소수	점차증대	많은 경쟁자	점차 감소

[그림 PL-2]의 아래쪽 표를 보면 분석 대상 제품의 '수명 주기 단계'를 확인할 수 있다. 예를 들어, '핸드폰' 경우 성인 대부분이 갖고 있고, 제조업체들 간

경쟁도 심화돼 있어 '성숙기'로 볼 수 있는 반면, 스마트폰이 막 등장한 2007년 이후 2년 뒤인 2009년은 애플의 '아이 폰'이 급성장 중이었으며, 이때 경쟁 업체도 '점차 증대'되고 있는 점 등을 감안할 때 '성장기'에 해당됨을 알 수 있다.

② '마케팅 전략'과 '제품 개발 전략'을 확인한다.

관심 있는 제품의 '수명 주기 단계'가 확인되면, 판로의 방향을 설정할 마케팅 영역은 그에 적합한 '마케팅 전략'을, 또 제품 개발 영역은 '제품 개발 전략' 등을 마련한다. 물론 '수명 주기 단계'별로 기본적인 방향과 가이드라인이 마련돼 있으므로 1차적으로 이 자료를 활용한다. 다음 [표 PL-2]는 기본으로 제공되는 전략 가이드라인이다.

[표 PL-2] '수명 주기 단계'별 '마케팅 전략' 및 '제품 개발 전략' 방향 설정 예

구 분		도입기	성장기	성숙기	쇠퇴기
마케팅 목표	마케팅 목표	제품 인지 및 사용의 증대	시장 점유율의 확대	-이익의 극대화 -시장 점유율 방어	-비용절감/투자회수 -독점적 지위 추구
	마케팅 초점	-1차 수요의 자극 -성장기의 빠른 진입	-선택적 수용의 자극 -빠른 성장률의 유지	-브랜드 경쟁 -우위 확보 -성숙기의 유지	-1차 수요의 유지 -쇠퇴 속도의 저감
마케팅 전략	시장 세분화	무차별	시장 세분화 시작	시장 세분화의 극대화	역 세분화
	제품	기초 제품의 제공	제품 확대, 서비스 보증의 제공	상표와 모델의 다양화	취약 제품 폐지
	가격	고가 전략	시장 침투 가격	경쟁 대응 가격	가격 인하
	유통	좁은 유통 커버리지	유통 커버리지 확대	커버리지 최대화	저수익 경로 폐쇄
	광고	조기수용 층과 판매상의 제품 인지 형성	상표 차이와 이점의 강조	상표 이해도 높은 고객 유지 수준으로 감소	-
	판촉	수요 확보를 위한 강력한 판촉	수요 확대에 따른 판촉의 감소	상표 전환을 유도하기 위한 판촉 증대	최저 수준으로 감소

③ '수명 주기 단계'별 주요 '기술 개발 전략'을 확인한다.

연구 개발 관점에서 '수명 주기 단계'별 지원 또는 개발될 '기술'들엔 어떤 것들이 필요하고 또 어떤 방향성을 가져야 하는지를 확인하는 단계이다. 물론 분야별로 차이가 있겠으나 여기선 일반적인 경향을 제시하며, '기술 보유 수준'에 따라 제품 생산이 결정될 것이므로 앞서 언급한 '마케팅 전략'과 긴밀한 관계에 있음을 알아야 한다. [표 PL-3]은 '수명 주기 단계'별 '기술 개발 전략'을 요약한 예이다.

[표 PL-3] '수명 주기 단계'별 '기술 개발 전략' 예

도입기	성장기	성숙기	쇠퇴기
□제품 구조, 요소 기술 등의 de facto standard (표준)의 확립 □de factor화된 기술은 특허나 블랙박스화에 의해 보호 □제조 기술의 확립 □기술 개발 과제의 해결에 있어 제휴 활용 □산, 관, 학의 컨소시엄에 의한 공동 연구 □잠재 경쟁업체와 제휴 □시장 선도기업과 제휴	□상품 브랜드 강화를 위한 중심 기능의 강화형 기술 개발 □양산, 저가 생산을 위한 제조 기술의 개발 □제품 라인 증가를 위한 개발 설계력 향상 □주요 기능 보완을 위한 제휴(제조, 유통, 상품 기획, 마케팅) □해외 확대를 위한 기술 이전	□상품 브랜드 다양화에 동반된 기술 개발 과제의 대안(각 상품 공통의 과제, 각 상품 고유의 과제) □상품의 다양화와 경쟁 격화에 수반된 다품종 소량의 생산 체계의 확립 □한층 더 저가 생산을 위한 제조 기술의 개발	□이익률 유지 목적의 제조 원가 절감을 위한 기술 개발 □근원적인 생산 방법의 혁신을 통한 저가 생산 도모 □해외, OEM 등으로 기술 이전과 품질 관리 □기존 기술에서의 신규 사업 탐색

2009년 기준 애플의 '아이 폰' 경우 '성장기'에 해당되며, 원천 기술을 갖고 있는 여러 벤처 기업들과의 M&A 확대 정책을 구사하고 있다. 이것은 '성장기 기술 개발 전략' 중 '주요 기능 보완을 위한 제휴'의 활동으로 해석할 수 있다.

'제품 수명 주기설(PLC Theory)'은 독립적으로도 쓰이지만 이어지는 '2.2.11. PPM(Product Portfolio Management)'과 연계해서 활용되면 보다 효과적이다.

'PPM(Product Portfolio Management)'은 문제 해결 시 Define Phase의 'Step-1.1. 과제 선정 배경 기술'에서 개선 대상인 제품의 현황 분석이나 향후 방향성을 제시할 목적으로 사용된다. 그런데 문제 해결 분야에서는 주로 'BCG Matrix'나 'GE Matrix'와 혼용해서 쓰이곤 한다. 그러나 사실은 'PPM'이 'Product Portfolio Management'의 'Management'가 의미하듯 '도구(Tool)'라기 보다 '경영'이나 '관리'의 의미가 훨씬 강하다. 따라서 '제품 포트폴리오 관리(PPM)'를 위한 하나의 '도구'로 'BCG Matrix'나 'GE Matrix'가 쓰인다고 보는 게 타당하다. 'PPM'을 이해하기 위해선 그 중심에 위치한 단어 'Portfolio'를 알아야 하는데 '포트폴리오(Portfolio)'의 국어 사전적 정의는 다음과 같다.

> · **포트폴리오(Portfolio)** (국어사전) 개개의 금융 기관이나 개인이 보유하는 각종 금융 자산의 명세표. 또는 다양한 투자 대상에 분산하여 자금을 투입하여 운용하는 일.

정의 중 후자의 경우가 본문에서 얘기할 'PPM' 개념과 일치한다. 또 'Portfolio'에 '경영 또는 관리'의 의미인 'Management'가 붙으면 'Portfolio Management(포트폴리오 경영 또는 관리)'가 되며, 그 앞에 단어 하나를 추가하면 다양한 응용 분야를 탄생시킬 수 있다. 'Portfolio Management'의 정의와 응용 분야 예를 정리하면 다음과 같다.

> · **Portfolio Management** (www.investorwords.com) 자금의 투자나 배분, 뮤추얼 펀드의 자산 등을 다루는 프로세스(The process of managing the assets of a mutual fund, including choosing and monitoring appropriate investments and allocating funds accordingly).

 'Portfolio Management'에 대한 정확한 사전적 정의가 없어 인터넷 사이트
에서 가장 적절하게 표현된 예를 옮겨놓았다. 정의 중 와 닿는 부분이 하나의
'도구'로서보다 '프로세스(Process)', 즉 '위험을 최소화하도록 분산 투자하는
처리과정'으로 보는 시각이다. 사실 'PPM'을 독립적 존재가 아닌 다음의 관
계 속에서 이해하는 것이 바람직하다.

[그림 PP – 1] '제품(Product)'이 있을 때 필요한 '활동'과 '관리 도구'

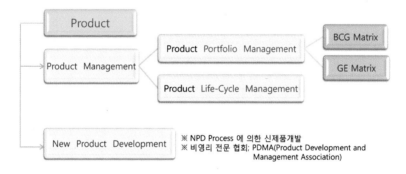

 [그림 PP – 1]에서 '제품(Product)'이 존재할 때 기업에서 할 수 있는 '활동'
은 2가지로 분류될 수 있는데, 하나는 기존 제품들에 대한 '관리(Product
Management)'이고, 다른 하나는 이익을 창출하기 위한 '신제품의 개발(NPD,
New Product Development)'이다. '관리'는 다시 제품의 '포트폴리오 관리
(PPM)'와 '수명 주기 관리(PLC Management)'로 구분된다. 잘 알려진 'BCG
Matrix'와 'GE Matrix'는 바로 'PPM(Product Portfolio Management)'을 하는
데 쓰이는 '도구(Tool)'들이다. '개발'을 대표하는 'NPD'는 '제품 개발 방법

론'과 유사한 방법론이며, 'PDMA(Product Development and Management Association)' 같은 국제적 전문 협회에서 체계적인 연구가 이루어지고 있다. 특히 기업 경영에 매우 중요한 '신제품 개발 프로젝트'를 선별해내기 위한 'Project Portfolio Management' 분야에서 Cooper, Robert G 등과 같은 선각자들의 많은 연구가 이루어져 왔다. 이들에 대해서는 본 책자 범위를 벗어나므로 필요한 리더들은 관련 서적이나 'WIKIPEDIA' 등을 참조하기 바란다.

이제 'PPM'으로 다시 돌아와 그 배경에 대해 알아보자. '포트폴리오(Portfolio)'가 경제 용어인 만큼 이를 이해하기 위해선 다소 긴 역사를 되짚어볼 필요가 있다. 그 원류를 좀 더 거슬러 올라가면 1952년 3월 당시 금융 학계 유일한 학술지인 'The Journal of Finance'에 마코위츠(Harry Markowitz)의 14쪽 논문인 '포트폴리오 선택(Portfolio Selection)'이 실렸는데 이것은 투자자가 수익의 극대화를 꾀하면서 리스크를 최소화할 수 있는 방법을 설명한 당시로선 꽤나 튀는 금융 투자 이론이었다. 이 논문의 핵심은 투자자가 분산 투자를 할 때 '수익'과 '위험'의 양자를 어떻게 응용해야 할지를 알게 해준다. 또, 1959년 '포트폴리오 선택 – 투자의 효율적 분산(Portfolio Selection: Efficient Diversification of Investments)'이라는 책에서 두 번째 단계로 투자자의 목적에 맞는 최적의 포트폴리오 하나를 선택할 수 있는 방법을 제시하였는데, 이것은 올바른 방법으로 재산을 나눠 투자해야 함을 강조한 것이었다. 이보다 1년 전인 1958년 5월 예일대 교수인 제임스 토빈(James Tobin)이 'The Review of Economic Studies'에 'Liquidity Preference as Behavior toward Risk(위험에 대한 대응으로서 유동성 선호)'의 제목으로 논문을 실었는데 이것은 마코위츠의 분석 방법을 단순화한 대안으로 위험 분산을 권고한 '현대 포트폴리오 이론(Modern Portfolio Theory)'을 정형화한 것이었다. 토빈은 이 공로로 1981년 노벨 경제학상을 수상했다.

이어지는 1960~1970년대는, 제2차 세계대전 이후 한국전쟁, 월남전쟁, 중동 위기, 석유 1, 2차 파동 등 국제적으로 어려운 시기를 자나며 안정을 찾으면서 기업들은 본격적으로 매출액을 증가시키는 데 목적을 두고 경영 혁신 도구를 찾던 때였다. 특히 '복합 기업 경영(Conglomerate Management)'이 세계적으로 유행하였는데, 이것은 지질학에서 사용되던 '응집하다'의 개념으로 서로 다른 사업을 수행하거나 혹은 그와 같은 사업 방식을 취하는 다각화 복합 기업들을 의미한다. 이런 방식으로 거대 복합 기업들이 출현하게 된다. 당시 다각화된 대기업이 직면한 가장 큰 문제점은 "경영 자원, 특히 투자 자금을 각각의 사업부에 어떻게 할당할 것인가"였다.

다각화된 기업은 각 사업부가 직면하는 환경이 다르며 사업부의 특성이 다르고 사업부 간의 관계도 매우 복잡하다. 따라서 기업 전체적인 관점에서 자원을 효율적으로 배분하고 관계를 조정해 나가는 것이 매우 중요하다. 이에 철저한 분석을 통하여 어느 사업은 계속 키워 나가며 어느 사업은 축소 내지 철수할 것인지를 결정해야 한다. 이때 사업부 간 자원의 배분과 관계의 조정을 위해 사용되는 분석 도구가 바로 '포트폴리오 분석(Portfolio Analysis)'이다. 그렇지만 이 도구는 사업부 간의 관계를 분석하던 데서 다각화 여부와 관계없이 '제품(Product)' 간의 관계와 자원의 배분에 관한 모델인 '제품 포트폴리오 관리(Product Portfolio Management)'로 응용되어 널리 사용하게 되었다. 즉, <u>'PPM'은 '포트폴리오 이론(Portfolio Theory)'을 '제품 믹스'에 원용한 것으로 'BCG(Boston Consulting Group)'에 의해 개발되었다.</u>

'제품 포트폴리오 관리(PPM, Product Portfolio Management)'의 정점은 현재의 사업 중 어느 것에 집중 투자하여 성장시킬 것이며, 어느 것은 현상을 유지하고, 어느 것은 제거할 것인가를 결정하는 포트폴리오 운영에 많은 도움을 준다. 따라서 성숙 사업, 성장 사업, 미래 사업 등으로 사업 균형을 유도하는 데 활용되며, 장기적으론 「자금 배분 결정의 모델로서 기업의 모든 제품, 제품 계열 또는 사업 분야에 있어서의 현금의 유·출입(Total Cash Flow)은 제품의 '시장 성장률'과 자사 제품의 '상대적 시장 점유율'이라는 두 가지 변수로 표현할 수 있다는 가설」에 따라 관리가 이루어진다. 이때 쓰이는 도구가 바로 '2.2.1'에서 설명했던 'BCG Matrix'다. 지금까지 설명된 내용을 토대로 'PPM'의 탄생 배경을 요약하면 다음과 같다.

· **PPM** 위험을 최소화시킨 효율적 투자 이론인 마코위츠의 '현대 포트폴리오 이론 (Modern Portfolio Theory)'을 1960년대 후반('BCG Matrix'는 '68년 탄생) '보스턴 컨설팅 그룹(BCG)'이 다각화된 기업 내 제품들의 효율적 투자를 운영하기 위한 방법으로 응용함.

'PPM(Products Portfolio Management)'의 사전적 정의를 옮기면 다음과 같다.

· **프러덕트 포트폴리오 매니지먼트(Products Portfolio Management)** (네이버 용어사전) 기업은 여러 가지 제품을 생산하고 또 여러 가지 사업을 영위하고 있으나 이 중 장래에도 계속 이익을 올릴 제품이나 사업, 또는 지금은 이익을 올리고 있으나 장래에는 이익을 내지 못하는 것 등을 <u>미리 구분하는 수법</u>을 말한다. 기업으로서는 인재, 물자(설비 및 원자재), 자금 등의 경영 자원을 장래성 있는 사업에 집중시켜 투입할 필요가 있으므로 이를 위해 PPM은 중요하다.

· **Product Management(Product Portfolio Management)** (WIKIPEDIA) 제품 수명 주기(Product Life Cycle)의 모든 단계에서 단일 제품 또는 여러 제품들에 대한 계획 수립, 예측, 시장성을 다루는 회사 내 조직상 기능.

'PPM'은 용어 'NPD', 'Project Portfolio Management' 등과 다양한 출처에서 구분 없이 혼용해 쓰이는 경향이 강하다. 그만큼 그들의 관계가 밀접하다는 의미로 해석된다. 또 '제품 수명 주기(PLC)' 관점에서 '제품 관리(Product Management)'가 이루어지고, '신제품 개발(NPD)'과도 연계되므로 '<u>PLC 관리 - PPM - NPD</u>' 들을 종합적으로 활용할 수 있는 역량 확보도 중요하다.

'PPM'이 'BCG Matrix'와 'GE Matrix' 작성을 통해 실현되는 만큼 상세한 내용은 '2.2.1. BCG Matrix'나 '2.2.4. GE Matrix'를 참조하기 바란다.

2.2.12. 이해관계자 분석(Stakeholder Analysis)

'Stakeholder Analysis'는 우리말로 '이해관계자 분석'으로 통한다. '이해관계자'의 사전적 정의는 다음과 같다.

> · **이해관계자(Stakeholder)** (네이버 용어사전) 기업에 대하여 이해관계를 갖는 개인 또는 그룹을 말하며 주주나 사채권자 외에도 노동자, 하청업체 등도 기업의 '이해관계자'로 본다.

다음은 기업과 연관된 일반적 '이해관계자'의 유형을 도시한 예이다.

[그림 SA – 1] '이해관계자' 유형 예

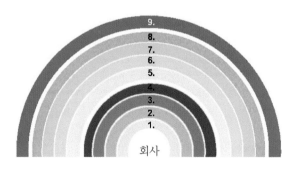

회사-내부(The Company-Internal)
1. 경영진(Management)
2. 종업원(Employees)
3. 전략적 동반자(Strategic Partners)
4. 사내 부서(Internal Departments)
   <출처> www.tnsglobal.com

환경-외부(The Environment-External)
5. 고객(Customers)
6. 배급 업자(Distributors)
7. 공급자(Suppliers)
8. 주주(Shareholders)
9. 기업 명성(Corporate Reputation)

[그림 SA－1]에서 '기업 명성'은 "다양한 이해관계자들의 기업에 대한 총체적 평가"를 지칭하며, 주로 미디어 등 매체들이 포함된다.

'WIKIPEDIA'를 검색해보면 'Stakeholder Analysis'는 'Stakeholder Management'에 포함된 한 '단계(Step)'로서 설명하고 있다. 즉, '이해관계자'를 '관리'한다는 큰 틀 속에서 '분석'의 필요성으로 'Stakeholder Analysis'가 존재한다. 'Stakeholder Management'의 용어 정의를 살펴보면 다음과 같다.

· **Stakeholder Management(이해관계자 관리)** (WIKIPEDIA) 조직이 전략적 목표를 이루도록...(중략)... '이해관계자의 기대'와 '합의된 목표'를 조화롭게 관리해서 그들과 원만한 관계를 유지하도록 지원하는 것. 이것은 정해진 원칙에 따라 계획되고 운영되어야 할 프로세스이자 관리이다. 접근 프로세스는 다음과 같다.

1) 이해관계자 식별(Stakeholder Identification): 조직 관리나 프로젝트 수행에 있어 내·외부적으로 관심 대상이 될 만한 사람을 선정. 'Stakeholder Map'이 '이해관계자'를 식별하는 데 유용.

2) 이해관계자 분석(Stakeholder Analysis): 이해관계자의 요구 사항, 관심사, 바람, 권리 등을 알아내고 이들 정보를 'Stakeholder Matrix'에 정렬시킴.

3) Stakeholder Matrix 작성: 이해관계자가 사업이나 프로젝트에 기여하는 영향도에 따라 Matrix상에 위치를 잡아줌.

4) 이해관계자 참여(Stakeholder Engagement): '참여'는 프로젝트/사업의 요구 사항, 문제 해법, 책임/역할 정립의 구체화가 아닌, 행정적 수준에서 서로를 이해하고 알아가는 데 초점이 맞춰 있음. 따라서 이 단계는 소통의 기대치를 협의하고, 그에 동조하는 기회로 작용.

5) 정보 소통(Communicating Information): 기대치는 '이해관계자'들 사이의 소통 방식대로 설정되고 합의됨. 때론 비밀로 이루어질 수도 있음.

이 외에 분야 전문가들이 설정한 '정의'도 있는데 유사하지만 이해를 돕기 위해 다음에 옮겨놓았다.

> - **Stakeholder Management** (논문) 의사소통(Communication) 전략을 개발하여, 그들의 목표(Goal), 기대하는 바(Expectations)를 관리하고, 이해관계자들에게 프로그램 전체 목표에 대해 인식 정도를 높여주는 것.
>   ※ Peter. G.(2007), What you need to know about Project stakeholder management.
> - **이해관계자 관리** (논문) 체계적인 절차와 방법에 의해 '이해관계자'를 파악하고, 특성을 분석하여 유형을 분류한 뒤 그에 적합하게 관리하는 것.
>   ※ 이슬기·유정호·김창덕(2008), 「도시 재생 사업에서의 Stakeholder Management 필요성에 관한 연구」, 『한국 건설 관리 학회 2008년도 정기 학술 발표 대회 논문집』, p.911.

'이해관계자 분석'이 '이해관계자 관리' 속에서 논의돼야 한다면 '관리' 관점의 출처를 알아보는 것도 중요하다. 최초 출처는 정확히 알려져 있지 않지만 다음 서적이 주로 언급되고 있다.

> - **Stakeholder Management** (서적) Archie B. Carroll(1989), Business and Society, Ethics & Stakeholder Management, South Western Publishing Co., p.61.

특히 '이해관계자 분석 과정(Stakeholder Analysis Process)'에 대해서는 다음의 문헌들이 인용되고 있는데, 대체로 'WIKIPEDIA'의 '이해관계자 관리(Stakeholder Management)'와 그 맥락을 같이한다.

> - **Stakeholder Analysis Process(이해관계자 분석 과정)**
>   → (서적) Joseph W. Weiss, Business Ethics, Wadsworth, Inc. 1994, pp.34~55.
>   → (서적) Gareth R. Jones, Organizational Theory, Text and Case, Addison-Wesley Publishing Company Inc., 1995, pp.21~31.

→ (서적) William C. Federick, James E. Post and Keith Davis, 1988, Business and Society, Corporate Strategy, Public Policy, Ethics, 6th Edition. McGraw-Hill Book Company, pp.13~18.
→ (서적) Archie B. Carroll, 1989, Business and Society, Ethics & Stakeholder Management, South Western Publishing Co., pp.63~68.

※ 이들 출처는 아래 논문의 본문을 참조하여 옮김.
→ (논문) 김원신·정회술, 「이해관계자의 관리 도구에 대한 논리적 고찰」, 『산학 경영 연구』, v.9, 1996, pp.232~260.

언급된 논문(김원신·정회술, 1996)에 포함된 '이해관계자 분석 절차'는 ① 이해관계자 식별 및 관계 도표화, ② 이해관계자의 관심 및 이해관계 파악, ③ 이해관계자의 권리에 대한 평가, ④ 이해관계자들의 우선순위 매트릭스 설정, ⑤ 특수한 전략 및 전술의 개발, ⑥ 이해관계자 연합 관계의 감시 과정으로 구분한다. 이들을 단계별로 전부 언급하는 것은 좀 광범위하고 취지에 맞지 않으므로 최초 설명하려고 했던 '이해관계자 분석(Stakeholder Analysis)'에 초점을 맞추도록 하겠다. 이를 위해 영국 조달청(OGC, Office of Government Commerce)에서 발간된 'Category Management Toolkit'에 포함된 작성 과정을 옮겨놓았다. 일단 쓰이는 단어들이 사전 용어와 일치하고 영어권에서 개발된 도구이므로 그 쓰임이 적절하다는 판단에서다. 필요한 경우 기업 교재의 내용을 일부 참조하였다.

① 핵심 이해관계자(Key Stakeholder)를 나열한다(개인, 그룹).
사례를 단순화하기 위해 「Be the Solver_프로세스 설계 방법론」편에서 사용한 예를 활용하겠다. 상황은 '라면 판매 프로세스'를 개선하여 매출을 30% 향상시키는 과제다. 이때 새로운 서비스 도입으로 업무량 증가가 발생하고 이

에 불만이 높아질 '주방 담당자'와 '서빙 담당자'의 이해관계를 분석한다. 그리고 그로부터 해법을 찾으려는 것이 핵심이다. 다음 [표 SA-1]은 가정된 상황에서의 '핵심 이해관계자'를 나열한 예이다.

[표 SA-1] '핵심 이해관계자' 예

이해관계자 (개인 또는 그룹)	(환경 변화로 인한) 이해관계자가 받을 충격	(환경 변화 시) 이해관계자가 갖게 될 관심사	관심사 처리에 고심하지 않을 시 예상 위험
박찬오(서빙 관리)	서빙 시간 단축으로 매우 바빠질 것에 대한 우려(High)	▷ 서빙 소요 시간	▷ 경력 지원 이탈
김여나(주방 관리)	라면+커피점 동시 운영으로 주방이 매우 바쁘고 관리에 한계가 있을 것이란 우려(High)	▷ 조리 소요 시간 ▷ 재료 관리의 복잡성 ▷ 새로운 조리법 학습	▷ 경력 지원 이탈 ▷ 주방 노하우 유출

② '이해관계자 매트릭스(Stakeholder Matrix)'에 '이해관계자'를 배치한다. 이때, '환경 변화로 받을 충격 정도(The level of impact of the change on them)'와 '성공적 환경 변화를 위한 중요도/영향력(The importance them to the success of the change project)'을 각 좌표로 활용한다.

[그림 SA-2] '이해관계자 매트릭스(Stakeholder Matrix)' 작성 예

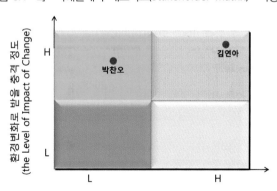

[그림 SA‒2]에서 서빙 담당 박찬오는 프로세스 변동에 미칠 '영향력'은 크지 않은 반면, 서빙 시간이 더욱 짧아질 것이란 압박감이 매우 큰 경우로, 주방 담당 김여나는 '라면 분식점'에서 '라면+커피 판매점'으로의 환경 변화에 깊숙이 관여돼 있고('영향력' 매우 큼), 새로운 식음료를 조리해야 하는 부담 등으로 변화에 대한 '충격'이 남다를 것으로 파악되었다(고 가정한다).

　　③ 분석된 '핵심 이해관계자'에 대해 다음 지침에 따라 어떻게 다뤄야 할지를 결정한다(번역해서 옮김).

[표 SA‒2] '핵심 이해관계자' 대응 지침

평가 (Assessment)	정의 (Definition)	대응 지침 (How to Manage)
지지자 (Advocates)	▷ 변화를 촉진하는 그룹 ▷ 조직 내 옹호자나 후원자	▷ 적극적 협의 대상자로 정기적인 관계 유지 ▷ 일의 주요 단계나 의사 결정에 참여시킴 ▷ 변화의 목표나 혜택을 조직 내 홍보하는 매개체로 활용
반대자 (Opponents)	▷ 상황 인식수준은 높지만 변화 추진엔 동의하지 않는 자 ▷ 변화추진결과 어떤 식으로든 손실이 예상되는 자	▷ 논의를 통해 왜 동의하지 않는지 알아봄 ▷ 예상 손실은 알고 있지만 실감하지 못할 경우, 객관적 데이터를 사용하여 변화유도 ▷ 수용하지 못하는 이유에 대해 반박
무관심 자 (Indifferent)	▷ 변화추진에 최종 입장정리가 안 된 개인 또는 그룹 ▷ 어느 정도의 상황인식과 동의 의사를 갖고 있는 자	▷ 이들이 알고 있는 것과 추구하는 것과의 차이를 식별 ▷ 주요 문제에 대한 견해를 묻고, 관심사들에 대해 고민해줌 ▷ 이들이 '반대자'가 되지 않도록 주의함
방해자 (Blockers)	▷ 변화추진이나 목표에 저항을 보이는 자. 이해부족이나 낮은 합의가 주요 요인임. 이런 현상은 다음에 의해 발생 ✓ 대화의 부족 ✓ 변화결과로부터 무슨 손실이 있는지 사전 인지 ✓ 변화 추진에 대한 잘못된 인식	▷ 사전에 대책을 강구할 의사소통 시도 ▷ 인터뷰나 회의 추진 ▷ 설명을 하거나 변화에 대한 두려움에서 벗어나게 유도 ▷ 갈등 관리 도구(Conflict Management Techniques)를 활용 ▷ 변화 필요성을 이해하기 시작할 때 그들의 견해를 확인
추종자 (Followers)	▷ 변화 추진의 목표와 목적에 대한 이해도가 낮은 자 ▷ 변화는 지지하지만 흐름에 편승 경향이 있는 자	▷ 장래의 혜택이 무엇인지 이해시킴 ▷ 정보를 계속 주면서 긍정심을 유지시킴 ▷ 이들을 이용하려는 유혹은 피하도록 함

[표 SA-1]과 [그림 SA-2]의 정보와, [표 SA-2]의 '대응 지침'을 참고했을 때, 서빙 관리 박찬오는 라면과 커피를 동시에, 그것도 '소요 시간'을 단축해야 한다는 목표에 부정적 입장이며, 이는 근본적으로 변화 추진에 대한 잘못된 인식에 근거한다(고 가정한다). 따라서 '방해자(Blockers)'로 분류된다. 또 주방 관리 김여나는 기존 분식 위주의 재료 및 프로세스 관리에 추가로 커피 및 스낵을 제공해야 하는 부담 때문에 매우 부정적인 입장이며, 이에 '반대자(Opponents)'로 분류된다. [그림 SA-2]로부터 업소 운영의 '중요도' 측면에선 주방 관리의 김여나부터 변화에 동참토록 유도해야 하며, 이를 위해 신규 프로세스에 필요한 최적 인원을 '시뮬레이션으로부터 확인'하고, 최적화가 실현되기 전까진 '파트타임 고용'으로 지원할 것임을 제안하기로 결정하였다(고 가정한다). 또 서빙 관리 박찬오 경우는 변화된 프로세스에서 더 빨리 서빙해야 하는 부담이 있는 것으로 오인하고 있으므로 개별 면담을 통해 신규 시스템 도입 효과로 '서빙 소요 시간'은 기존과 동일한 수준임을 인식시키기로 하였다(고 가정한다).

④ 이제까지의 분석 결과를 토대로 '이해관계자 지도(Stakeholder Map)'를 작성한다.

[그림 SA-3] '이해관계자 지도(Stakeholder Map)' 작성 예

이해관계자	입장 (Position)	관심사 (Concerns)	받을 충격 (Impact)	중요도/영향력 (Importance/Influence)	A L H M / H H H H	대응방안 (Actions)
박찬오	서빙 시간 단축으로 매우 바빠질 것에 대한 우려	» 서빙 소요 시간	H	L	★ → ★	» 필요한 인원 시뮬레이션을 통해 최적화 » 그 전까진 파트 타임 고용
김여나	라면 + 커피 점 동시 운영으로 주방이 매우 바쁘고 관리에 한계가 있을 것이란 우려	» 조리 소요 시간 » 재료 관리의 복잡성 » 새로운 조리법 학습	H	H	★ → ★	» 개별 면담으로 서빙 시간은 기존과 동일함을 주지

핵심 이해 관계자 (Key Stakeholder) / 이해 관계자 매트릭스 (Stakeholder Matrix) / 평가 (Assessment)

AIH (Against it Happening); 반대자, 방해자	프로젝트 취지는 이해하지만 변화엔 동의하지 않음
LIH (Let it Happen); 무관심 자	프로젝트에 특별한 언급도 않고, 또 취지를 이해할 수도 그렇지 않을 수도 있음. 다만 변화는 수용하는 경향이 있어 그들에 필요한 사항에 대해선 최소한의 노력은 제공함.
HIH (Help it Happen); 추종자	프로젝트 취지를 어느 정도 이해하고, 변화에 대해서는 완전히 수용함. 따라서 진행이 용이토록 지원하는 경향이 있음.
MIH (Make it Happen); 지지자	프로젝트 취지를 완전히 이해하고, 변화 과정에 적극적으로 동참함.

이 단계는 앞서 진행된 '핵심 이해관계자 선정', '이해관계자 매트릭스', '이해관계자 평가'를 종합한 예이며, 특히 '이해관계자'의 '현 위치'와 '바라는 위치'를 'AIH, LIH, HIH, MIH'에 시각화시킨 점이 특징이다. 이 같은 도표를 '이해관계자 지도(Stakeholder Map)'라고 한다. '이해관계자'의 참여를 식별할 좀 더 진보된 방법에 'RACI Analysis'가 있는데 관심 있는 리더는 해당 자료를 참고하기 바란다. 참고로 'RACI'는 'Responsible', 'Accountable', 'Consulted', 'Inform'을 나타낸다.

⑤ '이해관계자 지도'의 내용을 토대로 목표 달성을 위한 '실행 계획(Action Plan)'을 마련한다.

'실행 계획' 속엔 누가 '이해관계자'를 원하는 수준에 이르게 할 것인지의 명시와 활동 내역이 시간표와 함께 설정돼 있어야 한다. 또 주의할 점은 이들과의 접촉과 협의 과정이 문제 해결의 전체 일정과 연계성을 이뤄야 한다.

지금까지 '이해관계자 분석'에 대해 알아보았다. 이 외에 '이해관계자'를 목표하는 수준까지 유도하는 과정을 '확률 점수'로 표현하는 방법 등이 동원될 수 있다. 이 도구는 영업 담당자가 고객과의 접촉을 통해 '수주 여부'를 확인해가는 과정의 척도로 활용되며, 이 부분에 대해선 「Be the Solver_영업 수주 방법론」편에서 구체적으로 다루고 있다.

또 앞서 다루었던 '이해관계자 매트릭스(Stakeholder Matrix)'나 '이해관계자 지도(Stakeholder Map)' 등은 출처에 따라 다양한 형태의 응용 양식이 개발돼 있으므로 관심 있는 독자는 웹 서핑을 통해 활용하기 바란다.

2.2.13. 스왓 분석(SWOT Analysis)

'SWOT 분석'은 사실 시장 조사나 전략을 조금이라도 담당했던 사람이면 누구나 알 수 있는 도구에 속한다. 특히 '40(또는 50)−세부 로드맵' 경우 'Step−1.1. 과제 선정 배경 기술'에서 어떤 이유로 과제를 수행하게 되었는지 그 주변 환경을 요약해 전체 나아갈 방향을 설정하는 용도로 자주 등장한다. 그런데 대부분은 이 도구를 잘못 사용하는 데 문제의 심각성이 있다. 예를 들면 [그림 SW−1]과 같이 결과만을 문서상에 표현해놓고 마무리하는 일 등이다.

[그림 SW−1] 'SWOT 분석' 오용 사례

내부 / 외부	강점 (Strength)	약점 (Weakness)
기회 (Opportunity)	S-O Strategy 국내 OO업체와 협력을 통해 신규 시장 선점	W-O Strategy 기술 협력을 위한 고객과의 직접 접촉(유지 보수 비용 절감 효과 기대)
위협 (Threat)	S-T Strategy 녹색-저 탄소 제품 개발로 제품 인식 변화 유도 (시장 주도 효과 기대)	W-T Strategy 원자재 수급을 위한 해외 원료 배급사 매입(원가 절감 효과 기대)

[그림 SW−1]을 보면 우선 '내부'의 '강점'과 '약점'이 무엇인지, 또 '외부'의 '기회'와 '위협'이 무엇인지 기록돼 있어야 각각의 환경을 고려한 '전략'이 완성될 수 있는데 이 부분이 빠져 있다. 이를 위해선 당연히 본 내용 앞에 입력 요소가 될 환경 분석이 전개돼 있어야 한다. 또 각 전략 모두를 실현한다면 문제가 없겠지만 자원이나 우선순위를 고려해 4개 전략 모두를 종합한 한두 개의 최종방향(전략)이 선별될 필요도 있다. 결론적으로 'SWOT 분석'을 하기 위해선 그 입력 요소인 '기회, 위협, 강점, 약점'을 찾아내기 위한 환경 분

석이 매우 중요한 선행 작업임을 인식할 필요가 있다. 다음은 탄생 배경이다.

- (위키 백과) 이 방법은 스탠퍼드 대학에서 1960년대와 1970년대에 포춘지 선정 500대 기업들을 연구하면서 얻게 된 결과를 바탕으로 알버트 험프리가 고안해낸 내·외부 환경 분석 방법의 하나이다.

- (WIKIPEDIA) Albert S Humphrey; …(중략)… Stanford Research Institute에서의 그의 역할은 'SOFT Analysis'의 모태가 된 팀의 '계획 수립 방법론'을 만들어내는 일이었는데, 이것이 후에 'SWOT Analysis'로 발전하였다.

- (네이버 지식) 켄 애드류즈(Ken Andrews)가 현재와 동일한 모습은 아니지만 'SWOT 분석'의 개척자로 알려져 있다.

'SWOT 분석'의 사전적 정의를 옮기면 다음과 같다.

- **SWOT 분석** (네이버 백과사전) 어떤 기업의 내부 환경을 분석하여 강점(Strength)과 약점(Weakness)을 발견하고, 외부 환경을 분석하여 기회(Opportunity)와 위협(Threat)을 찾아내어 이를 토대로 강점은 살리고 약점은 죽이고, 기회는 활용하고 위협은 억제하는 마케팅 전략 수립을 말한다…(중략). 'SWOT 분석'에 의한 마케팅 전략의 특성은 다음과 같다.
  ① SO 전략(강점 – 기회 전략): 시장의 기회를 활용하기 위해 강점을 사용하는 전략을 선택한다.
  ② ST 전략(강점 – 위협 전략): 시장의 위협을 회피하기 위해 강점을 사용하는 전략을 선택한다.
  ③ WO 전략(약점 – 기회 전략): 약점을 극복함으로써 시장의 기회를 활용하는 전략을 선택한다.
  ④ WT 전략(약점 – 위협 전략): 시장의 위협을 회피하고 약점을 최소화하는 전략을 선택한다.

  학자에 따라서는 기업 자체보다 기업을 둘러싸고 있는 외부 환경을 강조한다는 점에서 위협, 기회, 약점, 강점(TOWS)으로 부르기도 한다.

이제 용법에 대해 알아보자. 사실 'SWOT 분석'을 제대로 하기 위해선 '정의'에도 나와 있듯이 '기회, 위협'과 '강점, 약점'을 도출해내기 위한 '외부 환경 분석' 및 '내부 환경 분석'이 철저히 이루어져야 한다. 수년 전 모 대그룹 계열사 중 한 곳에서 중국 시장에 A-제품을 일정량 판매하는 '메가 과제(Mega Project)'를 멘토링한 적이 있었다. 물론 과거에 그 제품으로 중국 시장에 진출한 경험이 없었던지라 영업, 연구, 전략 등 핵심 멤버들로 팀이 구성되었고, 정해진 10개월 동안 모든 활동은 자체적인 판단과 결정에 위임된 채 추진되었다. 그때 최초 팀원들이 가장 어려워했던 부분이 바로 "뭐부터 시작해야만 하는가?"였다. 시장도 모르고 각자의 경험과 지식으론 너무 방대하다는 의식이 팽배했기 때문이었다. 그때 필자가 제시했던 방법이 바로 'SWOT 분석'이었다. 우선 외부 환경을 분석해서 '기회'와 '위협'을 뽑아낸 뒤, 이어 '내부 환경'을 분석도록 해 '강점'과 '약점'을 유도해냈다. 그들을 2차원 사분면(SWOT Matrix)에 정리한 뒤 앞으로 나아갈 방향을 설정하였다. 물론 나아

[그림 SW-2] 'SWOT 분석' 작성법('전략 과제 선정 배경'에 해당)

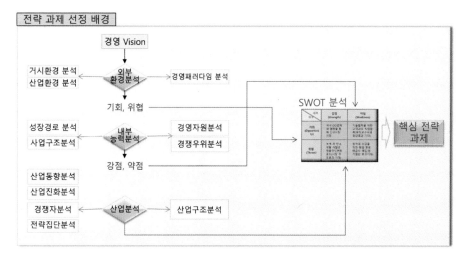

갈 방향들은 과제의 규모로 볼 때 다수였으나 그들을 '프로세스 개선', '프로세스 설계', '즉 실천(개선)' 등으로 구분해냄으로써 역할 분담과 목표를 명확히 할 수 있었다. 또 이 같은 접근을 통해 과제가 대성공을 거두는 계기가 되었음은 두말할 나위도 없다. 그런데 통상 '외부 환경'을 분석하라든가 또는 '내부 환경'을 분석하라면 좀 막막한 느낌이 든다. 그래서 구체적으로 [그림 SW-2]와 같은 분석적 접근을 통해 이루어지도록 유도한다.

[그림 SW-2]에서 '기회'와 '위협'을 뽑아내기 위해 '외부 환경 분석'을 수행하되, 좀 더 세분화하면 '거시 환경 분석'과 '산업 환경 분석', '경영 패러다임 분석' 등을 수행한다. 또 '내부 능력 분석' 경우, '사업 구조 분석'에 잘 알려진 'BCG Matrix'나 'GE Matrix' 등이 포함된다. 다음 [표 SW-1]은 [그림 SW-2]의 분석들에 쓰일 모든 '도구(Tools)'들이다.

[표 SW-1] '환경 분석'에 쓰이는 '도구(Tools)'들

분석 유형		도구(Tools) 또는 분석 대상	산출물
외부 환경 분석	거시 환경 분석	PEST 분석(정치, 경제, 사회, 기술에 대한 거시 환경 분석)	기회/위협
	산업 환경 분석	고객, 제품, 자원, 경쟁, 기술 등	
	경영 패러다임 분석	산업 패러다임 변화	
		경쟁사 비교 분석	
내부 능력 분석	성장 경로 분석	회사 성장 사에 따른 성공/실패사례	강점/약점
	사업 구조 분석	BCG Matrix, GE Matrix	
	경영 자원 분석	가치 사슬 분석, 재무/마케팅, 기술/R&D, 정보화/정보 관리, 생산, 인사 조직/TMT 분석, 기업 문화, 세계화	
	경쟁 우위 분석	재무 분석, 시장 점유율 분석, 경쟁요소 평가	
산업 분석	산업 동향 분석	산업 특성 분석, 성장 추세 분석, 시장 점유율 분석	산업 성공 요인
	산업 진화 분석	제품 수명 주기설(Product Life Cycle Theory)	
	경쟁자 분석	산업 집중도 분석, 경영 능력 분석	
	전략 집단 분석	이동 장벽 분석	
	산업 구조 분석	5세력 분석(Five Forces Analysis)	

각 분석들의 '세부 도구'들에 대해 용법을 논하진 않겠으나 '외부 환경'과 '내부 능력' 또 '산업 분석'의 결과들이 'SWOT 분석'의 입력으로 들어가야 하는 것은 명백하다. 여기선 이들 모두를 하나하나 전개해서 'SWOT' 분석을 학습하기보다 협의의 방법을 통해 정리할 생각이다. 그러나 과제 규모가 큰 경우 [그림 SW-2] 전개를 모두 따르는 것이 매우 효과적임을 인식해야 한다. 다음은 미국 정부 기관 중 하나인 'CPS Human Resource Services'에서 '07년도에 정리한 자료 중 'SWOT Analysis'의 작성법을 참고해 정리한 것이다(일부 편집). 단순하고 대형 과제가 아닌 경우 접근성이 높으므로 활용하기가 쉬운 게 특징이다.

① Step-1: 과정을 설명한다(Explain the Process).
매우 귀중한 시간을 쪼개어 모인 자리인 만큼, 참석자들에게 회의에서 논할 내용과 얻어낼 결과물이 무엇인지 이해시키는 일은 매우 중요하다. 이를 위해 1) 회의의 목적이 'SWOT 분석'을 위한다는 것과, 2) 회사의 강점, 약점, 기회와 위협을 문서화하는 과정이라는 점, 3) 또 결과물을 어떻게 활용할 것인지를 나눠서 전달한다. 4) 회의를 시작하기 전 마련해야 할 것들 중 하나로 원활한 운영을 위한 '기본 원칙(Ground Rules)'을 정하는 것도 잊어서는 안 된다. 다음은 그 예이다.

[표 SW-2] 'SWOT 분석' 회의 운영을 위한 '기본 원칙'

No	기본 원칙(Ground Rules)
1	서로를 존중하고 인신공격은 삼간다.
2	의견이 다를 수 있음을 인정한다.
3	다른 사람의 발언을 존중하고, 중간에 끼어들지 않는다.
4	어느 누구도 회의를 지배해서는 안 되며, 팀원들의 다양성은 인정돼야 한다.
5	정해진 시간을 지킨다(시작 시간, 종료 시간, 그 외의 사전 설정이 필요한 시간).

6	발굴된 아이디어들은 기본적으로 유용하다고 전제하고, 평가를 서두르거나 속단해서도 안 된다.
7	회의 주관자(퍼실리테이터)는 의제에 맞춰 회의가 정확하게 진행될 수 있도록 유지할 책임이 있다.
8	사전 배포된 자료를 검토하고, 회의에 필요한 문서가 준비되었는지 확인한다.
9	기밀 사항은 중시한다(회의석상에서 나온 말은 회의 내에서 끝낸다).
10	회의를 방해하지 않겠다는 동의를 구하고, 전화기 등은 전원을 끈다.

② '강점'을 나열한다(List Strengths).

팀원 의견, e-Mail, 설문 자료 등의 피드백을 반영해서 회사 내부의 모든 강점 사항들을 발전시켜 나간다. 정리된 강점들에 대해 토의하고, 모호하거나 의문이 생기면 명확화한다. 인력 개발에 있어 경험이 많거나 모범 직원들을 위한 전문화 학습 프로그램 운영 등은 좋은 예가 될 수 있다.

③ '약점'을 식별한다(Identify Weaknesses).

'강점'을 도출한 방법과 동일한 과정으로 회사 내부의 '약점'을 얻어낸다. 회사가 나아갈 방향에 부정적 영향을 미치는 '내적 요소(Internal Factors)'들이 '약점'에 속한다. 인력 개발의 예에서 인력을 양성할 매뉴얼이 부재하거나 멘토링 프로그램이 없는 것 등이 속할 수 있다. 또 '강점'이 동시에 '약점'이 될 수도 있는데, 오랜 경력자 경우 그들의 경험이 회사에 유용한 '강점'이 되는 반면, 은퇴 시점에 가까이 몰려 있으면 '약점'이 될 수 있기 때문이다.

④ '기회'를 나열한다(List Opportunities).

'기회'를 나열하는 과정을 반복한다. '기회'란 '외적 요소(External Factors)'에 속하며, '강점'과 '약점'이 '내적 요소'에 속하는 것과는 반대되는 개념이다. 예로써 여타 다른 교육 기관이나 다양성을 갖는 신흥 인력과의 연계 학습 프로그램을 고려하는 일 등이다.

⑤ '위협'을 식별한다(Identify Threats).

앞서 진행된 과정을 반복해서 '위협' 요소들을 찾아낸다. '위협'은 '외적 요소(External Factors)'에 속한다. 인력 개발의 예에서 부정적 요소들이 포함되는데 건강 보험료 비용의 증가가 예견되거나 정부 보조금이 깎이는 경우 등이다. 또 '기회'가 '위협'적 요소로 받아들여질 수 있는데, 신기술의 접목은 하나의 '기회'로 작용하지만, 그를 운영할 직원들의 낮은 수준은 동시에 '위협'이 되는 예 등이다.

⑥ 우선순위를 정한다(Establish Priorities).

현재까지 진행되었다면 '강점', '약점' 및 '기회'와 '위협'의 4가지 정리된 자료를 갖게 되며, 우선순위 과정을 거쳐 가장 중요도가 높은 상위 5개씩을 선별한다. 이를 위해 두 가지 접근 방법을 제안한다. 1) 팀원 각자에게 5개의 접착성 스티커를 나눠주고 가장 선호하는 항목 옆에 붙이도록 한다. 물론 항목 하나에 5개 모두를 붙여도 좋다. 이로부터 스티커가 가장 많은 항목을 선

[표 SW-3] 최종 정리된 강점, 약점, 기회, 위협

외부 \ 내부	강점(Strength) ▷ 제품 Portfolio의 유연성 ▷ 뛰어난 개발 능력 ▷ 높은 생산관리 능력	약점(Weakness) ▷ 저가 정책 고수 ▷ 원료 수급 대외 의존성 높음 ▷ 거래고객 변동 거의 없음
기회(Opportunity) ▷ 신시장의 부각 ▷ 유사 제품의 다각화 ▷ 고객 수요층 확대	SO 전략 —	WO 전략 —
위협(Threat) ▷ 국내 수요 한계 ▷ 경기 침체기 진입 ▷ 환율 하락 ▷ 중국 및 동남아 저가 제품 유입	ST 전략 —	WT 전략 —

택할 수 있다. 또는 2) 참석자들에게 5점 척도로 항목들에 점수를 매기게 한다. 이로부터 가장 큰 점수를 얻은 항목이 선택될 수 있다. [표 SW-3]은 제품 생산 업체의 'SWOT Analysis Matrix'이며, 최종 정리된 '강점, 약점, 기회, 위협'이 입력된다.

'SO 전략', 'ST 전략', 'WO 전략', 'WT 전략' 등은 다음 단계에서 고려될 것이므로 빈 공간으로 남겨두었다.

⑦ '추진 전략'을 도출한다(Discuss Next Steps).

'강점, 약점, 기회, 위협'이 정리되었으면 '⑥'의 목록을 참고해서 실천 가능한 '추진 전략'을 도출한다. 이때 각 유형별 다음과 같은 질문 형태를 활용한다.

☞ 우리의 '강점'을 어떻게 하면 극대화시킬 수 있는가?
☞ 식별된 '위협'들을 어떻게 하면 극복할 수 있겠는가?
☞ 식별된 '약점'을 극복하기 위해 우리에게 필요한 것은 무엇인가?
☞ 우리의 '기회'를 어떻게 하면 유리하게 이용할 수 있겠는가?

팀원들의 노력을 통해 얻어낸 결론들은 회사 전략 추진에 반영될 것임을 설명한다. 다음 [표 SW-4]는 도출된 전략들을 정리한 결과이다(라고 가정한다).

[표 SW-4] 전략 도출 예

외부 내부	강점(Strength)	약점(Weakness)
	▷ 제품 Portfolio의 유연성 ▷ 뛰어난 개발 능력 ▷ 높은 생산관리 능력	▷ 저가 정책 고수 ▷ 원료 수급 대외 의존성 높음 ▷ 거래 고객 변동 거의 없음
기회(Opportunity)	SO 전략	WO 전략
▷ 신시장의 부각 ▷ 유사 제품의 다각화 ▷ 고객 수요층 확대	▪ 친환경 ○○제품군 개발 ▪ 신규 ○○제품 시장 창출 ▪ 생산성 극대화	▪ 고부가가치 제품 개발 ▪ 원료 공급업체와의 장기계약 ▪ 원료 구매 수직 계열화 ▪ 새로운 고객의 정의

위협(Threat)	ST 전략	WT 전략
▷ 국내 수요 한계 ▷ 경기 침체기 진입 ▷ 환율 하락 ▷ 중국 및 동남아 저가 제품 유입	▪ 고부가가치 제품군 해외 개척 ▪ 원료 국산화 기술 투자	▪ 기존 제품군 중국 이전 ▪ 중국/동남아 기업에 기술이전

⑧ 'SO/ST/WO/WT 전략'들을 종합하여 전체 방향성(전체 전략)을 설정한다. 이 단계는 필요하다고 판단해 추가하였다. 통상 'SWOT Analysis Matrix'에 포함된 전략들을 팀원들과 종합하여 회사나 그룹이 나아가야 할 전체적인 방향을 설정한다. [표 SW-4]의 경우, 경기 침체와 환율 변동 등 대외적인 악재에 맞서 약점을 보완하는 방편으로 '원료 확보 용이성'과 '원가 절감'이 화두가 되었다고 가정한다. 이를 시각화하면 [그림 SW-3]과 같다.

[그림 SW-3] '전체 전략' 도출 예

SWOT Analysis Matrix

외부 ＼ 내부	강점(Strength) ▷ 제품 Portfolio의 유연성 ▷ 뛰어난 개발 능력 ▷ 높은 생산관리 능력	약점(Weakness) ▷ 저가 정책 고수 ▷ 원료 수급 대외 의존성 높음 ▷ 거래고객 변동 거의 없음
기회(Opportunity) ▷ 신 시장의 부각 ▷ 유사 제품의 다각화 ▷ 고객 수요층 확대	SO 전략 ■ 친환경 OO제품 군 개발 ■ 신규 OO제품 시장 창출 ■ 생산성 극대화	WO 전략 ■ 고부가가치 제품 개발 ■ 원료공급업체와의 장기계약 ■ 원료 구매 수직계열화 ■ 새로운 고객의 정의
위협(Threat) ▷ 국내 수요 한계 ▷ 경기 침체기 진입 ▷ 환율 하락 ▷ 중국 및 동남아 저가 제품 유입	ST 전략 ■ 고부가가치 제품 군 해외개척 ■ 원료 국산화 기술투자	WT 전략 ■ 기존 제품 군 중국 이전 ■ 중국/동남아 기업에 기술이전

[전체 전략]

원료확보 용이성

원가절감

[그림 SW-3]에서 'SWOT 분석'을 통해 최종적으로 나아갈 전략적 방향인

‘원료 확보 용이성’과 ‘원가 절감’이 결정되었다. 세부적인 활동 계획은 별도로 존재하는 것으로 가정한다. ‘SWOT 분석’은 ‘전체 전략’이 마련된 이후의 과정도 매우 중요하다. 각 전략이 과제로 전개될 수도 있고, 미래 지향적인 활동이면 치밀한 사전 조사가 이루어질 수도 있다. 이에 대해선 각자의 상황과 판단에 맡기고 별도의 설명은 생략한다.

2.2.14. 윈도우 분석(Window Analysis)

‘Window Analysis’는 ‘정성적 분석’법 중 하나로「Be the Solver_프로세스 개선 방법론」편에선 ‘Step-8.1. 가설 검정’에서,「Be the Solver_제품(또는 프로세스) 설계 방법론」편에선 ‘Step-9.2. 설계 요소 분석’에서 주로 쓰인다. 후자의 경우는 ‘제품 설계’보다 아무래도 ‘프로세스 설계’ 쪽의 사용 빈도가 높다. 이 도구는「Be the Solver_프로세스 개선 방법론」편에 잘 정리돼 있어 이를 일부 편집해 옮겨놓았다. ‘윈도우 분석(Window Analysis)’의 탄생 배경은 다음과 같다.

· (CEDAC System From Dr. Ryuji Fukuda, Productivity Press) ‘Window Analysis’는 일본의 가장 크고 오래된 대학 중 하나인 고베 대학(Kobe University)의 루지 후쿠다 (Ryuji Fukuda) 교수가 스미토모 전자(Sumitomo Electric)의 의뢰를 받고 개발한 CEDAC (Cause & Effect Diagram with the Addition of Cards) 중 현재의 상황과 문제를 파악하는 데 사용되는 도구이다. 후쿠다 박사는 약 20여 년간 스미토모의 품질 관련 부문에서 일을 해왔던 것으로 알려져 있으며, 1970년대 중반 당시 세계 시장으로 진출하기 위해 해외 공장을 설립하기 시작했던 스미토모는 이때 누군가, 언제, 어디서든 균일한 품질을 유지하기 위한 SOP(Standard Operating Procedure)를 필요로 한 것이 계기가 되었다. 의뢰를 받은 후쿠다 박사는 현장의 문제를 이용 매달 연구 그룹을 운영하며 CEDAC을 탄생시켰고, 1976년부터 1979년 사이 약 3년간 350개의 CEDAC 프로젝트를 40개의 플랜트에서 3개월간 수행하여 결점률을 60% 이상 감소시키는 효과를 거두었다. 이것이 계기가 되어 1978년 관련 논문이 ‘Nikai Award’를 수상하는 계기가 되었다.

'CEDAC'의 전체 흐름도는 [그림 WA-1]과 같으며, '가설 검정'에서는 주로 오른쪽 상단의 "현재의 상황/환경은 어떠한가?"에 대한 '윈도우 분석 (Window Analysis)'만을 수행한다. '대안의 실행' 이후는 'Improve/Control Phase'와 유사하다.

[그림 WA-1] 'CEDAC' 내 'Window Analysis' 위치

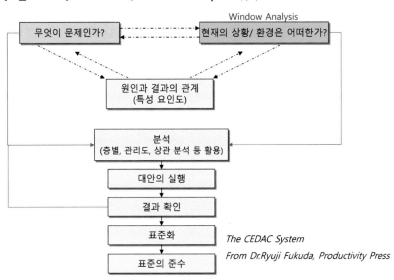

'윈도우 분석(Window Analysis)'을 통해 현 '표준'이나 '업무 절차'상 문제가 인지되면, 이어 '특성 요인도' 또는 'QC 7가지 도구'를 통해 원인을 세분화한 뒤, '대안'과 '표준화(개선)'의 수순을 밟게 되며, 이 전체가 '세닥 (CEDAC)'으로 명명된다. '윈도우 분석'은 이들 중 일부로서 문제 해결 분야에서는 'SOP'에 대한 검정용으로 사용된다. [표 WA-1]은 '윈도우 분석'의 기본 양식이다.

[표 WA-1] '윈도우 분석(Window Analysis)'용 기본 양식

X Y		Known		Unknown
		Practiced	Unpracticed	
Known	Practiced			
	Unpracticed			
Unknown				

여기서 'X'와 'Y'는 다음과 같은 기준을 통해 설정된다.

> · 문제의 영역이 광범위하거나 서로 다른 기능 간 관련이 있는 경우 'X'는 '문제 해결자'의 쪽에, 'Y'는 '그 상대' 쪽으로 설정.

[예]

X	제조 부서	고객 플라자	설계 부서	구매 부서
Y	판매(영업) 부서	방문 고객	제조 부서	공급 업체

> · 문제의 영역이 같은 기능 조직 내에 있는 경우 상위자를 'X' 쪽에, 하위자를 'Y' 쪽에 설정.

[예]

X	부장	사업부장	IT 팀장	감사팀
Y	과장	리더	프로그래머	경리팀

또, 기본 양식 내 용어를 설명하면 다음과 같다.

- **Known**   결점을 방지하기 위한 올바른 절차가 수립되어 있고, 모든 관계자가 숙지하고 있음.
- **Unknown**   결점을 방지하기 위한 올바른 절차가 수립되어 있지 않음.
- **Practiced**   절차가 언제나 100% 지켜지고 있음.
- **Unpracticed**   절차가 항상 지켜지는 것은 아님(준수도 0~100 미만).

분석 유형과 결과에 대한 조치는 [그림 WA‑2]와 같다.

[그림 WA‑2] '윈도우 분석(Window Analysis)' 유형과 조치

[상황 분석]   [해석]   [개선 방향]

Category B

결점이 나오지 않도록 하는 올바른 절차가 확립되어 있으나, 그것을 올바로 수행하지 않는 사람이 있다. 고질적 문제로 다음 3가지 유형이 있다.

표준 준수

Human Error 방지, Skill 개선, 방법에 대한 학습, 시간/인력/예산 지원

- 상황1 ;올바른 방법이 알려져 있지만, 절차를 준수하지 않아 나타나는 부주의한 실수가 존재.
- 상황2 ;올바른 방법이 알려져 있지만, 숙련되지 않거나 지식을 활용할 수 없는 사람이 존재.
      따라서, 그 절차를 적절하게 준수해내지 못함.
- 상황3 ;올바른 방법이 알려져 있지만, 올바른 절차 수행에 제약이 될 시간이나 인력 또는 예산
      등이 부족.

Category C

결점이 나오지 않도록 하는 방법이 확립되어 있으나 두 대상 중 정보를 받아야 하는 쪽이 그 절차를 모르고 있다. 정보 전달의 문제이며, 대부분의 문제 있는 작업의 결과가 이 같은 방법으로 태동한다.

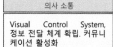

의사 소통

Visual Control System, 정보 전달 체계 확립. 커뮤니케이션 활성화

Category D

결점이 나오지 않도록 하는 방법이 확립돼있지 않으며, 결점을 야기하는 기술적인 문제가 발생해도 아무도 문제 해결을 위한 방법을 모르고 있다. 사무 환경에서는 효율적인 운영 규칙이 없는 경우가 해당 되며, 표준화 문제로 귀결된다.

표준화

표준화 작업 수행, 문제 근원을 모를 때 과제 수행

'X'와 'Y'에 대한 정보를 각 셀에 '●'으로 표기함으로써, 현 상황에 대한 '해석'과 '개선 방향'을 가늠해볼 수 있다. 단계별 작성 방법에 대해선 다음 두 개의 활용 예를 통해 대체하고자 한다(*출처: CEDAC by Dr. Ryuji Fukuda*).

① **모터 고장 사례:** 고객에게 인도된 모터의 전원선 표피가 일주일이 지난 후 녹아내리는 바람에 작동이 멈추었다는 불만이 접수되었다. 이 모터는 멈춤 없이 24시간 가동되는 설비에 부착되었음이 알려졌다. 모터 설계 단계에 전기 엔지니어와 기계 엔지니어가 함께 제작에 참여하였다. 전기 엔지니어는 24시간 가동될 경우 대용량의 전선이 모터를 위해 적정하다는 것을 알고 있었지만 이 내용을 도면의 규격 기술 칸에 표기해놓지 않았다. 기계 엔지니어는 전선의 규격과 모터의 용도 간 상관성에 대해 사전 지식이 있었으나 도면에서 이를 파악하지 못한 채 전선을 대용량이 아닌 일반용으로 장착하였다. 이때 '윈도우 분석'은 다음 [표 WA‒2]와 같다.

[표 WA‒2] '윈도우 분석(Window Analysis)' 작성 예

X Y		Known		Unknown
		Practiced	Unpracticed	
Known	Practiced			
	Unpracticed		●	
Unknown				

▷ X: 전기 엔지니어 → 기계 엔지니어가 큰 용량에 적합한 전력선을 사용하도록 도면 해당 칸에 표기 해놓아야 함을 알았으나 실행되지 않았으므로 'Known‒Unpracticed'

▷ Y: 기계 엔지니어 → 전력선 용량과 모터 용도의 상관성에 관한 사전 지식이 있었으나 도면을 통해 전기 엔지니어와의 의견 교환에 실패했으므로 'Known‒Unpracticed'

② **고객 대응 미숙 사례**: 호텔에서 세 개의 세미나가 동시에 개최되며, 한 단체의 정기적인 행사이다. 휴식은 두 번 있으며, 오전 10시와 오후 3시부터 각각 20분간 로비에서 커피와 도넛이 제공된다. 기획 안대로 운영되었는지를 확인하기 위해 조사하는 과정에서 운영 매니저가 강사 중의 일부에게 휴식 시간 정보를 제공하지 않았다. 그 결과 강의에 참석했던 참가자들에게 휴식 시간과 다과가 계획대로 제공되지 못하고 있음을 확인하였다. 이때 '윈도우 분석'은 다음 [표 WA - 3]과 같다.

[표 WA - 3] '윈도우 분석(Window Analysis)' 작성 예

X	Y	Known		Unknown
		Practiced	Unpracticed	
Known	Practiced			
	Unpracticed			
Unknown			●	

▷ X: 강사 → 휴식 시간에 대한 사전 정보를 얻지 못해 스스로 적정한 시간을 배정하게 되었으며, 참가자들에게 다과를 제공하는 데 실패함. 따라서 'Unknown - Unpracticed'
▷ Y: 운영 매니저 → 휴식 시간과 다과 제공에 대한 계획을 알고 있었으나 강사 중 일부에게 전달하는 데 실패하였으므로 'Known - Unpracticed'

이들에 대한 '개선 방향'은 [그림 WA - 2]를 참고해서 상황에 맞게 설정하도록 한다.

Ⅱ

전개형 도구

일의 처리 순서 또는 규모의 대소를 구분하고 그 연계성을 파악하기 위해 상단에서 하단으로 또는 그 반대의 세분화를 거치는 도구들을 '전개형'이라 총칭한다. 본 단원에선 그들의 종류와 용법에 대해 학습한다.

1. 전개형 도구 개요

　　　　　　　　　'**전개형**'은 한 점에서 시작된 세분화가 하위 개념으로 분할, 뻗어 나가며 전개되는 유형이다. 이 역시 '가지 유형'과 '그림 유형' 두 가지로 구분되며, 개요도는 다음 [그림 B-1]과 같다.

[그림 B-1] 전개형 도구

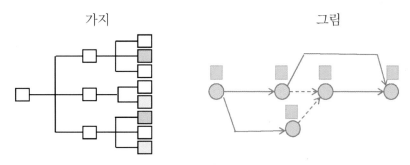

가지　　　　　　　　　　　　　　　　　그림

　　'**가지 유형**'은 대상 하나가 여러 개로 분화돼 표현되는 방식이며, '인과관계'나 최초 대상의 '세분화'에 유용하다. 정성적 도구에선 너무도 많이 접하는 유형으로 대표적인 도구에 '특성 요인도(Ishikawa Diagram)'와 '수형도(Tree Diagram)' 등이 있다. '**그림 유형**'은 '인과관계'나 '세분화'라기보다, '흐름' 또는 '분류'의 방식을 모은 것으로 '화살선도(Arrow Diagram)'나 '3C 분석 (3Cs Model)' 등이 대표적이다. 문제 해결 시 이 두 유형에 속할 기존 '정성적 도구'들을 모두 모아보면 다음 [표 B-1]과 같다(한글명 생략).

[표 B-1] '전개형' 도구들의 예

전개형	정성적 도구	연관 세부 로드맵	설명위치
가지 유형	CRT(Current Reality Tree)	(IC)Step-8.1, (DV)Step-9.2	2.1.1
	FAST(Function Analysis Systems Technique)	(DV)Step-7.1	2.1.2
	Ishikawa Diagram	(IC)Step-6.3, (DV)Step-9.1	2.1.3
	Mind Map	(IC)Step-11.1, (DV)Step-7.3	2.1.4
	PDPC(Process Decision Program Chart)	(IC)Step-11.1	2.1.5
	Tree Diagram	(IC)Step-6.3, Step-8.1 (DV)Step-9.1	2.1.6
	Why-Because Analysis	(IC)Step-6..3 Step-8.1	2.1.7
그림 유형	Affinity Diagram	(DV)Step-5.5	2.2.1
	Arrow Diagram	(IC)Step-2.6, (DV)Step-2.6	2.2.2
	Check Sheet	(IC)Step-8.1, 13.3 (DV)Step-13.3	2.2.3
	Porter Five Forces Analysis	(IC)Step-1.1, 8.1 (DV)Step-1.1	2.2.4
	Relations Diagram	(IC)Step-8.1	2.2.5
	Three Cs Model(3Cs Model)	(IC)(DV)Step-1.1	2.2.6
	Value Chain	(IC)Step-1.1, 8.1 (DV)Step-1.1	2.2.7

2. 전개형 도구의 활용

‘X – Y 좌표형 도구 개요’ 초두에 밝혔던 바와 같이 [표 B – 1]에 나열된 ‘정성적 도구’들 외에 훨씬 더 많은 유형들이 존재할 수 있으나 20여 년 넘는 기간 동안 마주쳤던 도구들에만 한정하고자 한다. 따라서 여기에 포함되지 않은 도구들은 문제 해결 분야에서 사용 빈도가 매우 낮거나 아니면 쓰임새가 없었던 것으로 간주해도 좋으며, 따라서 이들 도구에 대해서는 별도의 출처를 활용하기 바란다. 이제부터 ‘가지 유형’과 ‘그림 유형’의 자세한 용법에 대해 알아보자.

2.1. 가지 유형

‘전개형 도구’ 중 ‘가지 유형’의 특징을 다시 요약하면 다음과 같다. 이것은 ‘가지 유형’의 ‘정의(Definition)’로도 쓰일 것이며, 여기서 설명되지 않은 도구들 중 본 ‘정의’에 부합하면 동일한 범주로 간주한다.

· 한 점에서 분화되거나 또는 분화된 내용들이 한 점으로 모임.
· 앞뒤 간 ‘인과관계’ 또는 ‘상관관계’나 ‘전후관계’로 연결됨.

2.1.1. 현재 상황 나무(CRT, Current Reality Tree)

'CRT(Current Reality Tree)'는 '40 – 세부 로드맵' 중 'Step – 8.1. 가설 검정'이나, '50 – 세부 로드맵(주로 프로세스 설계)' 중 'Step – 9.2. 설계 요소 분석'에서 쓰이는 정성적 도구들 중 하나이다. 그런데 '문제 해결'을 위한 접근법이 '로드맵'이며, 도구들은 '로드맵'의 필요한 위치에 배치된 구조로 설명한 바 있다. 이때 '필요한 위치'에 붙을 수 있는 '도구'들이란 임기응변으로 탄생했다기보다 과거 수많은 선각자들이 개발한 것들 중 적합한 유형들을 가져다 활용한다는 의미이다. 'CRT'도 예외는 아닌데 이를 이해하기 위해선 '제약 이론(Theory of Constraints)'의 배경을 필요로 한다. 바로 '제약 이론'에서 쓰이는 도구들 중 하나를 '정성적 분석'의 용도로 가져다 쓴 것이기 때문이다.

> · **제약 이론(TOC)** (네이버 백과사전) Goldratt 박사가 개발한 생산 스케줄링 소프트웨어 OPT(Optimized Production Technology)에서 출발한 경영 과학의 체계적 이론이다. 이 이론은 생산 스케줄링 외에 성과 측정을 위한 회계 이론과 정책 분석·수립을 위한 **사고 프로세스(Thinking Process)**가 포함된다...(중략). TOC의 기본 원리는 집중 개선 프로세스(Focusing Improvement Process)라 불리는 시스템 사고이다. TOC의 기본 전제는 "기업의 목표(Goal)가 무엇인가?"라는 평범한 질문에서 시작한다. 기업 스스로 그 존재 이유를 명확히 함으로써 보다 현실을 직시할 수 있는 안목을 향상시키려 하는 것이다. 그리고 기업의 존재 이유는 **"돈을 버는 것**이다"라고 정의를 내리고 있다. 물론 돈을 단순히 목표라는 말로 바꾸어도 된다. 돈을 많이 벌기 위해서는 기업의 성과(Output)를 늘려야 한다. TOC는 바로 이 성과를 향상시키기 위한 방법을 찾아내는 것이다. 즉, ...(중략)...

'제약 이론(TOC)'은 이스라엘 물리학자 앨리 골드렛(Eliyahu M. Goldratt)이 제창했으며, 이 이론을 적용한 생산 스케줄링 방법과 실현 프로그램(OPT)

을 직접 개발한 뒤, 이들을 소개할 목적으로 1984년 'The Goal'을 출간한 데서 비롯된다. 그 후 3년 뒤인 '87년에 AGI(Avraham Y Goldratt Institute)를 설립해 '제약 이론'의 보급과 교육에 힘쓴 결과 전 세계적으로 널리 퍼지는 계기가 되었다. 그런데 재미있는 것은 마이클 해리('위키백과'엔 86년 모토로라 엔지니어인 Bill Smith로 되어 있음)에 의한 6시그마 탄생이 '84년도이며, 둘(제약 이론과 6시그마) 다가 기업의 이윤을 극대화한다는 것, 또 당시 미국 기업들이 일본 제품에 밀려 고전을 면치 못하는 상황에서 제조업에 혁신을 불러일으켰다는 공통점을 갖고 있다. 책 'The Goal'의 비법 전수로 무역 분쟁을 우려한 저자의 요청 때문에 당시 일본에서 출판되지 못하고 2001년에 들어서야 출간된 것만 봐도 미국 기업들의 상황을 짐작할 수 있는 대목이다. 국내는 '99년 말에 『제약 경영』(정남기 저)'이 출판되면서 '제약 이론(TOC)' 전반에 대해 알려지기 시작했는데, 이 시기는 6시그마가 국내에서 막 확산일로에 있던 시점이며, 당시를 회고해보면 6시그마를 대체할 새로운 이론이 대두됐다는 이야기도 나돌 정도였다. 여러모로 6시그마와 비교되고 한편으로 경쟁하는 이력을 갖고 있다.

다시 'CRT'로 돌아와서 이 도구는 'Thinking Process(사고 프로세스)'에 포함된 5가지 문제 해결 도구 중 하나다. 'Thanking Process'란 '제약 이론'에서 제시하는 문제 해결 과정을 나타내며, 기본적인 흐름은 '개선하려는 게 무엇인가?(What to change?)' → '어떤 모습으로 개선하려 하는가?(What to change to?)' → '개선을 어떤 방식으로 추진하려는가?(How to cause the change?)'로 전개된다. 이 과정 중에 5개의 도구들이 순서 있게 활용되도록 설정돼 있다. 다음 [그림 CR-1]은 'Thinking Process'의 개요도를 나타낸다.[40]

---

40) http://blog.naver.com/ssambbag_72

[그림 CR-1] 'Thinking Process' 개요도

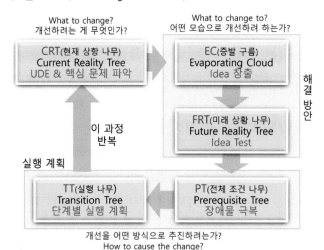

각 프로세스에 대해 부연하면 다음과 같다.

[표 CR-1] 'Thinking Process' 단계별 활동 요약

단계	사용 도구	설명
What to change?	CRT	어디에 제약 요인이 있는지, 즉 무엇이 핵심 문제인가를 찾는 단계. 현실에서 관찰된 UDE로 시작하여, If~Then 형태의 핵심 문제를 찾아냄.
What to change to?	EC, FRT	발견한 현재의 핵심 문제를 극복할 수 있는 방법과 개선 후의 이상적인 모습을 찾아냄.
How to cause the change?	PT, TT	현 상황을 이상적 상황으로 이끌어내기 위해서는 여러 장애물이 있으며(변화를 싫어하는 성향) 이를 극복하기 위해 변화에 대한 공감대를 형성한 뒤 활동에 적극적으로 참여할 수 있도록 유도함.

지금까지 내용을 종합 정리하면 다음과 같이 요약할 수 있다.

> · **제약 이론(TOC)** 성과를 목적으로 프로세스 내 제약(또는 병목)을 찾아 개선하는 방법론. 이를 위해 단계별 절차인 Thinking Process가 필요하다.
>
> · **Thinking Process** CRT(Current Reality Tree)를 이용하여 핵심 문제(Core Problem)를 찾고, EC(Evaporating Cloud)에 의해 핵심 문제와 그에 반대되는 긍정적 영향의 요소들을 찾아내 이를 FRT(Future Reality Tree)로부터 이상적인 미래 상태의 목표를 설정한다. 그리고 이 미래의 목표로 가기 위한 여러 가지 해결 방안을 PT(Prerequisite Tree)와 TT(Transition Tree)로 찾아낸다.

'제약 이론(TOC)'과 그를 실현할 'TP(Thinking Process)'에 대해서는 이 정도에서 정리한다. 좀 더 관심 있는 독자는 관련 자료를 참고하기 바란다. 이제 '가설 검정'의 '정성적 분석'으로 활용되는 'CRT' 용법에 대해 알아보자.

문제 해결을 위한 '로드맵' 자체엔 '도구(Tools)'들이 존재하지 않는다. 따라서 필요한 시점에 필요한 '도구'가 요구된다면 그 출처와 태생에 관계없이 가져다 쓰면 그만이다. 사실 본문의 'CRT'도 이런 관점에서 '제약 이론'과 연계시키기보다 그 쓰임의 적절성에 따라 응용되었다고 볼 수 있다.[41] 문제 해결 과정을 관찰하다 보면 개선하고 싶은 대상(Y)에 영향을 미치는 요소들(Xs)이 '온도'나 '압력'처럼 '제어 인자'도 있지만 '제품 유형이 단조롭다', '담당자들이 주의를 기울이지 않는다', '처리 기일이 촉박하다'와 같이 상황 논리로 그 영향 요소를 대체하는 경우도 있다. 또 상황 논리들은 독립적으로 존재하기보다 그들 간 서로 얽히고 섞인 경우가 대부분이므로 이들 관계를 잘 규명해서 가장 바닥에 위치한 '원인 상황(Vital Few Xs)'을 규명해낼 필요가 있다. 이때 'CRT'가 그 해법을 제시한다. 다음은 '40-세부 로드맵'의 'Step-8.1'에서 전개되는 '가설 검정' 작성 과정을 설명한 것이다. 원활한 전개를 위해 간단한 사례를 참고하였다.[42]

---

41) '제약 이론' 창시자 Goldratt(EM 1994, It's Not Luck, The North River Press)에 따르면 6개 도구들은 함께할 수도 또는 독립적으로 사용될 수도 있다고 언급한 바 있다.

① 무엇을 개선할 것인지 결정한다(What to change?).

특정 분야를 연구하는 Lab이 있다고 가정하자. 이 Lab은 장기간 리더십에 대한 문제가 거론돼 왔으며, 미래의 발전과 연구 성과를 극대화하기 위해 '리더십 향상'을 목표로 조직 내 원인 규명에 나서기로 결정하였다(고 가정한다). 이 경우 과제의 'Y'는 '리더십 수준'쯤 될 것이다.

② 'UDE'를 식별(또는 발굴)한다.

'UDE(Undesirable Effects)'는 '리더십'에 부정적으로 작용하는 내용들을 서술 식으로 표기한 집합체이다. 따라서 발굴을 위해 구성원들이 모두 참여해야 하며, 이후 선별과 CRT 작성까지 계속해서 관여하는 게 바람직하다. 다음은 발굴된 'UDE' 예들이다.

[표 CR - 2] 발굴된 'UDE' 예

No.	UDE(Undesirable Effects)
UDE 1	계약 건수가 줄고 있다.
UDE 2	Lab에 종사하고 있는 직원들의 사기가 떨어지고 있다.
UDE 3	관리자 역할이 모호하다.
UDE 4	직원들은 주어진 역할, 임금, 성과인정이 공평한지에 의구심을 갖고 있다.
UDE 5	직원들은 AITRO(연구회 연합) 인증노력을 통한 성공에 의구심을 갖고 있다.
UDE 6	내부에서 조직된 팀들 간 협력이 충분치 않다.
UDE 7	Lab의 대외적 명성이 급격히 추락하고 있다.
UDE 8	부서 간 이기주의가 팽배하다.
UDE 9	직원들은 인증절차에 참여를 꺼린다.
UDE 10	간부회의는 적대적이고 생산적이지 못한 양상이다.
UDE 11	직원들의 성과에 대한 기대치에 시각 차이가 존재한다.
UDE 12	직원들은 조직의 목표보다 자기 이익에 근거해 판단한다.
UDE 13	직원들은 어떤 결정이 조직에 유익한지를 알지 못한다.
UDE 14	인증노력을 촉진시킬 만한 리더십이 결여돼 있다.
UDE 15	자질 높은 직원들이 Lab을 떠나고 있다.
UDE 16	직원들은 불안과 욕구불만에 차 있다.

42) www.usq.edu.au, a Case Study of EURIPA Labs_Kwangseek Choe & Susan Herman 내용을 참조하였음.

UDE 17	직원들의 선택이 때론 조직의 목표와 상반되는 경우도 있다.
UDE 18	연구팀의 책임과 성과를 모니터하기 어렵다.
UDE 19	연구과제에 대한 자원할당이 비효율적이다.
UDE 20	부서 간 대화와 정보교환이 충분치 않다.

발굴된 'UDE'들이 너무 많거나 중복 또는 불필요한 항목 제거 등의 필요성이 있으면 선별 절차를 거친다. [표 CR-2]는 최종 선정된 'UDE'로 간주한다.

③ 'UDE'들 간 '인과관계'를 규명한다.

'CRT(Current Reality Tree)' 작성을 위한 사전 단계이다. 발굴된 'UDE'들 간 '인과관계'는 'If~Then Logic'을 사용하는데, 예를 들어 'UDE 16'과 'UDE 2'의 관계를 보면, '만일(If) (UDE 16)직원들이 불안과 욕구 불만에 차 있다면, 그땐(Then) (UDE 2)Lab에 있는 직원들의 사기가 떨어지게 된다'가 되는 식이다. 다음은 [표 CR-2]의 'UDE'들을 'If~Then Logic'으로 정리한 예이다.

[표 CR-3] 발굴된 'UDE'들의 'If~Then Logic' 예

If	Then
(UDE 11)직원들의 성과에 대한 기대치에 시각 차이가 존재한다.	(UDE 13)직원들은 어떤 결정이 조직에 유익한지를 알지 못한다.
(UDE 13)직원들은 어떤 결정이 조직에 유익한지를 알지 못한다. and (UDE 3)관리자 역할이 모호하다. and (UDE 4)직원들은 주어진 역할, 임금, 성과인정이 공평한지에 의구심을 갖고 있다.	(UDE 16)직원들은 불안과 욕구불만에 차 있다.
(UDE 16)직원들은 불안과 욕구불만에 차 있다.	(UDE 2)Lab에 종사하고 있는 직원들의 사기가 떨어지고 있다.
(UDE 2)Lab에 종사하고 있는 직원들의 사기가 떨어지고 있다. and (UDE 16)직원들은 불안과 욕구불만에 차 있다.	(UDE 15)자질 높은 직원들이 Lab을 떠나고 있다.
(UDE 15)자질 높은 직원들이 Lab을 떠나고 있다. and (UDE 9)직원들은 인증절차에 참여를 꺼린다. and (UDE 10)간부회의는 적대적이고 생산적이지 못한 양상이다.	(UDE 5)직원들은 AITRO(연구회 연합) 인증 노력을 통한 성공에 의구심을 갖고 있다.
(UDE 14)인증노력을 촉진시킬 만한 리더십이 결여돼 있다.	

쉽게 작성하는 방법은 직접 해보면서 스스로 체득하는 게 좋다. 다만 '인과관계'를 따져 트리로 표현해야 하므로 [표 CR-3]의 첫 줄 'Then'에 있는 'UDE 13'을 그다음 줄 'If'에 넣고 전개하면 향후 트리 작성 때 유익하다. 또, 두 개 이상의 'UDE'가 합쳐져 영향을 줄 수 있으므로 이에 대해서도 함께 고려한다. 맨 끝의 'UDE 14'는 '리더십 이슈'와 관계는 있지만 마땅히 연결시킬 'UDE'가 없어 독립적으로 배치하였다. 나머지 'UDE'들은 '조직 구조 이슈'와 '성과 측정 이슈'와 관계되는 것으로 판단해 대상에서 제외하였다(고 가정한다).

④ CRT(Current Reality Tree)를 그린다.

앞서 작성된 [표 CR-3]을 토대로 CRT를 그린다. [그림 CR-2]는 작성 예이며, 그림 내 '타원 묶음'들은 복수의 원인이 동시에 작용함([표 CR-3]의 'and'들)을 나타낸 것이다.

⑤ 필요 시 새로운 'UDE'를 추가한다.

'인과관계'를 설명하기 위해 새로운 'UDE'가 필요하거나 논리적 비약이 있는 경우 'UDE'를 생성해서 연결시킨다. [그림 CR-2]의 예에서, '(UDE 13)직원들은 어떤 결정이 조직에 유익한지를 알지 못한다'의 원인으로 '(UDE 11)직원들의 성과에 대한 기대치에 시각 차이가 존재한다'뿐만 아니라 '(UDE_생성)직원들은 조직의 임무/목표/목적하는 바를 이해하지 못한다'가 있어야 한다고 판단했다면 이 경우가 새롭게 추가된 예이다.

[그림 CR-2] 'CRT' 작성 예

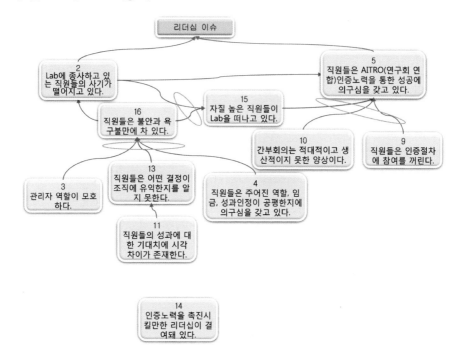

또, 논리적 비약에 있어 '(UDE 14)인증노력을 촉진시킬 만한 리더십이 결여돼 있다'가 바로 위에 있는 다른 'UDE'들과 연결시킬 경우 '인과관계' 설명에 무리가 따르는 반면, 만일 '(UDE_생성)이사인 해롤드는 부하 직원에게 권한을 부여하지 않는다'와 다시 '(UDE_생성)직원들은 해롤드가 근거 없이 책임을 묻는다고 생각한다'를 추가함으로써 하나의 연결고리를 형성시킬 수 있다. 이 같은 고려를 통해 탄생한 'UDE'는 총 7개로 [그림 CR-3]에서 'UDE 21~UDE 27'에 각각 대응한다(사각형을 분홍색으로 달리 표현하였다).

[그림 CR - 3] UDE를 추가 생성한 후 CRT를 재작성한 예

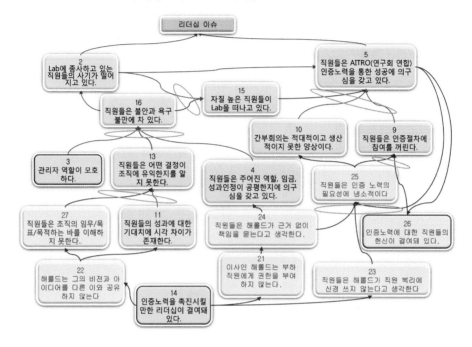

⑥ '근본 원인(Root Cause)'에 해당하는 'UDE'를 찾는다.

도구 'CRT'를 '가설 검정'에서 사용하는 이유는 '근본 원인'을 찾는 데 있다. '문제 해결 분야'에선 이를 '핵심 인자(Vital Few Xs)'라 칭한다. '근본 원인'은 그 말뜻에서 드러나듯 프로세스 표면으로부터 문제를 파헤치고 파헤쳐서 깊이 있게 조사해봐야 나타나는 현상이다. 따라서 [그림 CR - 3]의 가장 바닥에 위치하면서 상단의 '리더십 이슈'와 가장 멀리 떨어진 'UDE'가 용의선상에 올라야 한다(물론 반드시 그런 것은 아니므로 상황을 보고 판단한다). 가장 바닥에 위치한 'UDE'를 나타내면 다음 [표 CR - 4]와 같다.

핵심 문제(Core Problem)/근본 원인(Root Cause)/Vital Few X	
UDE 3	관리자 역할이 모호하다.
UDE 14	인증 노력을 촉진시킬 만한 리더십이 결여돼 있다.
UDE 26	인증 노력에 대한 직원들의 헌신이 결여돼 있다.

　　일부 기업 교재에선 '핵심 인자(Vital Few Xs)'를 구별해내기 위해 [표 CR-4]의 'UDE'를 대상으로 가장 상단까지 이르는 총 화살표 수를 세어 '파레토 차트'를 작성하고, 그로부터 상위 80%의 것들을 선별하기도 한다.

　　'제약 이론(TOC)'에서는 해결책을 찾기 위해 [그림 CR-1]의 'EC', 'FRT'로 이어지지만, '문제 해결'에서는 [표 CR-4]의 '핵심 문제(또는 Vital Few Xs)'들을 Improve Phase로 넘겨 최적화를 위한 '아이디어 도출'에 활용한다.

2.1.2. 기능 분석 계통도(FAST, Function Analysis Systems Technique)

　　'FAST(Function Analysis Systems Technique)'는 「Be the Solver_제품(또는) 프로세스 설계 방법론」편 중 Analyze Phase의 'Step-7.1. 기능 분석'에서 쓰이는 도구이다. 탄생 배경과 용법 등은 설명한 출처에서 상세히 다루고 있다. 다음은 탄생 배경의 요약이다.

> · (「Be the Solver_제품 설계 방법론」편) 1965년 Sperry Rand Corporation의 UNIVAC 사업부에 있던 Mr. Charles W. Bytheway에 의해 제5회 SAVE[43] 전국 대회에서 소개되었다. 제품이 있으면 그를 구성하는 부품들은 어느 기능(역할)을 담당하도록 설계되었을 것이다. 이때 제품의 실제 '주 기능'만을 가만히 따져보면 그 외의 것들은 제거하거나 저렴한 재료로 대체하더라도 '주 기능'을 수행하는 데는 별로 영향을 미치지 않음을 발견하고 궁극적으로 엄청난 원가 절감의 기회를 얻을 수 있다는 게 핵심 요지다. 이것이 바로 '가치 공학(VE, Value Engineering)'으로, 이를 실현할 기능 분석의 한 도구로 1965년에 소개(개발은 1964년도)된 것이 'FAST'다.

(최초 문헌_1) C. W. Bytheway, "Basic Function Determination Technique", SAVE PROCEEDINGS 1965 FIFTH NATIONAL CONFERENCE, Vol Ⅱ, p.21~23.

'FAST'는 그 자체로도 '기능'을 분석하고 체계화하는 데 독립적으로 쓰이지만, 문제를 해결할 하나의 방법론으로 구체화되었는데(마치 문제 해결 로드맵처럼) 이를 'Value Engineering Methodology'라 하며, SAVE(the Society of American Value Engineers)에선 'Value Methodology Standard'로 규격화하고 있다. 사실 'FAST'는 이 표준 방법론의 일부이므로 전체 숲을 본 뒤 본론으로 들어가는 게 학습에 도움 된다. 내용을 옮기면 [표 FA-1]과 같다(번역에 혼선이 없도록 영문 내용을 괄호 안에 그대로 옮겨놓았다).

표에서 제품이나 서비스의 '기능'을 찾아 규명한 뒤, 원가(또는 비용) 분석을 통해 최적의 상태로 만들어가는 과정을 '사전 연구(Pre Study) - 가치 연구(Value Study) - 사후 연구(Post Study)'로 구분하고 있으며, 또 그 하부 단계들로 세분화돼 있음도 알 수 있다. 이 방법론의 전체 로드맵 중 '가치 연구(Value Study)' 내 '기능 분석 단계(Function Analysis Phase)'가 관심사이며, 그들 중 '기능 모델화(Function Models)'가 현재 논하고자 하는 대상이다 ([표 FA-1] 내 빨간색 글씨로 표현된 부분). 따라서 이외 항목들에 대해선 설명을 생략한다. 추가 정보가 필요한 리더들은 다음의 문헌 또는 그에 실린 자료(References)들을 참고하기 바란다.

---

43) SAVE(1954년도에 설립된 미국가치전문가협회의 영어명. VE(Value Engineering)는 제품의 불필요한 기능을 찾아내 제거함으로써 원가를 줄이는 방법으로 GE사에서 1947년에 Lawrence D. (Larry)Miles에 의해 개발되었으며, 이후 SAVE에 의해서 원가절감 전국대회가 개최되었다. FAST는 이 대회 기간인 1965년에 소개되었다.

• (문헌_2) Function Analysis and Decomposition using Function Analysis Systems
Technique. James R. Wixson, CVS, CMfgE.
Lockheed-Martin Idaho Technologies Company, Inc. P.O.Box 1625
Idaho Falls, ID 83415-3634.

[표 FA-1] 'Value Methodology Standard' by SAVE

단계	세부 단계
Pre Study (사전 연구)	☐ 사용자/고객 의향(User/Customer Attitudes) ☐ 완비된 자료 파일(Complete Data File) ☐ 평가 요소들(Evaluation Factors) ☐ 연구 범위(Study Scope) ☐ 데이터 모델(Data Models)

Value Study
(가치 연구)
	☐ 정보화 단계(Information Phase)
	  ☞ 자료 수집 마무리(Complete Data Package)
	  ☞ 범위 결정(Finalize Scope)
	
	☐ 기능 분석 단계(Function Analysis Phase)
	  ☞ 기능들을 식별(Identify Functions)
	  ☞ 기능들을 분류(Classify Functions)
	  ☞ 기능 모델화(기능 다이어그램화: Function Models)
	  ☞ 기능의 가치 입증(Establish Value Worth)
	  ☞ 기능을 실현하는 데 드는 원가 견적(Cost Functions)
	  ☞ 가치 지수 산정(Establish Value Index)
	  ☞ 연구에 부합된 기능들 선택(Select Functions for Study)
	
	☐ 창조화 단계(Creative Phase)
	  ☞ 기능들을 실현할 대안들의 창출(Create Quantity of Ideas by Functions)
	
	☐ 평가 단계(Evaluation Phase)
	  ☞ 대안들의 우선순위화(Rank & Rate Alternative Ideas)
	  ☞ 개발에 필요한 아이디어들의 선택(Select Ideas for Development)
	
	☐ 개발 단계(Development Phase)
	  ☞ 이익 분석(Benefit Analysis)
	  ☞ 기술 자료 종합(Technical Data Package)
	  ☞ 실행 계획(Implementation Plan)
	  ☞ 최종 안(案)(Final Proposals)
	
	☐ 발표 단계
	  ☞ 구두 발표(Oral Presentation)
	  ☞ 문서 보고(Written Report)
	  ☞ 실행을 위한 승인(Obtain Commitments for Implementation)

Post Study (사후 연구)	☐ 변경 사항들의 확정(Complete Changes) ☐ 변경 사항들의 실행(Implement Changes) ☐ 현상을 관찰(Monitor Status)

‘FAST’를 활용하기 위해선 ‘FAST Model의 기본 구조(또는 FAST Diagram)’를 알아야 하는데 다음 [그림 FA–1]과 같다.

[그림 FA–1] FAST 모델 기본 구조(the Basic Structure of FAST Model)

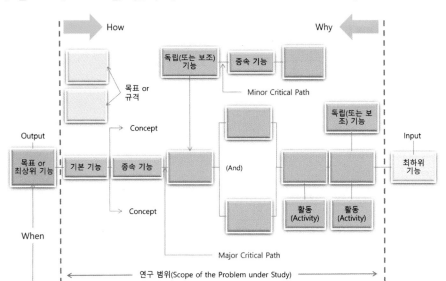

‘FAST 모델의 기본 구조(또는 FAST Diagram)’는 ‘프로세스 플로 차트’와 유사하나 다음과 같은 차이가 있다(문헌_2 참조). 첫째, 각 블록(사각형)은 ‘프로세스 단계’가 아닌 ‘기능’을 나타낸다. 둘째, ‘FAST 모델’은 시간에 따른 순차적 흐름이 아닌 논리 다이어그램이다. 기본 구조를 파악했으면 각 영역별 명칭과 주어진 역할에 대한 이해가 필요하다. 다음 [표 FA–2]는 영역별 명칭과 용도를 정리한 것이다.

[표 FA-2] 'FAST 모델 기본 구조(또는 FAST Diagram)' 영역별 명칭 및 용도

명 칭	용 도
최상위 기능 (Highest Order Function)	과제의 목적/목표 또는 '기본 기능(Basic Function)'의 출력이나 결과를 나타낸다. 제품 설계에선 'Y'가 입력되며, FAST 모델 가장 왼쪽에 자리한다.
기본 기능 (Basic Function)	"최상위 기능을 어떻게(How) 이룰 것인가?"에 대한 해답 기능이다. 이 기능이 정해지면 변경시키지 않는데 그 이유는 연구 대상의 가장 기본적 윤곽을 지배하기 때문이다.
종속 기능 (Dependent Function)	"기본 기능을 어떻게(How) 이룰 것인가?"에 대한 해답 기능들이다. 만일 '종속 기능'이 'Why' 방향을 따라가다 '기본 기능'과 연결되면 이를 'Major Critical Path'라고 한다. 참고로 맨 오른쪽 기능부터 왼편으로 "이 기능이 왜 (Why) 필요하지?"라는 자문을 했을 때 "바로 앞 기능 때문에"로 설명된다면 하나의 인과성 경로가 형성될 수 있는데 이것이 바로 'Major Critical Path'다.
독립 or 보조 기능 (Independent or Supporting Function)	다른 '기능'들에 의존하지 않는 '기능'들. 또는 다른 '기능'들을 수행하기 위해 선택된 방법. 'Critical Path' 위쪽에 위치한다.
활동(Activity)	'기능(또는 여러 기능들)'을 수행하기 위해 선택된 방법. 최근엔 'FAST Diagram'에 잘 사용되지 않음.
최하위 기능 (Lowest Order Function)	연구 중인 주제를 시작하거나 '입력(Input)'을 나타내는 기능. FAST 모델(또는 FAST Diagram) 가장 오른쪽에 위치한다.

'FAST 모델(또는 FAST Diagram)'을 완성해가는 방법은 두 가지인데 하나는 '브레인스토밍을 통한 방법'이고, 다른 하나는 'FAST 모델(또는 FAST Diagram)을 직접 작성하는 방법'이다. 전자는 제품을 구성하는 '기능'들을 팀원들이 모여 뽑아낸 뒤 'FAST 모델'을 완성해 나가는 방법으로 후자의 방법에 비해 접근성이 높아 선호된다. '브레인스토밍을 통한 방법'을 선택할 경우 발굴된 '기능'들을 갖고 최종 'FAST 모델(또는 FAST Diagram)을 직접 작성하는 방법'으로 들어간다. 본문은 이 방법의 예를 들고 있다.

과정을 '단계(Step)'로 구분하기 위해 구성이 잘된 인터넷 사이트 사례를 찾아 활용하였다.44)

---

44) http://www.hf.faa.gov/hfmaint/Default.aspx?tabid=89

① '동사 – 명사' 형태로 모든 '기능'들을 도출한다.

'문헌_2'의 사례인 '오버헤드 프로젝터'를 예로 들면 '최상위 기능'이 '정보를 전달한다'인데, 제품 설계 과제 경우 이 '기능'은 '정보 전달 수준'으로 표현되는 '과제 Y'에 비유된다. '최상위 기능'을 달성하기 위해 필요한 '기능'들을 브레인스토밍으로 발굴한 예는 다음과 같다.

[표 FA – 3] 발굴된 '기능'들 예

발굴된 기능들
이미지를 투사한다. 이미지 초점을 맞춘다. 이미지를 증폭한다. 빛을 발생한다. 전류를 받아들인다. 에너지를 전환한다. 전류를 흘린다. 본체를 지지한다. 빛을 굴절한다. 등….

'기능'을 표현하는 방법은 '(능동)동사+(측정 가능한)명사'로 쌍을 이루도록 하는데, 이 형태는 VE(Value Engineering)의 창시자인 Lawrence D. (Larry)Miles에 의해 제안되었다. 예를 들어 백열전구의 '기능'은 '밝은 공간'이 아닌 '공간을 비추다'로 표현하는 식이다. 이 구조를 반드시 따를 필요는 없겠으나 경험적으로 전개가 용이하기 때문에 사용을 권장한다. 다음 [표 FA – 4]에 '기능'을 표현할 때 자주 사용되는 '서술어'를 정리해놓았다.

[표 FA – 4] '기능'을 표시할 때 쓰이는 '서술어' 예

'기능' 표현에 쓰이는 서술어			
발생하다. 생기다	공급하다. 보내다	형성하다. 구성하다	누르다. 압착하다
내다	전하다. 전달하다	접속하다. 잇다. 연결하다	죄어 붙이다. 죄다
얻다. 안다	작동시키다. 동작시키다	바꾸다	견디다
변환하다. 바꾸다	회전시키다. 돌리다	모으다	막다. 방지하다. 저지하다

이동시키다	직선운동 시키다, 오르 내리게 하다, 전진/후진 시키다	받다, 수신하다	제거하다, 없애다
증가시키다, 늘리다, 크게 하다	통하다, 통과시키다	저장하다	차단하다, 차폐하다, 쉴드하다
감소시키다, 줄이다, 적게 하다	이끌다, 안내하다, 가이드하다	나누다, 분리하다	절연하다
높이다	흘리다	고정하다, 고착하다 정착시킨다	정하다, 결정하다
낮추다	주다	지지하다, 받치다	조정하다, 조절하다, 가감하다
증폭하다	누르다	버티다	제한하다, 한정하다, 제약하다
보호하다, 지키다	유지하다	보강하다	표시한다

② '최상위 기능'과 '기본 기능(Basic Function)'을 정한다.

[표 FA-3]에서 '오버헤드 프로젝터' 경우 '최상위 기능 → 정보를 전달한 다', '기본 기능 → 이미지를 투사한다'로 정했으면, 이 둘 간의 관계는 'How'로 엮일 수 있는데 다음과 같이 해석할 수 있다.

'정보를 전달한다'
이를 어떻게(How) 이룰 것인가?
→ 이미지를 투사해서   (FA.1)

만일 이 '기능'들이 사전에 정해졌으면 본 과정은 생략하고 다음 '③'의 단 계로 넘어간다.

③ '종속 기능'을 연결해 나간다.

'종속 기능'은 '기본 기능' 이후에 연결되는 '기능'들이다. "기본 기능을 어떻게(How) 이룰 것인가?"란 자문을 통해 [표 FA-3]에 포함된 '기능'들을 연결시켜 나간다. 물론 이 과정에서 전개에 꼭 필요한 '기능'들이 새롭게 발굴될 수도 있다. [그림 FA-2]는 '오버헤드 프로젝터' 사례에 대한 작성 예이다 (문헌_2).

[그림 FA-2] '오버헤드 프로젝터'의 'FAST Model' 작성 예

'에너지를 전환한다'의 'When' 방향에 있는 '열을 발생한다'와 '잡음을 발생한다'는 에너지 전환 과정에 있을 부정적 기능임을 파란색 선으로 강조하고 있다.

④ 논리적 구성인지를 검증한다.

지금까지의 과정은 왼쪽에서 오른쪽으로 'How' 관점에서 전개되었으나, 이 결과가 충분히 논리성을 갖는지 확인하기 위해 최종 검증이 요구된다. 검증 방법은 [그림 FA-1] 또는 [그림 FA-2]에 표기된 바와 같이 'Why' 관점에서 진행된다. 맨 오른편 '전류를 받아들인다'와 그 앞의 '에너지를 전환한다'의 경우를 예로 들면 다음과 같다.

'전류를 받아들인다'
왜(Why) 받아들이지?
→ 에너지를 전환하려고   (FA.2)

이 검증은 계속해서 이어진다.

왜(Why) 전환하지?
→ 빛을 발생하려고
왜(Why) 발생시키지?
→ 이미지를 투사하려고
왜(Why) 투사하지?
→ 정보를 전달하려고   (FA.3)

이같이 '인과관계'의 경로를 [표 FA-2]에서 'Major Critical Path'라 한 바 있다. 물론 이 과정에 새로운 '기능'의 출현은 항상 열어둔다.

FAST에 대한 설명은 이쯤에서 정리하겠다. 내용에 포함되지 않은 일부 용어 정의와 상세한 도식화 방법(기호의 표기 등)들에 대해선 인터넷 등으로부터 쉽게 얻을 수 있으므로 관심 있는 리더들은 약간의 수고를 들여주기 바란다.

2.1.3. 특성 요인도(Ishikawa Diagram)

 'Ishikawa Diagram(이후 '특성 요인도')'은 분야에 무관하고 사용 빈도도 매우 높으며 접근성이 뛰어난 도구 중 하나이다. 그래서 그런지 불리는 명칭도 매우 다양한데 그들을 한데 모으면 다음과 같다.

 특성 요인도 //원인 결과도 //인과(관계)도 //생선뼈 도(그림) //어골도 //이시가와 차트
 (그림) //Fishbone Diagram //Cause and Effect Diagram (ID.1)

 '40 – 세부 로드맵' 경우 Measure Phase의 '잠재 원인 변수의 발굴'을 위해 'Step – 6.3. 특성 요인도'에서, '50 – 세부 로드맵'은 Analyze Phase의 '상위 수준 설계' 시 'Step – 9.1. 설계 요소 발굴'에서 각각 활용된다. 그러나 이 외에도 문제 해결을 필요로 하는 단계면 어디서든 손쉽게 이용할 수 있다. 탄생 배경은 다음과 같다.

· (WIKIPEDIA) 1960년대 가와사키 조선소(Kawasaki Shipyards)에서 품질 관리 프로세스를 개척한 가오루 이시가와(Kaoru Ishikawa)에 의해 처음 제안되었다(당시 복잡한 문제의 근원을 쉽게 파악할 목적으로 고안함).

(참고) 출처에 따라 이 도구의 탄생 시점을 1953 또는 1955년도 외에 그 훨씬 이전인 1940년대 말로 보는 경우도 있음.
(참고) QC 7가지 도구(Seven Basic Tools of Quality) 중 하나이다 – 특성 요인도, 체크 시트, 관리도, 히스토그램, 파레토 차트, 산점도, 층화(때로 플로 차트 또는 런 차트로 대체).

 다음 [그림 ID – 1]은 '특성 요인도'의 기본 구조이다.

[그림 ID-1] '특성 요인도'의 기본 구조

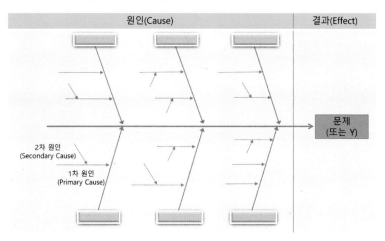

기본 구조에서 문제에 대한 '원인(Cause)'은 브레인스토밍을 통해 발굴되며, '근본 원인(Root Causes)'을 찾아 들어가는 방법으로 통상 '5-Ways' 도구를 사용한다. 이때 최초 원인 계([그림 ID-1]에서 주황색 사각형에 들어갈 항목)를 범주화시킬 수 있는데 분야별(제조 분야, 서비스 산업 분야)로 그 유형을 구분하면 다음 [표 ID-1]과 같다.

[표 ID-1] 최초 원인 계의 범주

분야	명칭	범주
제조	The 4Ms (or 5M-1I-1E)	Man Power, Machine, Material, Method, (Measurement, Information, Environment)
서비스	The 8 Ps	Product=Service, Price, Place, Promotion, People, Process, Physical Evidence, Productivity & Quality
서비스	The 4 Ss	Surroundings, Suppliers, Systems, Skills
–	More Ms	Mother Nature(Environment), Measurement (Inspection), Maintenance, Money Power, Management

작성 방법에 특별한 점은 없고, 누구나 손쉽게 활용할 수 있다. 다음에 간단히 요약하였다.[45)]

① 해결이 필요한 주요 문제를 '특성 요인도' 오른쪽에 위치시킨다.

「Be the Solver_제품 설계 방법론」편에 수록된 '토이박스' 개발 예 경우, 인형이 상부로 돌출되지 않는 것이 심각한 문제이며, 이에 대한 원인 규명이 요구된다(고 가정한다). 따라서 '결과(Effect)'는 '인형 돌출 불량(률)'로 정한다.

② 모든 가능한 변동의 요인을 발굴한다.

팀원들이 모두 모인 상태에서 브레인스토밍을 통해 '인형이 돌출되지 않는 상황'의 원인들을 발굴한다. 단 [표 ID-1]에 정리된 최초 원인 계의 범주는 사용하지 않고 브레인스토밍 결과로부터 '친화도' 작성을 통해 진행한다(고 가정한다). 다음 [표 ID-2]는 발굴된 원인들을 정리한 결과이다.

[표 ID-2] 발굴된 '원인'들 예

발굴된 원인(Cause)들
저항 오차 부적합, 저항 값 변동, Vp변동, 코일 부적합, 코일 두께 규격 이탈, 코일 쇼트, IC소자 이상, 전류 변동, 돌출부 안 열림, 힌지 마모, 힌지 이상, 용수철 탄성 이상, 용수철 불량, 가이드 걸림, 상자 뒤틀림, 상자 접착면 이탈, 몸체 힌지 엇나감, 몸체 힌지 마모, 힌지 수명 Out, 습기 유입, 빗물 유입, 바닥면 진동 유입…

③ 유사한 '프로세스 변수'별로 그룹화한 뒤(친화도: Affinity Diagram), 그룹 명칭을 부여한다.

이 그룹 명칭을 '특성 요인도' 최초 원인 계 항목으로 사용한다(또는 이 과정 없이 바로 [표 ID-1]의 범주를 적용해 시작할 수도 있다).

---

45) http://mot.vuse.vanderbilt.edu/mt322/Ishikawa.htm

[그림 ID‒2] '친화도법' 적용 및 그룹 명칭(최초 원인 계) 부여

회로부		기계부	
전압이상, 저항오차 부적합, 저항 값 변동, Vp변동	전자석 작동 안 함. 코일 부적합, 코일 두께 규격이탈, 코일쇼트, IC소자 이상, 전류변동	상단 부 이상, 힌지 마모, 힌지 이상, 돌출부 안 열림	용수철 이상, 탄성 이상, 탄성소멸, 규격품 아님, 용수철 불량
		가이드 걸림	
몸체부		외부환경	
상자이상, 뒤틀림, 접착 면 이탈	몸체 힌지 엇나감, 힌지 마모, 수명 Out, 불량품 유입	습기/물 유입, 실수로 물 유입, 빗물	진동유입, 자체진동 발생, 조립불량, 외부영향으로부터 진동유입, 바닥 흔들림

④ '프로세스 변수'들을 '특성 요인도' 해당 그룹 가지에 위치시킨다.
[그림 ID‒2]에 정리된 결과를 이용하여 [그림 ID‒1]의 '특성 요인도'를

[그림 ID‒3] '특성 요인도' 작성 예

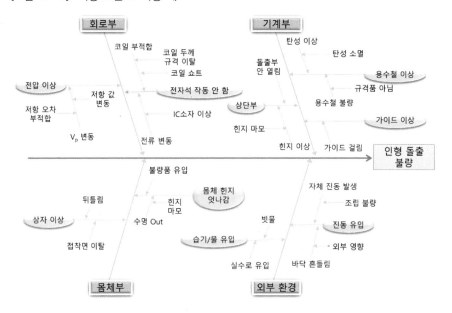

작성한다. 이때, 그룹명은 '최초 원인 계'를 활용하고, 하위 원인들도 그들 간 '인과관계'가 있으면 이를 따져 가지에 위치시킨다.

⑤ 가지의 끝에 붙을 '프로세스 변수'가 명확하고, 측정 가능하며, 제어 가능할 때까지 계속 탐구해 나간다(이때 '5-Whys'를 활용할 수 있다).

[그림 ID-4] 완성된 '특성 요인도' 작성 예

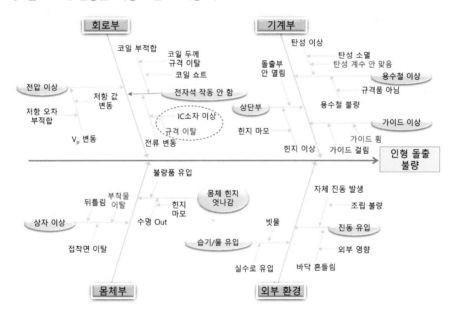

[그림 ID-4]의 빨간색 '원인'들이 새롭게 추가된 것들로, 예를 들면 빨간 타원 점선 경우 '왜 IC 소자가 이상이 발생하지?'라는 질문에, '규격 이탈 때문에'로 답할 수 있다. 이렇게 '프로세스 변수'가 명확하고, 측정 가능하며, 제어 가능할 때까지 계속 탐구해 나가며 보완을 거듭하는데 이때 사용된 도구가 바로 '5-Whys'이다.

일단 발굴된 모든 '원인(또는 변수)'들이 '인형 돌출 불량(률, Y)'에 모두 중요한 것은 아닐 것이므로 우선순위화가 요구된다. 이에 대해선 'X-Y 좌표형'의 '2.1.3. C&E Matrix'를 참고하기 바란다.

'특성 요인도'는 독립적으로 활용이 가능하지만 'QC 7가지 도구(Seven Basic Tools of Quality)'의 관점에서 활용도를 높이는 것도 중요하다. 'QC 7가지 도구'에 대해서는 「III. 묶음형 도구」를 참조하기 바란다.

2.1.4. 마인드 맵(Mind Map)

'Mind Map'은 '40-세부 로드맵' 경우 Improve Phase의 'Step-11.1. 최적화 및 기대 효과'와, '50-세부 로드맵'은 Analyze Phase의 'Step-7.3. 기능 대안 도출'에 각각 등장한다. 물론 문제 해결 과정 중 마주칠 여러 상황에

[표 MI-1] 'Mind Map'과 'Concept Map'의 비교

항목	Mind Map	Concept Map
개발자	Tony Buzan	Prof. Joseph D. Novak
개발 시점	1960년대 후반('71년도 있음)	1970년대
포함되는 핵심 개념 수	1개(를 중심으로 퍼져 나감)	여러 개념(들이 관계 형성)
시각화 방법 (그림 출처: WIKIPEDIA)	나무(Tree) 구조 	네트워크(Network) 구조
작성 시작점	중심에서 출발	상단에서 출발
전개 방법	중심 개념(Concept)에서 꼬리에 꼬리를 무는 방식으로 아이디어를 확장해 나감.	다양한 개념들을 떠올려놓고 그들 간의 관계를 형성시켜 나감(이때, 연결선 사이에 서술어 등이 들어가 관계를 명료화시킴).

응용도 가능하지만 개선을 위한 아이디어 발굴에 주로 쓰인다. 유사한 도구에 'Concept Map'이 있으며 둘 간의 차이를 비교하면 다음 [표 MI-1]과 같다.

사실 'Mind Map'의 명칭은 영국과 미국에서 'The Buzan Organization, Ltd'의 상표로 등록돼 있다. 액면상으론 용어 사용에 제약(?)이 따를 수 있다는 얘기다. 다음은 'Mind Map'의 탄생 배경을 정리한 것이다.

- (WIKIPEDIA) 지식이나 기록을 그림의 형태로 표현한 최초의 예는 3세기경 사상가 중한 명인 Porphyrys(A.D. 234~c.305)에 의해 이루어졌으며, 그는 아리스토텔레스의 개념적 범주를 그래프로 시각화시키는 데 기여했다. 철학자 Ramon Llull(1235~1315) 역시 유사한 도구를 사용하였다.
- (WIKIPEDIA) 언어로 이루어진 네트워크 형상이 인간의 학습 능력을 알아내려는 이론적 체계의 하나로 1950년대 개발되었고, 1960년대 초 Allan M. Collins와 M. Ross Quillins에 의해 더욱 발전되었다.
- 영국의 유명한 심리학 작가인 Tony Buzan이 'Alfred Korzybski의 일반 의미론(Alfred Korzybski's General Semantics)'에 영감을 받아 현대적 'Mind Mapping'을 창안하였다(1960년대 후반으로 기록). Buzan의 논점은 독자들은 왼쪽에서 오른쪽으로, 위에서 아래로 책을 읽는 대신, 페이지 전체를 비선형적 형태로 훑어보는 경향이 있다는 것이고, 이로부터 노트 작성(Note Making)보다 기억 지도 작성(Mind Mapping)의 장려를 위해 대뇌반구의 역할을 강조하였다. 이후 교육과 학습 분야로의 응용화가 가속화되었으며, "Webs", "Mind Webs" 또는 "Webbing"의 이름으로 가르쳐졌다.

(서적) The Mind Map Book_Tony Buzan, Barry Buzan_BBC Books, 1993. 외 이후 현재(2010년)까지 여러 출판사에서 동일 서적명 또는 관련 내용의 지속적인 출판물 존재.

'Mind Map'의 용도를 정리하면 다음과 같다.

- **Mind Map** (WIKIPEDIA) 단어 한 개나 문장 하나를 중심에 위치시킨 뒤 그 주위로 연관된 아이디어들, 단어들, 개념들을 덧붙여 나가는 데 유용하다. 응용 분야는 개인이나 가족 관계에서 일어나는 상황, 또는 교육이나 사업적 상황에서의 브레인스토밍, 요약하는 일, 정정하는 일 그리고 생각들의 명확화 등이 포함된다(이때, 아이디어들은 중심점에서 방사형으로 퍼져 나가되, 계층적이거나 연속적인 우선순위화와는 거리가 멀다. 그룹화나 조직화는 이후 단계에서 전개될 수 있다). 기억을 돕는 도구이나 복잡한 아이디어를 분류하는 데도 효과적으로 활용될 수 있다.

- **Mind Map** (www.uow.edu.au) 쓰일 수 있는 영역은 다음과 같다.
  ☞ 존재하는 아이디어나 정보들의 정리
  ☞ 브레인스토밍 과정
  ☞ 기억으로부터 정보를 이끌어낼 때
  ☞ 새로운 아이디어를 창조해낼 때
  ☞ 문제 해결 시(Problem Solving)
  ☞ 계획 또는 기획에서 나온 정보들을 정리할 때
  ☞ 다양한 사항들을 시각화시켜 발표할 때 등

작성 과정을 단계별로 정리하면 다음과 같다. 출처는 'Mind Map'의 원류인 'www.mind-mapping.co.uk'를 참고하였다.

① 작성 용지를 준비한다(원 출처의 두 단계를 하나로 합침).

A4 이상의 용지를 준비한다. 사고 역량을 최대로 발휘하기 위해 용지는 360도 모든 방향을 사용하고, 사고의 자연스러운 흐름을 방해하지 않도록 선 등을 미리 그려 넣지 않는다. 용지는 가로형 포맷을 쓰고, 단어나 이미지 작성 시, 용지 끝에 이르러 추가 전개에 어려움이 없도록 작성 방향 공간을 최대 확보한다.

② '주제(Topic)'를 대변할 '중심 이미지(Central Image)'를 용지 정중앙에 위치시킨다(원 출처의 두 단계를 하나로 합침).

사고(생각)는 정신세계 중심에서 시작하며, 'Mind Map' 역시 이 점을 반영한다(용지의 중심에서 시작하는 이유). 또, '그림'은 수천의 말보다 의미 전달이 쉽고, 친근감뿐만 아니라, 생각에 집중하게 만들며, 재미와 기억 향상에 도움을 준다. '중심 이미지' 작성 시 다음에 유의한다.

[표 MI-2] '주제(Topic)' 표현 시 참고할 주요 내용

주요 내용	설명
최소 3가지 색을 사용한다.	색체는 주의력을 집중시켜 우뇌의 상상력을 자극한다.
'중심 이미지'는 종이 크기에 비례해서 결정하되, 대략 가로, 세로 5cm를 유지한다.	이 정도 크기면 이후 Map 작성에 큰 불편이 없을 정도이며, 주제를 시각적으로 명확히 알리는 데 필요한 최소 요건이기도 하다.
이미지 특징을 형상(그림)으로 묘사한다(틀만의 표현은 자제).	독특한 형상(그림)은 오래 기억되면서 유쾌한 상황도 연출한다. 틀만의 표현은 단조로울 뿐만 아니라 가지(Branch)들과의 연계성을 차단하는 부작용을 낳을 수 있다.

[그림 MI-1] 중심 이미지 작성 예

③ '중심 이미지(Central Image)' 주변으로 '주요 논점(Main Themes)'들을 도출한다. 이들은 서적에서 '목차'의 기능과 같다.

'중심 이미지'와 연결되는 '주요 논점'들을 'BOIs(Basic Ordering Ideas)'라고 한다. 'BOIs'는 이후 파생되는 항목들을 묶는(또는 집중시키는) 역할을 한다. 'BOIs'는 다음을 참고해서 작성한다.

[표 MI-3] 'BOIs(Basic Ordering Ideas)' 표현 시 참고할 주요 내용

주요 내용	설명
BOIs는 대문자 활자체를 쓰거나 이미지로 표현한다.	활자체나 흘려 쓴 글씨체는 뇌에 그 형상을 깊이 새기는 효과가 있어 상황 인식과 기억력에 도움 된다.
중심선(Central Line)은 마치 팔과 몸체, 또는 나뭇가지와 줄기의 연결처럼 굵고 휘어지는 유기적 관계를 형성한다.	굽어진 선들은 시각적 리듬과 변화감을 주고, 기억하기 쉬우며, 보기에 질리지 않도록 해준다. 두꺼운 중심선은 상대적으로 중요하다는 느낌도 준다.
'중심 이미지'와 직접 연결한다.	뇌가 연합의 관계로 동작하므로, 이 구조를 모방해 'BOIs'를 방사 형태로 '중심 이미지'와 연결한다. 이때 중심선들은 서로 떨어져 있다.

[그림 MI-2] 'BOIs' 작성 예

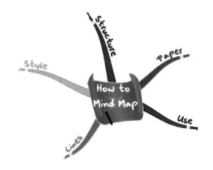

④ 'BOIs' 이후의 '수준'들을 생성해 나간다. 파생된 단어(또는 이미지)들을 연관된 '중심선(Central Line 또는 Main Branch)'에 연결한다(원 출처의 두 단계를 하나로 합침).

연계된 단어(또는 이미지)를 떠올리되, 일단 드러난 것들은 '곁가지(Twig)'를 통해 '중심선(또는 주가지)'과 연결한다. 분위기는 최대로 자유롭게 하고, 중심선 하나씩 순차적으로 완성해 나갈 필요는 없다. 두 번째 수준(Second Level), 세 번째 수준(Third Level) 등으로 확대해 나간다. '수준'들과 '곁가지'의 표현은 다음을 참고해서 작성한다.

[표 MI-4] '수준(Levels)'들 표현 시 참고할 주요 내용

주요 내용	설명
단어를 쓸 때, 그 길이와 곁가지 길이를 일치시킨다.	단어 길이가 짧아 곁가지에 여분이 생기면 앞뒤 간 단절 느낌을 준다. 또, 선 길이는 관련 정도를 상징한다.
곁가지(Twig) 두께는 주가지(Main Branch)보다 얇게 한다.	선이 연결되면서 그들 간의 관계가 형성돼 간다. 곁가지가 주가지보다 얇게 그려짐으로써 계층의 관계를 확인할 수 있다.
단어들은 활자체를 유지하되, 소문자도 가능하다.	문자의 크기나 스타일로 단어(또는 이미지)의 중요도나 의미하는 바 등을 표현한다.

[그림 MI-3]은 '두 번째 수준' 및 '세 번째 수준'들과 '곁가지'를 표현한 예를 보여준다.

[그림 MI-3] '수준(Levels)'들의 '곁가지' 작성 예

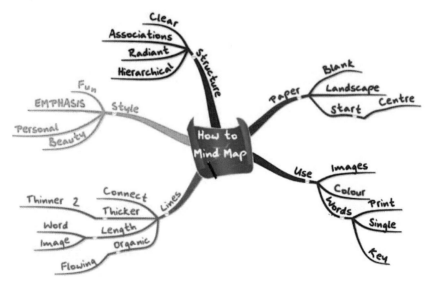

⑤ 'Mind Map'에 새로운 상징 기호 등을 추가한다. 이 과정으로 중요한 요점들이 강조될 뿐만 아니라 시각적으로도 쉽게 확인될 수 있다.

[그림 MI-4]를 보면 'Paper-Landscape'에 '가로형 포맷 용지'를 상징하는 '□'이, 'Use-Words-Key'에는 '열쇠'를 상징하는 '🔑 '이 자리한다.

[그림 MI-4] 'Mind Map'의 강조(상징 기호 추가) 작성 예

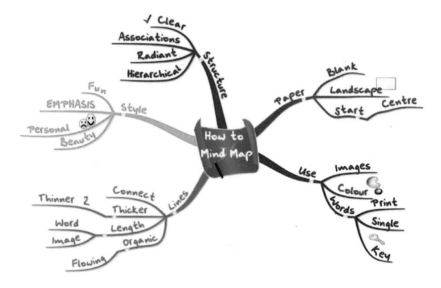

⑥ 관련성 있는 가지들을 외곽선으로 묶는다.

외곽선은 구름과 같은 특이한 모양 등으로 구성해서 기억하기 쉽도록 한다.

주요 내용	설명
관련성 있는 가지(또는 수준)들을 정확하게 묶는다.	묶여진 외곽선들로부터 유사성을 바로 확인할 수 있고, 따라서 이후 작업에서 해야 할 일들이 촉진될 수 있다.
다른 색깔과 스타일을 사용한다.	묶인 외곽선들의 색을 다르게 함으로써 서로를 쉽게 구분할 수 있다 (윤곽선 외에 기호나 화살표 등도 가능).

[그림 MI－5] '관련성' 표현에 대한 작성 예

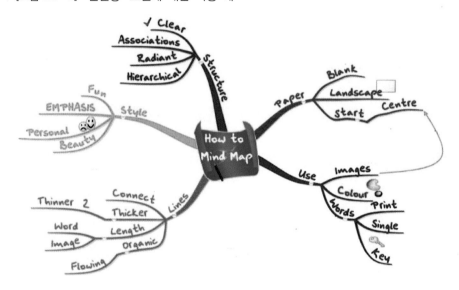

[그림 MI－5] 경우, 'Mind Map을 어떻게 작성하는가(How to Mind Map)?' 에서, 'Use(사용)'에 대해 'Images(이미지)' 수준이 'Paper(용지)'의 Centre(한 가운데)에서 Start(시작)할 때 관계함'을 명시한다. 즉, 관련성 있는 가지를 '화 살표'로 표기한다는 뜻이다(그림 오른쪽의 연두색 화살표 참조).

⑦ 'Mind Map'을 좀 더 다듬어본다.

여러 사람들이 결과 'Mind Map'에 매료될 수 있도록 수준이나 이미지들에
독자적인 감각을 가미한다. 이때 기억하기 쉬운 소재 등을 활용하는 것도 한
방법이다.

[표 MI-6] 'Mind Map'을 좀 더 다듬을 때 참고할 주요 내용

주요 내용	설명
아름답게(Beautiful) 예술적으로(Artistic) 색체가 풍부하게(Colourful) 상상력이 가미되도록(Imaginative) …	이 작업을 통해 기억하기 쉽게 되고, 작성자뿐만 아니라 다른 사람들도 주제에 더 관심을 갖도록 유도할 수 있다.

⑧ 'Mind Map'을 즐길 수 있도록 마무리한다.

약간의 유머러스한 표현이나, 허용된 한도 내에서의 과장된 표현 또는 장난
섞인 표현 등을 가미한다. 이것은 뇌가 최대로 사용될 수 있는 여건을 조성해
줄 뿐만 아니라, 훨씬 더 효과적이고 명확한 기억을 형성하도록 돕는다.

'Mind Map'의 원조 격인 'www.mind-mapping.co.uk'의 'Examples'에 들어
가면 다양한 예제가 제시돼 있으니 필요한 독자는 이를 참고하고, 본문에서의
별도 사례는 생략한다.

2.1.5. 과정 결정 계획도(PDPC, Process Decision Program Chart)

'PDPC(Process Decision Program Chart)'는 우리말로 '과정 결정 계획도'로
종종 불린다. 용어가 조금 낯설므로 정의부터 적으면 다음과 같다.

・**PDPC** (WIKIPEDIA) (긴급한) 계획 등의 수립 시 도움을 주도록 설계된 도구. 계획된 활동 중 중대한 실수나 사고의 영향을 미연에 감지해 적은 위험으로 예정된 계획이 잘 실행되도록 한다. 'Process Diagram'과 'Planning Tree Diagrams'의 두 수준으로 전개되며, 'PDPC'는 이들 다이어그램 중 하부 업무를 대상으로 다음의 활동이 이루어진다.

   ☞ 잘못될 가능성(또는 '고장 모드'나 위험)을 식별하는 것 ― 'X'에 대응
   ☞ 그로부터 나타날 결과(또는 영향) ― 'Y'에 대응
   ☞ 해결을 위한 대책(또는 위험 경감의 활동 계획) 마련 ― '개선'에 대응

・일이 벌어지기 전 문제점을 유추해서 미리 해결책을 찾는 유사한 도구에 'FMEA(Failure Mode and Effects Analysis)'가 있다.

신뢰성 분야의 'FMEA'는 '글'로 기술하는 반면, 'PDPC'는 '그림'이란 차이점이 있다. '40 - 세부 로드맵' 경우 'PDPC'는 '위험(X) - 영향(Y) - 대책(개선)'처럼, Measure Phase의 'Step - 6. 잠재 원인 변수의 발굴'과 Improve Phase의 'Step - 11.1. 최적화 및 기대 효과'를 동시에 포괄한다. 따라서 '로드맵'을 따르는 규모 있는 과제보다 '즉 실천(개선)'이나 '빠른 해결' 같은 '단기성' 과제에 적합하다. 다음은 탄생 배경이다.

・(서적)[46] 'QC 7가지 도구(The Seven QC Tools)'는 '품질 관리 사이클'의 아버지라 불리는 도쿄 공대 이시가와(Kaoru Ishikawa) 교수에 의해 처음 강조되었다. '49년부터 본격화된 일본의 SQC, '60년대 TQC를 거치면서 '62년 '품질 분임조(Quality Circles) 활동'에 기본 도구로 쓰였다. 초기엔 'Ishikawa Chart', 'Check Sheet', 'Shewhart's Control Chart', 'Histogram', 'Pareto Chart', 'Scatter Diagram', 'Stratification'이었고, 일부에선 'Stratification' 대신 'Flow chart'나 'Run Chart'를 쓴다.

이들은 'The Seven QC Tools' 외에 'Seven Basic Tools', 'The Seven Old Tools'로도 불린다. 1976년에 JUSE(일본과학기술 연맹, Union of Japanese Scientists and Engineers)는 혁신과 정보 교류, 주요 과제 계획 수립 등을 촉진시킬 목적으로 새로운 도구가 필요하다는 판단 아래 '신 QC 7가지 도구(The Seven New QC Tools)'를 개발하였다. 이는 'The Seven Management and Planing Tools' 또는 'The Seven Management Tools'로 불리기도 하지만 앞서 개발된 'The Seven QC Tools'에 대응해 간단히 'The Seven MP Tools'로 명명한다. 여기에는 'Affinity Diagram', 'Relations Diagram', 'Tree Diagram', 'Matrix Diagram', 'Matrix Data Analysis', 'Arrow Diagram',[47] 'PDPC'가 포함된다. 적혀진 순서 오른쪽으로 갈수록 상세 분석용 도구다. 참고로 'Matrix Data Analysis'는 복잡한 수학적 기술이 요구돼 종종 'Prioritization Matrix'로 대체되곤 한다. 'The Seven MP Tools'는 '80년대 중반 'Hoshin Planning'과 함께 미국에 도입되었으며, 어려운 목표 달성을 위한 혁신적 계획 수립 과정에 쓰였다...(중략).
※ '신 QC 7가지 도구' 초기 출처 → Seven New Tools for QC: for managers and staff promoting company-wide quality control, Shigeru Mizuno, 1979. (참고) 영문으론 1983년 번역된 것으로도 알려져 있음.

해야 할 어떤 일을 앞두고 있는 상황이면 통상 '계획(Plan)'을 세워 내용을 공유하곤 한다. 이때 항상 맞닥트리는 문제가 "과연 계획대로 잘 이루어질 것인가?"와 같은 의문이다. 만일 예상치 못한 문제에 직면할 가능성이 있으면 무슨 해결 방법이 있을까? 보통 2가지 방법을 제시한다. 하나는 '맞서 해결하는 일'일 테고, 다른 하나는 사전에 '위험 관리(Risk Management)'를 하는 일이다. 전자는 뜻밖의 일로 계획이 일부 또는 송두리째 변경되거나 지연되는 일이 발생했을 때 건별로 대응하게 되지만 항상 좋은 결과를 기대할 순 없고, 특히 해결 활동 그 자체가 하나의 지연 요소로 작용한다. 반면, 후자인 '위험

---

46) Tague, Nancy (2004), The Quality Toolbox.

47) 일본형 일정 수립 도구로 '간트 차트+간소화된 PERT/CPM'의 혼합물이다. '활동'을 '마디'가 아닌 '화살표'에 표기한다. 서구에선 'PERT/CPM'과 'Arrow Diagram'에서 유래된 'Activity Network Diagram'을 쓴다.

관리'는 계획 단계에서 미리 점(?)쳐볼 수 있는 장점이 있지만 실제 어떤 위험이 상존할 것인지를 식별해내는 일은 쉽지만은 않다. 이런 상황에서 잠재된 '위험을 식별'하고, '해결책을 마련'하도록 안내하는 역할을 하는 것이 바로 'PDPC'이다. 다음은 'PDPC'의 기본 구조를 나타낸다.

[그림 PD‑1] 'PDPC' 기본 구조

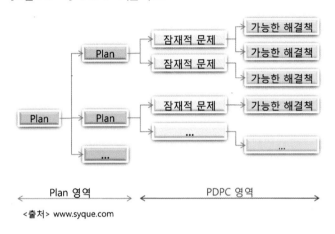

<출처> www.syque.com

'PDPC' 작성 시 표현되는 도형 모양이나, 또 몇 단계까지 전개할 것인가 등은 사실 작성자의 의도나 상황에 따라 달라진다. 그러나 위험을 식별해내는 일과 그들을 어떻게 처리할 것인가 하는 것은 'PDPC' 작성의 가장 중요한 요소이며, 이때 '위험'이 미치는 주요 대상을 꼽으라면 바로 '비용(Cost)'과 '시간(Time)'이다. 예상치 못한 사건으로 예산을 초과한 비용이 발생하거나 예정된 완료 시간을 넘기게 되는 일이 우리가 보통 '계획(Plan)'대로 되지 않았다고 판단할 대부분의 사건들이기 때문이다. 그렇다면 이런 '위험'을 피하는 방법엔 어떤 것들이 있을까? 식별된 '위험'을 피하기 위해선 다음의 3가지 유형이 거론된다.

위험 유형	설 명	가능한 대책
회피 (Avoidance)	예상되는 '위험'이 발생할 활동을 이예 수행하지 않는 경우. 주로 대안이 될 만한 다른 활동을 찾는다. 최악의 경우 위험의 결과가 너무 파괴적이어서 계획 전체를 포기해야 할 '회피' 상황이 발생할 수도 있다.	• 대안이 될 만한 새로운 활동을 선택 • 계획한 활동을 포기
경감 (Reduction)	'위험'을 제거할 순 없지만, 그를 줄일 몇 가지 방안이 있는 경우. 최종 결과에 '위험'이 실제 줄 것인지 확인하기 위한 추가 시험 등이 예상되지만, 이 경우 경감된 '위험'대비 추가된 '비용'이 적정한지 따져볼 필요가 있다.	• 위험을 경감시킬만한 활동으로 변경 • 활동들의 추가
비상 계획 (Contingency Planning)	발생이 예상되는 '위험'을 줄일 순 없지만 대신 계획을 추가함으로써 대응할 수 있는 경우. 만일 '위험'이 발생한다면 사전 준비된 상태이므로 비용이나 혼란을 최소화할 수 있는 대처 능력을 갖게 된다.	• 위험에 맞서기 위한 계획 수립

'PDPC' 작성법에 대해 알아보자. 'www.syque.com/quality_tools'를 참조했으며, 해석상 전달이 모호한 부분은 부연하였다.

① 목적(목표)을 분명히 한다.

예를 들어, '계획' 중 특정 단계에 어떤 '위험'이 있는지 식별해낸다든가, 비용증가가 예상될 때의 대책을 마련하는 일 등이다. 수립된 '계획'이 완전하다고 판단되지 않는 한, 반드시 'PDPC'를 수행한다. 여기선 "여성복 생산 중 재료 낭비의 잠재 문제를 식별하고, 그를 최소화할 대응책을 마련하는 것"으로 가정한다.

② '계획' 중 목적(목표) 달성을 가장 저해하는 단계를 찾는다.

'계획' 규모가 크다고 해서 그 모든 단계를 조사 대상으로 삼기보단 '계획' 중 목표 달성에 가장 위험 요소가 큰 부분을 대상으로 'PDPC'를 수행하는 게 바람직하다. 여기서는 '여성복 생산 공정 중 재단 프로세스'에 'PDPC'를 적용할 것이다. 이 프로세스에서 재료 낭비가 가장 크다고 판단되기 때문이다 (고 가정한다).

③ 'PDPC'를 수행할 팀원을 구성한다.

팀원의 구성 요건은 상황을 제대로 인식할 넓은 시야를 가진 사람이어야 하며, 타인과 잘 화합할 뿐만 아니라, '계획'의 각 단계에 내재된 문제를 볼 수 있는 전문성을 갖춰야 한다. 물론 'PDPC'의 수행 유경험자라면 더욱 좋을 것이다. 팀원은 구성된 것으로 가정한다.

④ 'PDPC' 수행 과정에서 의사 결정에 필요한 '판단 기준(Criteria)'을 설정한다.

예를 들어, 이후에 전개될 '단계 ⑤ ～ 단계 ⑧'에서 다음과 같은 '판단 기준' 이 필요할 수 있다.

[표 PD - 2] 'PDPC' 각 단계별 '판단 기준(Criteria)' 예

단계	판단 기준(Criteria)
단계 ⑤	'위험'을 찾는 방법에 있어, '스케줄 달성에 중대한 영향을 미치는 것'
단계 ⑥	'위험'을 선택하는 데 있어, '상위 10%에 속하면서, '대책'이 단순하고 명료한 것'
단계 ⑦	'대책'을 찾는 데 있어, 식별된 '위험'을 경감시킬 가능성이 높은 것
단계 ⑧	'대책'을 선택하는 데 있어, 실행되면 현재 수준보다 적은 비용이 드는 것

또, '위험'은 '시간(Time)', '비용(Cost)', '관리(Control)', '정보(Information)' 에 부정적 영향을 주는 요소이므로, 이들과 관련된 '위험' 및 '대책'의 '선택 기준(Selection Criteria)'은 다음과 같이 정할 수 있다.

[표 PD-3] '인자(Factor)'별 '위험' 및 '대책'의 '선택 기준' 예

인자	선택 기준(Selection Criteria)
시간(Time)	'위험'으로 얼마나 많은 시간이 추가 소요되는가? '위험'이 스케줄의 핵심 경로상에 있는가? 선택된 '대책'으로 얼마나 많은 시간이 줄어들 것인가?
비용(Cost)	'위험'으로 인한 전체 비용은 얼마나 발생하는가? '대책' 수행에 드는 비용은? 과연 '대책' 수행이 가치가 있는가?
관리(Control)	'위험'을 방지할 '관리'는 어느 수준에서 이루어지고 있는가? 또 어떤 '관리'를 수행하고 있는가? '관리'를 어떻게 바꿀 수 있는가?
정보(Information)	'위험'에 대해 얼마나 많은 정보를 갖고 있는가? 급박한 상황에서 어떤 경고 체계를 갖고 있는가?

⑤ 각 '계획' 성분에 대해, 발생할 수 있는 잠재 문제(또는 위험)들을 식별한다.

브레인스토밍 중 "~하면 어떻게 될까?"라는 질문을 통해 다양한 '위험'을 찾아낸다. 원활한 진행을 위해 질문 목록 표를 사용해도 좋다. 발굴된 '위험'들은 '8cm×15cm'가량의 카드에 적는 것이 좋은데, '단계 ⑥' 수행 중 자료의 이동이 용이하고, 발굴된 '위험'들 수가 많을 때 특히 유용하다.

[표 PD-4] '위험(또는 잠재 문제)'의 식별(또는 발굴) 예

계획(Plan)	위험(Risk) 또는 잠재 문제(Potential Problem)
재료를 재단 작업대 위에 맞춤.	−재료가 겹쳐져 올라감. −작업대 잔류 파편들로 재료가 찢어짐. −재료 끝단이 말림. …
재료를 모서리 기준점과 일치시킴.	−기준점 반대쪽 재료가 정렬되지 않음. −모서리 기준점과 일치하지 않고 틀어짐.
재료를 집쇠로 조임.	−집쇠가 고르게 조이지 않음. −나사 조임이 재료를 꼬아놓음. …

재단기를 시작점으로 옮김	−재단기가 정렬되지 않음. −재단기가 시작점과 정확히 일치하지 않음. …
재단기가 본뜨는 형판을 가로지르게 함.	−재단기의 날이 무뎌져 있음. −재단기가 뜯어지거나 미끄러짐
재단기에서 재료를 옮긴 후 쌓아놓음.	−이동 중 재료가 찢어짐. −이동 중 쌓아놓은 재료가 바닥으로 떨어짐 …

⑥ 발굴된 '잠재 위험'들 중 영향의 정도가 높은 것들을 선정한다.

이 과정은 투표(Voting), 우선순위 매트릭스(Prioritization Matrix) 또는 유사 방법들을 통해 이루어진다. 통상 '계획' 성분당 3개 이하가 적정하다. 'Multi−voting' 등으로부터 다음의 결과를 얻었다고 가정한다.

[표 PD−5] 선별된 '위험(또는 잠재 문제)' 예

계획(Plan)	위험(Risk) 또는 잠재 문제(Potential Problem)
재료를 재단 작업대 위에 맞춤.	−작업대 잔류 파편들로 재료가 찢어짐
재료를 모서리 기준점과 일치시킴	−모서리 기준점과 일치하지 않고 틀어짐.
재료를 쪹쇠로 조임.	−나사 조임이 재료를 꼬아놓음.
재단기를 시작점으로 옮김.	−재단기가 정렬되지 않음.
재단기가 본뜨는 형판을 가로지르게 함.	−재단기가 뜯어지거나 미끄러짐.
재단기에서 재료를 옮긴 후 쌓아놓음.	−이동 중 재료가 찢어짐.

⑦ 선별된 '위험'들은 '계획'상에 반영한다. 이때 '계획' 성분과 명확히 구별될 수 있도록 다양한 표현 도구(외곽선 모양 등)를 활용한다.

[그림 PD – 2] 식별된 '위험'들을 '계획'에 반영한 예

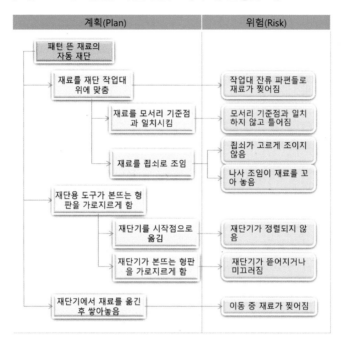

⑧ 'PDPC'상에 놓인 각 '위험'에 대해, '단계 ⑤'에서 '위험'을 발굴했던 방법과 유사하게 가능한 '대책'들을 강구한다.

[표 PD – 6] 가능한 '대책'의 식별(또는 발굴) 예

위험(Risk) 또는 잠재 문제(Potential Problem)	대책(Countermeasure)
–작업대 잔류 파편들로 재료가 찢어짐	–자동 흡입기를 설치함. –재료를 올려놓기 전 작업대를 훔쳐냄. …
–모서리 기준점과 일치하지 않고 틀어짐	–정렬 장치를 설치함.
–칩쇠가 고르게 조이지 않음.	–독립된 레버로 작동하도록 재설계함.

	−독립된 레버로 작동하도록 재설계함.
−나사 조임이 재료를 꼬아놓음.	−나사 조임부를 내부에 설치함.
	⋯
−재단기가 정렬되지 않음.	−Calibration 기구 도입함.
	−정렬용 눈금을 장치함.
	⋯
−재단기가 뜯어지거나 미끄러짐.	−점검을 규칙적으로 수행함.
	⋯
−이동 중 재료가 찢어짐.	−주변에 뾰족한 부위가 없는지 점검함.
	−재료를 쌓아놓을 손수레를 재단기 옆으로 이동함.

⑨ '단계 ⑥'과 유사한 방법으로, 이들 '대책'을 우선순위화한 뒤, '단계 ④'에서 결정된 '선택 기준([표 PD-3])'을 사용해서 'PDPC'상으로 옮겨질 '대책'들을 선정한다.

[표 PD-7] 선별된 '대책' 예

위험(Risk) 또는 잠재 문제(Potential Problem)	대책(Countermeasure)
−작업대 잔류 파편들로 재료가 찢어짐.	재료를 올려놓기 전 작업대를 훔쳐냄.
−모서리 기준점과 일치하지 않고 틀어짐.	−
−집쇠가 고르게 조이지 않음.	
−나사 조임이 재료를 꼬아놓음.	−독립된 레버로 작동하도록 재설계함.
−재단기가 정렬되지 않음.	−정렬용 눈금을 장치함.
−재단기가 뜯어지거나 미끄러짐.	−점검을 규칙적으로 수행함.
−이동 중 재료가 찢어짐.	−주변에 뾰족한 부위가 없는지 점검함.
	−재료를 쌓아놓을 손수레를 재단기 옆으로 이동함..

⑩ '단계 ⑦'과 같은 방법으로, 선택된 '대책'들을 적합한 '위험' 항목들이 있는 '계획'으로 옮겨놓는다.

[그림 PD-3] 식별된 '대책'들을 '계획'에 반영한 예

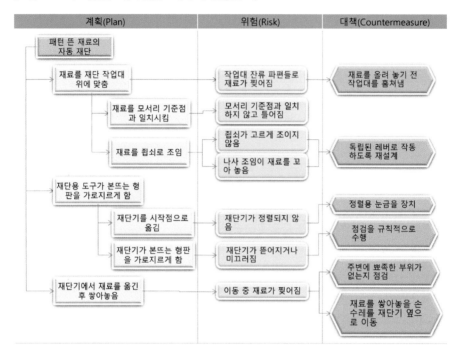

⑪ '대책'들을 실행하고, 정상적으로 잘 처리되었는지 확인한다.

'PDPC'는 'FMEA'와 매우 유사하므로 각각의 장단점을 살려 활용하는 것이 바람직하다. 그러나 경험적으론 'FMEA'의 사용이 좀 더 포괄적이고, 또 그림 작성 등의 부담에서 자유로우므로 현업에서 사용하기에 훨씬 유용한 것 같다. 리더 각자가 판단해주기 바란다.

2.1.6. 수형도(Tree Diagram)

'Tree Diagram'은 사실 문제 해결에서 사용 빈도가 매우 높은 'Logic Tree'를 겨냥한 명칭이다. 그러나 굳이 'Logic Tree' 대신 'Tree Diagram'을 제목으로 정한 이유는 'Tree Diagram'은 공식적인 출처와 명칭을 갖고 있는 데 반해, 'Logic Tree'는 공식적 출처로부터 그 실체를 찾아보기 매우 어렵다는 데 있다. 또 하나는 '나무 모양으로 전개되는 형태'를 모두 포괄할 수 있는 명칭이 'Tree Diagram'이 될 수 있으며, 'Logic Tree' 또한 많은 '나무 모양 그림'들 중 하나로 볼 수 있다는 판단에서다. 이런 관계로 설명의 순서를 'Tree Diagram'에 우선 맞춘 뒤, 이어 'Logic Tree'에 대해 알아볼 것이다. 참고로 'Logic Tree'는 '40 – 세부 로드맵' 경우 Measure Phase의 'Step – 6.3'에서 '잠재 원인 변수의 발굴'을 위한 목적으로 자주 사용되는 정성적 도구 중 하나이다. 그러나 'RCA(Root Cause Analysis)' 분야를 참조하면, Analyze Phase의 'Step – 8.1. 가설 검정'에서 '근본 원인'을 찾는 분석용 도구로도 자주 이용된다. 'Tree Diagram'과 동의어로 쓰이는 것들을 모두 모아보면 다음과 같다.

수형도(樹型圖)[48] *//Systematic Diagram=Tree Analysis=Analytical Tree=Hierarchy Diagram*[49] *//Logic Tree*[50]   (TD.1)

또 'Logic Tree'와 동의어로 쓰이는 용어와 출처를 다음에 모아보았다.

---

48) 네이버 백과사전에 정의돼 있음.

49) ASQ(American Society of Quality); www.asq.org

50) (서적) 『프레젠테이션에 할리우드를 더하라』, 클리프 앳킨스 저, 장시형 역, 체온 365'에선 'Tree Diagram(수형도)=Logic Tree'로 표기하고 있다.

Issue Tree[51)] //*Logic Tree Diagram*= 계통도=*Why Because Diagram*[52)] //*Why-Why Diagram*[53)] //*Decision Tree*[54)]   (TD.2)

이 외에 'Tree Structure(WIKIPEDIA)'나 'Causal Factor Tree Analysis=Root Cause Analysis(WIKIPEDIA)' 등도 구분이 매우 어려운 유사한 도구들에 속한다. 사실 (TD.1)과 (TD.2)를 공통어인 'Logic Tree'로 연결하면 모두 같은 개념으로 볼 수 있는데, 정의한 사람들이 용어나 용법에 혼선이 있었다기보다 'Tree'라고 하는 공통된 구조 관점에서 별 차이가 없을 것으로 판단한 게 아닐까 생각된다. 'Tree Diagram'의 용어 정의를 옮기면 다음과 같다.

· **수형도(Tree Diagram)** (네이버 백과사전) 점과 선으로 연결되어 있고...(중략)... 어떤 사건이 일어나는 모든 경우를 나무에서 가지가 나누어지는 것과 같은 모양의 계통 그림으로 그린다...(중략). 수지도(樹枝圖)로도 불린다.
· **Tree Diagram** (WIKIPEDIA) '네트워크 토폴로지(컴퓨터 네트워크의 링크, 노드 간 연결도, 'Tree 토폴로지' 외 6종이 있음)' 중 Tree 토폴로지의 특수한 경우. 그림 (Diagram) 관점에선 'Cluster Diagram 〉 Network Diagram 〉 Tree Diagram'의 관계가 있다. 참고로, 응용 도구에 'Decision Tree'를 포함 총 7종이 소개돼 있다[표 TD-1] 참조).

---

51) (서적) 『전략 사고 컴플리트 북(Strategical Thinking Complete Book)』, 가와세 마고토 저, 현창혁 역, 일빛' 등 다양한 출처에서 'Logic Tree=Issue Tree'로 표기하고 있다.
52) (서적) 『서비스 식스시그마 101』, 정연윤 저, 네모북스'에선 'Logic Tree'란 언급은 없으나 'Diagram'을 끝에 붙여 '계통도'로 해석하고 있다. 본 책에선 'Logic Tree=Logic Tree Diagram'으로 해석하였다.
53) (서적) 『창의력 노트』, 제임스 히긴스 저, 박수규 역, 비즈니스북스', (서적) '*Root Cause Analysis*, Duke, Okes, ASQ'에선 'Logic Tree'와 동일한 도구로 소개하고 있다.
54) (서적) 『프로기획자의 전략적 사고』, 김재문 저, 새로운 제안'에선 'Decision Tree'를 'Logic Tree'와 매우 유사한 도구로 소개하고 있다.

[표 TD－1] 'Tree'의 분류(WIKIPEDIA)

구 분		하위 유형 및 예
상위 ↑↓ 하위	Cluster Diagram 한 집단 내 가까이 떨어져 있는 요소들을 표현한 그림. 서로 연결될 수 있음	▷ Comparison Diagram → 예) 건축물 간 높이 비교 ▷ Astronomic Cluster Diagram → 예) 구상 성단의 도해 ▷ Bio−site map Diagram → 예) 생체 분야 연계도 ▷ Cloud Diagram → 브레인스토밍 등으로부터 발굴된 아이디어들 간 관계도
	Network Diagram 'Cluster Diagram' 중 'Cloud Diagram'의 특수한 형태로 요소들이 규칙적으로 배열된 그림	▷ Artificial Neural Network ▷ Computer Network Diagram → (토폴로지: 정돈된 7개의 기본 구조가 있음); Ring, Mesh, Star, Fully Connected, Line, Tree, Bus ▷ Neural Network Diagram ▷ Project Network ▷ PERT Diagram ▷ Semantic Network ▷ Sociogram ▷ Spin Network
	Tree Diagram 'Network Diagram' 중 'Tree Topology' 의 특수한 형태	▷ 수학과 통계학 분야에서의 Tree구조에 따른 확률의 계산 ▷ 물리학에서의 Feynman Diagram ▷ 언어학에서의 Parse Tree ▷ 생물학에서의 계통 발생(Phylogenetics) 도해 ▷ Game Tree ▷ Decision Tree ▷ Hyperbolic Tree

무심코 쓰고 있는 'Tree형 도구'들이 도대체 어디서 유래되었는지 그 원류를 좇다 보니 설명의 규모가 커져버렸다. 적어도 조사된 결과에 따르면, 독립된 요소들 간 연계성을 일반화시킨 그림을 'Cluster Diagram'이라 하고, 그 하위 유형들 중 'Cloud Diagram([표 TD－1] 내 빨간색)'의 특수한 경우가 'Network Diagram', 또 그 하위 유형들 중 하나인 'Tree Topology([표 TD－1] 내 빨간색 'Tree' 지칭)'의 특수한 경우가 'Tree Diagram'이라 할 수 있다.

다시 'Tree Diagram'에는 다양한 응용 도구들이 있으며, 우리가 자주 사용하는 'Decision Tree' 등이 여기에 속한다. 관심 대상인 'Logic Tree'도 이 분류에 속한다고 볼 수 있다. 사실 'Cluster Diagram' 등은 다양한 연구 문헌이 있으므로 'Tree 도구'들의 정확한 출처를 알 수는 없지만 그 탄생 배경을 이해하는 데는 충분하다고 판단된다.

'Tree'의 원류를 이해했다면 이제 'Logic Tree'의 구성분인 'Logic(논리)'의 의미에 대해 알아보자. '논리(Logic)'의 사전적 정의는 다음과 같다.

· **논리(Logic)** → (국어사전) 말이나 글에서 사고나 추리 따위를 이치에 맞게 이끌어가는 과정이나 원리.
　　　　　　　　→ 사물끼리의 법칙적인 연관.

문제 해결 때 사용 빈도가 높으면서 'Tree 구조'를 갖고 있고, '논리(Logic)'의 사전적 정의에 부합되는 도구들 중 대표적인 것에 'Logic Tree'뿐만 아니라, 'Fault Tree', 'Event Tree', 'Decision Tree'가 있다. 이들은 논리 기호(OR Gate, AND Gate), 부울 대수, 확률 산정 등 정량적 분석이 가능한 경우도 있으나, 상위 개념에서 하위의 여러 갈래로 분화되는 시각적 그림을 통해 정성적 해석이 가능하다는 공통점도 갖고 있다. 각각의 쓰임에 따라 약간의 차이가 있으므로 'Logic Tree'를 좀 더 명확하게 이해하는 차원에서 이들을 표로 간략히 비교, 정리해보았다.

[표 TD-2] '논리'성을 갖는 대표적인 'Tree Diagram' 유형들

유형	설 명
Logic Tree	▷ (기업 교재) 문제의 해결책이나 근본 원인(Root Cause)을 찾기 위해 MECE의 논리적 사고 방식에 따라 특정 논점(Issue)들을 나뭇가지 형태로 분해시킨 분석 도구임. ▷ (서적)[55] 수집된 데이터를 이해하기 쉽고 논리적인 형태로 정리하는 방법. 'Fault Tree'가 **'발생 가능성'**을 가지고 전개하는 것과 달리, 과거에 일어났던 **'사실'**에 기반을 두어서 전개하는 것이 가장 큰 차이점임. ▷ (서적)[56] What Tree(구조나 체크 리스트를 찾는 경우), Why Tree(과제에 대해서 원인을 찾는 경우), How Tree(과제에 대해서 해결책을 찾는 경우)로 구분됨.
Fault Tree	▷ (영어사전) (핵 처리 장치, 발전 설비 등에서의) 사고 결과 예상 계통도임. ▷ (서적) 발생 가능한 '정상 사상(Top Event)'부터 하부의 '기본 사상(Basic Event)'까지 Tree 형태로 작성된 개거론에 의거한 도구. Tree에 의한 정성적 분석과 발생 확률에 의한 정량적 분석이 가능함. ▷ 시스템의 특정 고장을 일으키는 원인 사건의 발생 확률을 계산하는 데 **활용**(논리 기호, 부울 대수 사용)됨.
Event Tree (사건 나무)	▷ (네이버 백과사전) 한 사건에 대해서 그에 이르게 되는 전 과정을 한 그루 나무 모양으로 모형화한 것…(중략). 일반 기업에서도 안전 대책을 수립하거나 작업 분담을 결정하는 경우 등에 활용한다. 그러나 최근에는 사건 나무를 다른 데이터와 연결시킴으로써 원자력 발전, 우주 개발, 항공기 등의 크고 복잡한 시스템에서 확률론적 안전 평가법(Probabilistic Safety Assessment)으로 쓰이는 경우가 많다…(중략). ▷ 시스템 부품의 성공(O)/실패(X) 두 경우로 계속 분화시켜 나감.
Decision Tree (디시전 트리)	▷ 불확실한 사상에 직면한 의사 결정에 있어서 형성되는 분기점의 도형…(중략). 현실의 복잡한 의사 결정의 문제는 이와 같은 결정점과 불확실점에서 많은 가지가 갈라지고, 또 분기점도 몇 단계에 걸쳐 연결되는 나뭇가지 그림으로 나타낼 수 있다. 불확실점인 각 분기점에 대해서는 각 사상이 일어나는 확률을 생각할 수 있고, 그것을 써서 각 불확실점에서의 기대 이익이나 기대 비용이 계산된다…(중략).

사실 [표 TD-2]의 도구들이 논리적으로 전개된다는 공통점을 감안하면 모두 'Logic Tree'란 명칭으로 묶어 하부 유형으로 정의했으면 하는 게 필자의

---

55) Root Cause Analysis: Improving performance for bottom-line results, Robert J. Latino, Kenneth C. Latino, CRC Press.

56) 『맥킨지식 문제 해결 로직트리』, 이호철 저, 어드북스.

바람이다. 또 'Logic Tree'와 'Issue Tree'를 동등하게 보는 경향이 강하므로 합리적인 관계는 다음 [그림 TD – 1]과 같은 설정도 의미 있을 것으로 보인다.

[그림 TD – 1] 'Logic Tree'의 유형들 간 관계

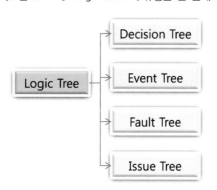

그러나 여러 출처에서 'Logic Tree'를 별개로 설명하고 있어 일단 구별해두는 게 좋겠다. 'Logic Tree'의 탄생 배경은 명확하게 확인된 바는 없지만 일부 자료로부터 유추하면 다음과 같다.

> · (www.asq.org) 2003년 6월 작성된 제목 'Eastman Chemical's Success Story'의 내용에 따르면, 고객 불만을 해소하기 위해 RCA(Root Cause Analysis)를 실행하기 위한 도구로 1998년에 'Logic Tree'가 개발되었으며, 이 프로젝트의 성공으로 고객 불만은 반으로 줄었고, 불만 처리에 들어간 비용도 약 $2mil. 절약하는 쾌거를 올림. 이후 'Logic Tree'의 응용 사례가 안전, 건강, 환경, 설비 신뢰성, 조직 효율화 및 문서 업무의 오류 보정 등과 같은 분야로 급속히 퍼져 나간 계기가 됨.
>
> · (서적) '주석_50)'에 'Logic Tree'를 1700년 전부터 내려온 고전적 도구로 소개하고 있음.

지금까지 '도구' 관점에서의 'Tree' 발원지와 'Logic(논리)'의 의미 및 그로

부터 파생된 도구들에 대해 알아보았다. 이제 'Logic Tree'의 사전적 정의와 용법에 대해 알아보자. 사전적 정의는 'Logic Tree=Issue Tree'로 본다면 네이버 백과사전의 '이슈 나무(Issue Tree)' 정의를 참고할 수 있다. 평상시 문제 해결에서 접했던 도구의 내용과 별반 차이가 없다는 것을 발견할 것이다. 다음은 정의를 옮겨놓은 것이다.

> · **이슈 나무(Issue Tree)** (네이버 백과사전) 맥킨지 컨설팅의 문제 분석 도구의 한 과정으로, 이슈 나무는 '이슈', 즉 초기 가설이 옳은지 아닌지를 판별하는 기준이 되는 이슈를 MECE(Mutually Exclusive, Collectively Exhaustive) 원칙에 따라 나무 형태로 정리한 것을 말한다. 즉, 초기 가설을 최상위의 이슈로 해서 하부 이슈 (Sub-issues)를 계속 나무 형태로 만들어 계층적으로 도식화한 것이다. 여기서 초기 가설은 '로직 트리(Logic Tree)' 등을 통해 문제의 범위와 얼개를 파악하고 난 상태에서 일단 해결책을 생각해보는 것을 말한다. 초기 가설은 아직 자세한 사실 관계가 조사되지 않은 단계에서 세우는 것이다.

용법은 'RCA(Root Cause Analysis)'에서와 같이 가설과 검증의 단계를 포함시켜 문제의 근본 원인을 밝히는 전개도 있고, 'ASQ(American Society for Quality, www.asq.org)'에 소개된 바와 같이 해결책을 찾는 목적으로도 전개될 수 있다. 그러나 문제 해결 관점에서 가장 보편적이고 일반적인 전개는 목적에 따라 'What Tree(구조나 체크 리스트를 찾는 경우)', 'Why Tree(과제에 대해서 원인을 찾는 경우)', 'How Tree(과제에 대해서 해결책을 찾는 경우)'의 모든 경우를 고려한 접근이 필요하다. 왜냐하면 Measure Phase에서 '잠재원인 변수의 발굴'의 용도뿐 아니라 Improve Phase에서 개선 해결책을 찾는 용도도 중요하기 때문이다. 이런 분류를 '맥킨지식 로직 트리'[57]라고 한다. 그러나 분류가 그렇다는 것이지 목적한 바를 이루는 과정은 모두 동일하다. 따

---

57) 좀 더 자세한 정보를 얻으려면 (서적) 『맥킨지식 문제 해결 로직트리』, 이호철 저, 어드북스를 참조하기 바란다.

라서 가장 빈도가 높은 '원인 발굴'의 용법만 설명58)하고 나머진 '주석_56' 등의 서적을 참고하기 바란다.

① 해결해야 할 문제 또는 과제에 대해 기술한다.

기록할 담당자를 선임한 뒤, 제시된 문제(또는 과제)를 플립 차트 상단 또는 왼쪽에 적는다. '제시된 문제'는 '이슈 나무' 정의에 따라 '초기 가설'에 해당한다. 예를 들어 대 고객 전화 상담 센터에서 '대기 시간 지연'이 일어나는 원인을 파악한다고 가정하자. 이 경우 해결해야 할 문제, 즉 '초기 가설'은 '고객 대기 시간 지연'이 될 것이다.

② 왜 해당 문제(과제)가 발생하는지 브레인스토밍 한다.

만일 구조나 체크 리스트를 찾는 'What Tree'라면 "어떤 작업이 수행되어야 하는가?"가, 또 해결책을 찾을 목적의 'How Tree'라면 "어떻게 해야 하는가?"가 주요 질문 사항이 될 것이다. 본 예는 원인을 찾고 있으므로 "왜 이런 문제가 발생하는가?"로 자문하면서 그 원인에 대해 브레인스토밍 한다. 다음 [표 TD-3]은 가정된 브레인스토밍 결과의 예이다.

[표 TD-3] 원인 발굴을 위한 브레인스토밍 예

해결해야 할 문제	발굴된 원인
고객 대기 시간이 길어짐	▷ 다른 고객 상담이 오래 걸려 다음 고객 대응이 늦음. ▷ 시스템적으로 여유 있는 상담사에게 자동 지정이 안 됨. ▷ 상담사 대응 수준이 떨어짐. ▷ 상담사의 공석 시간이 존재함(급한 용무 등). ▷ 서류 처리 시간이 오래 걸림(복사, 인쇄 등). ▷ 승인이 필요한 경우 결재 대기 시간이 존재함. ▷ 왜 대기하고 있는지 몰라 동일 고객이 반복적으로 전화를 해옴. 접촉 수 증가로 시스템 부하 증대됨. ▷ 상담사 사전 교육이 미흡함. ▷ 변경된 사항의 공지가 제때 안 이루어짐. ▷ …

---

58) 'www.asq.org'의 'Tree Diagram' 작성법을 일부 편집해 옮겨놓았다.

③ '친화도법(Affinity Diagram)' 후, '인과관계'와 'MECE 관계'를 판단한다. '친화도법(또는 KJ Method)'은 브레인스토밍을 통해 나온 아이디어나 생각 들을 유사성이나 연관성에 따라 재분류하는 도구이다. 또 'MECE(Mutually Exclusive, Collectively Exhaustive)'는 우리말 '미시'라고 발음하며, '중복되지 않고 누락되지 않은' 상태를 의미한다. 따라서 발굴된 [표 TD−3]의 아이디어 들을 1차적으로 '친화도법'에 의해 정리한 뒤, 같은 배열의 항목들이 '중복되 었는지'와 '누락되었는지'를 점검한다. 물론 정해진 규칙은 없으므로 팀원들의 관찰과 노력이 중요한 역할을 한다. 다음 [그림 TD−2]는 '친화도법' 후, '인 과관계'와 'MECE 관계'를 진행한 결과이다(로 가정한다).

[그림 TD−2] 'Logic Tree_친화도 후 '인과관계'와 MECE' 작성 예

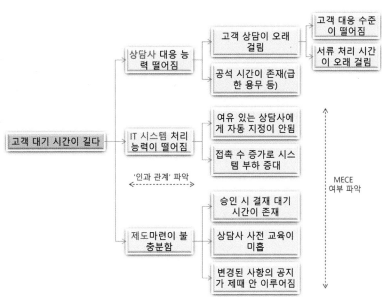

[그림 TD‒2]를 보면 [표 TD‒3]의 아이디어들을 크게 '상담사 대응 능력 떨어짐(상담사 관점)', 'IT 시스템 처리 능력이 떨어짐(IT 시스템 관점)', '제도 마련이 불충분함(제도 관점)'으로 그룹핑(친화도)하였으며, 이런 분류는 'MECE' 관점에서 잘 정의된 것으로 보인다. '인과관계' 관점에선 예를 들어 "고객 상담시간이 **왜** 길지?"라는 자문에 "상담사 대응 능력이 떨어져서", 연이어 "상담사 대응 능력이 **왜** 떨어지지?"라는 물음에 "고객 상담이 오래 걸려서" 등으로 인과성이 성립되는지를 파악한다. 다른 항목들도 동일한 방법과 과정으로 정립해 나간다.

④ 하부 논점(Sub-issues)들을 브레인스토밍 한다.

[그림 TD‒2]의 말단 논점들은 다시 원인 발굴의 새로운 시작점이 되며, "왜 ~하는가?"라는 자문을 통해 하부 논점들을 발굴해 나간다. [표 TD‒3]은 '대기 시간이 길다 ← 상담사 대응 능력이 떨어짐 ← 고객 상담이 오래 걸림' 경우의 발굴 예를 보여준다.

[표 TD‒4] '하부 논점(Sub-issues)' 브레인스토밍 예

해결해야 할 문제	발굴된 하부 논점(Sub-issues)
고객 대기 시간이 길다 ← 상담사 대응 능력이 떨어짐 ← 고객 상담이 오래 걸림	▷ 고객 확인이 늦다. ▷ 고객 요구 사항 파악이 늦다. ▷ 규정 찾는 데 시간이 소요된다. ▷ 기본 서류 처리 방법이 미숙하다. ▷ 양식 출력 및 복사 집중으로 대기가 발생한다. ▷ 문서 처리 미완으로 종료되는 경우가 많아 재접속이 많다. ▷ 고객에게 이후 처리 과정에 대한 설명이 부족하다.

'하부 논점'들을 브레인스토밍 할 경우 맨 끝단 바로 직전 논점을 시작점으로 삼는 게 유리하다. 맨 끝단의 분류는 아직 불완전하기 때문에 재정립 필요

성이 늘 상존하기 때문이다.

⑤ 친화도 후, '인과관계'와 'MECE 관계'를 재확인한다.

[표 TD-4]를 가만히 뜯어보면 '고객 상담이 오래 걸림'에 대해 '초기 대응', '중간 대응', '마무리 대응'으로 'MECE'하게 분류하면 도움 된다는 것을 알 수 있다. 이 부분만 다시 도시하면 [그림 TD-3]과 같다.

[그림 TD-3] '하부 논점_친화도 후 '인과관계'와 MECE' 작성 예

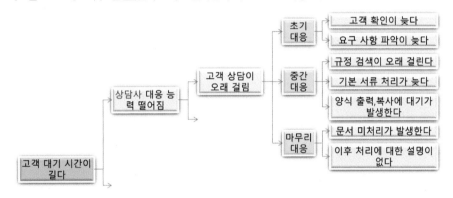

[그림 TD-2]의 말단에 분류됐던 '고객 대응 수준이 떨어짐'과 '서류 처리 시간이 오래 걸림'은 [그림 TD-3]의 '하부 논점'들에 자연스럽게 포함되었으며, 이들은 '초기 대응', '중간 대응', '마무리 대응'으로 'MECE'하게 재정리 되었음도 알 수 있다.

⑥ '근본 원인(Root Cause)'에 도달할 때까지 '④'와 '⑤'를 반복한다.

실질적인 '근본 원인'의 여부는 확인할 길이 없으므로 더 이상 나눌 수 없다고 판단될 때까지 '하부 논점 발굴'과 '인과관계' 및 'MECE 관계'를 반복

적으로 정립해 나간다. 만일 해결책을 찾을 목적의 'How Tree'라면 실행이 가능한 '명확한 활동'이 나올 때까지 전개될 것이다. 이 부분에 대한 예는 생략한다.

⑦ 전체 다이어그램을 최종 점검한다.

점검은 우선 '인과관계'와 'MECE 관계' 파악에 집중한다. 다음 목표 달성을 위한 논점들이 충분하게 드러났는지를 검토하고, 이어 현업에서 실현 가능한 것들인지도 확인해볼 필요가 있다. 또 무엇보다 중요한 것은 목표(여기선 '고객 대기시간을 ○○분 줄인다'가 될 것이다)를 충분히 달성할 수 있는지도 중요하게 점검할 대상이다.

문제 해결 때 쓰이는 'Logic Tree'는 수리적 해석이 없는 정성적 분석용이 대부분이다. 따라서 이 정도에서 정리하고, 정량적 해석이 필요한 리더들은 [표 TD-2]의 도구들을 참조해서 관련 출처를 참고하기 바란다.

2.1.7. 이유-원인 분석(Why-Because Analysis)

이 도구는 흔히 알려진 '5Whys'를 연상시키지만 실상은 탄생 배경이나 용도에 큰 차이가 있다. 단어 자체에서 풍기는 의미는 '왜'라는 질문을 통해 '근본 원인(Root Cause)'을 찾는 느낌을 준다. 다음은 각각의 탄생 배경을 설명한 것이다(표현이 유사하고, 문제 해결 시 혼용돼 사용되므로 '5Whys'와 함께 설명하였다).

· **Why─Because Analysis**: (www.rvs.uni-bielefeld.de) 1770년대 당시 사건의 인과관계 분석에 정통한 David Hume에 의해 제안된 특징들을 1973년 유명한 논리학자 David Lewis가 [현대적 '형식 논리학(Formal Logic)'을 명확한 어의적 표상으로] 체계화시킨 '조건법적 서술 시험(CT, Counterfactual Test)'의 한 응용 도구이다(표현이 좀 어렵다.^^ 그만큼 쉽지 않은 도구다).

(최초 기원 문헌) David Lewis(1973), Counterfactuals, Oxford: Blackwell Publishers and Cambridge: Harvard University Press, 1973, Reprinted with revisions, 1986.

이 문헌을 처음 분석에 응용한 사람은 Peter B. Ladkin(1996)으로, 그는 X-31 및 A320 바르샤바 항공기 추락 원인 규명에 지금의 'WBG(Why─Because Graph)'로 알려진 'Causal Hypergraph'를 완성하였고, 이후 철도, 선박 등의 문제 원인 규명에 활용되었다(이와 관련된 자세한 사항은 Site를 참조하기 바람: www.rvs.uni-bielefeld.de).

· **5Whys**: (WIKIPEDIA) 이 도구는 도요타의 창시자인 Sakichi Toyoda에 의해 처음 개발되었으며, 이후 도요타 자동차 제조에 필요한 문제 해결 도구 중 하나로 자리매김하였다. 'TPS(Toyota Production System, 도요타 생산 방식)'를 설계한 Taiichi Ohno는 그의 저서(아래 출처)에서 "5Whys는 '왜'라는 질문을 5회 반복함으로써 문제의 근본 원인 발굴과 동시에 해법까지 얻을 수 있는 도요타의 과학적 접근의 주요한 근간"으로 묘사하고 있다. 현재 이 도구는 Kaizen, Lean Manufacturing 및 Six Sigma 등에서 활용되고 있다.

(5Whys가 언급된 초기 출처) Taiichi Ohno; foreword by Norman Bodek (1988), Toyota production system: beyond large-scale production. Portland, Or: Productivity Press. ISBN 0915299143.

둘의 공통점이 '원인'을 찾는 데 있으므로 '40 – 세부 로드맵' 경우 'Step –
6. 잠재 원인 변수의 발굴'에 쓰일 수 있으나, '근본 원인(Root Cause)'을 찾
는 분석적 기능을 고려할 때, 'Step – 8.1. 가설 검정'에서 '정성적 도구'로의
용도에 훨씬 유용하다. 태생 자체가 사후 문제의 원인 규명에 기반을 두므로
'제품(또는 프로세스) 설계 방법론'에서의 활용 빈도는 상대적으로 낮은 편이
다. 참고로 'Why – Because Analysis'는 '형식 논리학(Formal Logic)'과 같은
이론 체계화의 역사적 배경이 말해주듯 실 상황 적용이나 관련 연구가 심도
있게 이루어지고 있는 특징이 있다. 좀 더 상세한 정보와 적용 사례, 연관된
문헌 등을 필요로 한다면 탄생 배경에도 밝혔듯이 'www.rvs.uni-bielefeld.de'
를 참조하기 바란다. 다음은 사전적 정의를 옮겨놓은 것이다.

· **Why–Because Analysis** (WIKIPEDIA) WBA는 '사고 분석(Accident Analysis)'의
한 방법이다. 항공기, 철도, 선박, 컴퓨터 등 사건의 발생이 의도적이든 그렇지 않든
또 분야가 무엇이든 관계없이 문제의 원인을 규명하는 데 사용된다. 사후 분석법이며,
객관적 검증이나 결과의 재현에 매우 유용하다. WBA의 결과물은 'WBG(Why –
Because Graph 또는 WB Graph)'이다. 이 그래프는 사고의 원인들 간 '인과관계'
를 묘사하며, 요인들이 한 방향으로 뻗어 나가는 형상을 취한다.

· **5Whys** (WIKIPEDIA) 이 도구는 '원인 – 결과'의 관계 탐구에 쓰이는 질문형 방법으
로, 용법의 궁극적 목표는 문제의 '근본 원인'이나 결점을 확인하는 데 있다.

쓰임의 정도는 'Why – Because Analysis'보다 '5Whys'가 훨씬 높다. 단순
하고 또 우리가 생각하는 직관과 잘 연결되기 때문이다. 이제 단계별 작성 절
차에 대해 알아보자. 참고로 '5Whys'는 '왜'라는 5회 질문의 단순 과정을 통
해 이루어지는 만큼, 본문에서의 추가 설명은 생략한다. 'Why – Because
Analysis'의 작성 절차는 생각보다 매우 체계화되어 있다. 'Thilo Paul-Stuve'
라는 전문가가 'HTA(Hierarchical Task Analysis)'로 작성한 상세 절차가 있

으며 요약하면 다음과 같다.[59]

① 정보를 수집한다(Gather Information).

제일 먼저 정보의 출처를 파악한다. 예를 들어 문제 발생을 목격한 사람의 보고서, 관련 업무의 책임자, 연계된 문헌 등이 해당된다. 이어서 정보의 질을 평가하는데, 출처의 신뢰성과 자료의 배경 파악이 우선 대상이다. 만일 팀이 함께 작업한다면 자료에 대한 토의가 있어야 하며, 이를 통해 유용한 정보 자료가 수집될 수 있다.

② '진상'[60]을 파악한다(Determine the Facts).

수집된 정보 자료로부터 사건 발생과 관련된 문맥을 식별하기 위해 주의 깊게 정독한 후, 문맥이 식별되면 이들을 다시 개별 사건들로 분화시킨다. 이때, 미리 추측된 내용은 사실로 드러날 때까지 심도 있는 검토 과정을 거친다. '진상'을 식별하는 두 가지 방법이 있는데, 하나는 '조건법적 서술 시험 (Counterfactual Test)'을 초기에 적용하는 것이고, 다른 하나는 '진상 목록 (List of Facts)'을 작성해 활용하는 것이다. 참고로 '조건법적 서술 시험'의 정의는 다음과 같다.

· **Counterfactual Test(CT, 조건법적 서술 시험)** (WIKIPEDIA) 'CT'의 개념은 David Lewis로 거슬러 올라가는데, "그 원인이 발생하지 않았다면, 그 결과도 일어나지 않았을 것인가?"와 같은 질문을 통해 '결과(Effect)'를 야기한 'NCF(Necessary Causal Factor, 필연적 원인 인자)' 여부를 검증한다. 만일 질문에서 그 원인이 필연적이라면, 결과 형성에 기여했음이 명백하다고 판단한다.

---

59) 출처는 www.rvs.uni-bielefeld.de에 포함된 내용을 따랐다. Site에 작성 절차에 대한 상세 흐름도가 포함돼 있으므로 필요한 리더는 참조하기 바란다.

60) 'Fact'가 '사실' 또는 '진상' 등으로 해석될 수 있으며, 여기선 후자인 '진상'으로 번역하였다.

③ '진상 목록'을 작성한다(Create a List of Facts).

'진상 목록'이란 '사건과 명확하게 관련된 문맥'들을 모아놓은 것이다. 확인된 모든 '진상'들에 일련번호를 부여하고, 참고하기 좋도록 상황에 맞는 간단한 설명을 달아놓는다. 다음은 작성 예이다.

[표 WB-1] '진상 목록(List of Facts)' 작성 예

일련 번호	진상 목록(List of Facts)	출처
1)	선박이 전복됨.	보고서
...	...	...
7)	배의 전진으로 생기는 선수파가 뱃머리 위로 올라옴.	보고서
8)	선장이 방파제를 지난 후 속도를 증가시킴.	보고서
...	...	...
16)	(선박에) 자동차 적재를 위해 물을 밸러스트 탱크로 옮김.	현장 조사
...	...	...

④ 'Why-Because 목록'을 작성한다(Create a Why-Because List).

'Why-Because 목록'은 '진상'뿐 아니라 그들 간 관련성에 대한 정보까지 포함한다. 즉, '진상'들 간 관련성이 'Why-Because 쌍'으로 표현되는 식이다. 각 '진상'엔 일련번호, 간단한 설명 및 참조된 자료명이 표기된다. 모든 '진상'들이 이 같은 방식으로 기록되면, '조건법적 서술 시험(Counterfactual Test)'을 각 쌍에 적용할 수 있다. 이 과정에서 모순이 발견되면, 'Why-Because 목록'을 수정한다. 목록의 완성도 및 일관성을 유지하기 위해 최종 검토를 수행하고, 필요하면 이 역시 수정 과정을 거친다. 다음은 간단한 예이다.

Why(왜) 선박이 전복되었을까?, Because(왜냐하면) 선박이 (중심을 못 잡고)불안정해졌기 때문에,

Why(왜) 선박이 불안정해졌지?, Because(왜냐하면) 해수가 아래쪽 Car Deck(자동차 보관용 갑판)로 들어왔기 때문에.   (WB.1)

⑤ '진상 보조 목록'을 작성한다(Create an Auxiliary List of Facts).

'진상 보조 목록'은 선택 사항이지만 사건을 이해하는 데 종종 도움이 된다. '진상 목록'이나 'Why－Because 목록'을 만든 후, 분류 체계를 설정해야 하는데, 이때 시간의 경과나 사건 관련자의 포함 여부에 따라 그 체계가 달라질 수 있다. 각 '진상'은 일련번호, 간단한 설명 및 참조된 자료를 표기한 후 결정된 분류 체계에 따라 철하여 보관한다. 만일 분류 체계에 적합하지 않은 '진상'들이 발견되면 체계 자체의 변경도 고려한다.

⑥ '정상 마디(또는 사고)'를 결정한다(Determine Top Node/the Mishap).

'WBG(Why－Because Graph)'를 작성하는 첫 작업은 '정상 마디'를 결정하는 일이다. 이를 위해 '진상 목록' 또는 'Why－Because 목록'에 수집된 '진상'들을 검토하고 평가한다. 참고로 '정상 마디'는 'WBG'의 맨 꼭대기에 위치한다. 교통 사고의 경우 '정상 마디'의 선정이 분명하지만, 복잡하게 얽혀 있는 컴퓨터 보안사고 등에선 '정상 마디'를 식별해내기란 쉽지 않다. '정상 마디(또는 Mishap)'는 사고와 연계된 생명 또는 금전적 손실에 가장 직접적으로 영향을 준 상황이나 사상(Event)이 주로 해당된다. [표 WB－1]과 (WB.1)을 통해 '정상 마디'를 다음과 같이 선정하였다(고 가정한다).

[표 WB－2] '정상 마디(Top Node 또는 Mishap)' 선정 예

일련번호	정상 마디(Top Node 또는 Mishap)
1)	선박이 전복됨.

'정상 마디'를 결정하는 본 단계부터 'WBG' 작성이 시작되므로 표현 원칙에 입각해 전개해 나간다. [표 WB‒3]은 표현에 쓰일 '기호(Symbol)' 목록표이다.

[표 WB‒3] WBG 작성에 필요한 '기호(Symbol)'

기호(Symbol)	설명
⬡	상태(State)
⬭	기대에 어긋난 사건 또는 실제 일어나지 않은 일 (Nonevent)
▭	일어난 일(Event)
⬭	프로세스(Process)

⑦ '필연적 원인 인자'를 결정한다(Determine the Necessary Causal Factors).
WBG의 '정상 마디(Mishap)'를 결정할 때 '필연적 원인 인자(NCFs)'의 파악이 함께 이루어지며, 이들은 '진상 목록'이나 'Why‒Because 목록'에서 발견된 '진상'들 중 다음의 방법을 통해 결정된다. 이 과정은 모든 'NCFs' 선정이 완료될 때까지 반복된다.

☞ '진상 목록'을 재검토하고, '조건법적 서술 시험(Counterfactual Test)'을 통해 N번째 마디와 연계된 'NCFs(또는 Child Nodes)'를 찾아내거나 또는,

☞ 'Why‒Because 목록'에 있는 모든 쌍들로부터 'NCF'를 찾아낸다.

팀 작업을 통한 'NCFs' 선정 시, 그룹 토의는 매우 중요하다. 이 과정은 'WBG'가 만족할 만큼의 상세한 수준에 이를 때까지 반복된다. 다음 [그림

WB - 1]은 완성된 'WBG' 예이다.61)

[그림 WB - 1] 'WBG' 작성 예

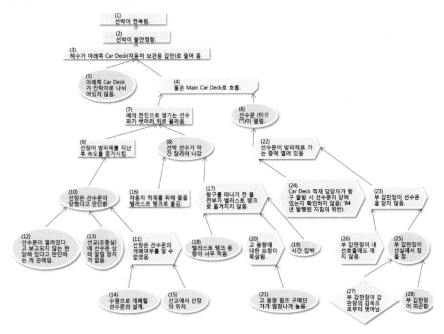

⑧ 'WBG'의 품질 보증과 보정

모든 'NCFs'가 결정되면, 'Causal Completeness Test(CCT)'를 수행한다. 이 절차는 'WBG' 내에 의도된 사건이 충분히 묘사되고, 어떤 오류도 없음을 확인하는 과정이다. 다음은 용어 정의이다.

---

61) 출처는 WIKIPEDIA이며, 영문을 번역해 옮겼다. 잘 보이지 않는다면 출처 원본을 참조하기 바란다 ('Why-Because Analysis'로 검색).

- Causal Completeness Test(CCT) (WIKIPEDIA) 사전엔 'Causal Sufficiency Test(CST)'로 표기됨. 'CST'는 "만일 기여한 원인들이 모두 발생한다면 결과가 일어나는가?"라는 질문을 통해 한 무리의 원인들이 하나의 결과를 야기시킨 충분조건인지 여부를 확인한다. 혹 원인들 중 일부가 빠졌는지를 식별하는 용도로 사용된다.

이 단계에 팀 미팅이 심도 있게 이루어지면 훨씬 도움이 된다. 만일 부적절한 내용이나 오류가 발견되면 그들을 변경하거나 '인과관계'의 재구성, 또는 마디의 제거/추가 등을 통해 보정한다. 마디의 추가로 '진상 목록/Why – Because 목록'의 갱신이 필요할 수 있으며, 이때는 갱신 후 'NCFs' 결정 절차(⑦)로 되돌아간다. 만일 'WBG'의 완성도가 떨어진다고 판단되면, '인과관계'를 확인하기 위해 '조건법적 서술 시험(Counterfactual Test)'을 다시 수행한다. 전체 'WBG'가 이 같은 절차로 보완된 후 만족할 수준에 이르렀다면, 본 과정을 마무리한다.

사실 'Why – Because Analysis'의 작성은 기업 교재에서 흔히 접했던 내용보다 이론적 배경과 작성 과정이 어렵고 복잡한 영역이 존재한다. 이에 대해 좀 더 연구해보고자 하는 리더는 'www.rvs.uni-bielefeld.de'를 자세히 읽어보기 바란다. 따라서 특별한 접근이 아니면 활용의 난이도를 고려해 'Why – Because Analysis'보다 '5Whys'의 사용을 권장하는 바이다.

2.2. 그림 유형

'전개형 도구' 중 '그림 유형'의 특징을 정리하면 다음과 같다. 이것은 '그림 유형'의 '정의(Definition)'로도 쓰일 것이며, 여기서 설명되지 않은 도구들 중 본 '정의'에 부합되면 동일한 범주로 간주한다.

> ・ 필요한 정보나 문제 해결, 개선 등을 목적으로 조사 또는 수집된 항목들이 임의 방법
> 으로 정리됨.
> ・ 항목들 간 연계성을 강조한다(인과성도 포함되나 한 점에서 시작되거나 한 점으로 모
> 이는 구조는 아님).

다음은 '전개형 도구'들인 [표 B-1] 중, '그림 유형'만 떼어 옮긴 것이다.

[표 P-1] '전개형' 도구 중 '그림 유형'들의 예

전개형	정성적 도구	연관 세부 로드맵	설명위치
그림 유형	Affinity Diagram	(DV)Step-5.5	2.2.1
	Arrow Diagram	(IC)(DV)Step-2.6	2.2.2
	Check Sheet	(IC)Step-8.1, 13.3 (DV)Step-13.3	2.2.3
	Porter Five Forces Analysis	(IC)Step-1.1, 8.1, (DV)Step-1.1	2.2.4
	Relations Diagram	(IC)Step-8.1	2.2.5
	Three Cs Model(3Cs Model)	(IC)(DV)Step-1.1	2.2.6
	Value Chain	(IC)Step-1.1, 8.1 (DV)Step-1.1	2.2.7

2.2.1. 친화도법(Affinity Diagram)

'Affinity Diagram'은 우리말로 '친화도법(親和圖法)'이다. 화학 분야에서 반응에 쓰이는 용어인 '친화도(親和度)'로 잘못 표기하는 경우가 있는데, '도'자의 한자음이 다르다는 데 주의가 필요하다. 2000년도에 미국 SBTI社로부터

DFSS 컨설팅을 받을 때 약 4시간가량 이 도구에 대해 교육받은 기억이 난다. 팀원들이 발굴한 아이디어를 포스트잇에 써넣은 뒤 플로 차트에 붙이면서 다듬고 또 파생시키며 유사한 것(친화도의 '친'자의 의미)끼리 묶어 나가는 방식이다. 당시는 '고객의 소리(VOC)'를 정리하는 과정이었으므로 묶여진 결과물은 'QFD(Quality Function Deployment)'의 입력으로 활용한 바 있다. '50-세부 로드맵' 경우 'Step-5.5. VOC 체계화'에서 쓰인다. 때론 리더 혼자 단순한 내용들을 이 도구에 정리한 뒤 PPT파일에 삽입하기도 하는데 사실 이것은 별 도움이 안 된다. 문제 해결에서는 '진정성'이 필수 요건이다. 보이기 위한 도구의 사용은 불필요한 문서 작업만 양산할 뿐이다. 이런 이유로 과제 멘토링 시 문제의 난이도나 범위, 정보의 양 등이 도구에 부합하지 않으면 '친화도법'의 사용을 자제시키는 바람에 사용 빈도는 그리 높지 않은 편이다. 다음과 같이 여러 이름으로 불린다.

KJ Method //KJ Grouping // 친화도 // 친화도법 (AD.1)

도구의 정식 명칭은 사전에 명시된 'Affinity Diagram' 또는 '친화도법'으로 통일한다. 또 본문의 경우, 이후부터는 '친화도법'이라 적을 것이다. 다음은 이 도구의 탄생 배경이다.

· (WIKIPEDIA) 1960년대(정확히 '64년이란 기록도 있음) 일본의 인류학자인 Jiro Kawakita가 고안하였다.

· (SBTI 연구 개발 부문 교재) 일본의 유명한 인류학자 Jiro Kawakita에 의해, 그가 연구 목적으로 떠난 여행에서 수집한 엄청난 양의 인류학적 자료를 요약하고 특성화할 목적으로 만들어져 이후 응용적 가치를 깨달은 Kawakita가 그 작성 과정을 정립함으로써 오늘날 우리가 쓰는 K. J. Method가 되었다.

용어 사전 등에 쓰인 정의를 옮겨놓으면 다음과 같다.

> · **친화도법(Affinity Diagram, 親和圖法)** (네이버 용어사전) 동일 주제에 대한 다양한 아이디어나 전망 자료를 종합하여 유사성이나 연관성에 따라 재분류하고, 문제에 대한 해결안을 제시하는 방법. 브레인스토밍 등을 통해 많은 아이디어나 생각들이 도출은 되었으나 정돈되지 않아 전체적인 파악이 어려울 때 이 도구를 이용하면 다양한 아이디어나 정보를 몇 개의 연관성 높은 그룹으로 분류하고 파악할 수 있다.
>
> · **Affinity Diagram** (WIKIPEDIA) 이 도구는 '신 QC 7가지 도구(The Seven Management and Planning Tools)' 중 하나로 아이디어와 데이터를 정리하는 데 쓰이는 비즈니스 툴이다. 보통 프로젝트 수행에 유용한데 브레인스토밍으로부터 양산된 많은 수의 아이디어들을 분석과 검토 목적으로 유사한 그룹끼리 묶는 데 쓰인다.

정의로부터 추측건대 이 도구의 탄생 초기엔 품질 관리용으로 쓸 목적은 아니었음을 짐작게 한다. '친화도법'의 용도는 탄생 이후 많은 연구자들에 의해 응용 화되었는데, 주로 다음과 같은 3가지 방식으로 문제를 인식하게 함으로써 필요한 해석에 도움을 준다(Ozeki & Asaka, 1990).[62]

1) 문제나 개선 기회의 유형을 구분하거나, 드러나 있지 않은 문제 또는 개선 기회들을 발굴하는 데 사용.
2) 불분명한 아이디어를 정리하거나 정렬하는 데 사용.
3) 문제 해결에 필요한 방향을 설정하는 데 사용.

작성 절차(Process)는 일부 기업 교재에 잘 나와 있다. 그러나 필자가 교육받은 4시간 정도의 실습 방식으로 이루어지는 학습은 거의 없다. 아마 '진정

---

62) Kazuo Ozeki and Tetsuichi Asaka, Handbook of Quality Tools: The Japanese Approach, 297 pages, Productivity Press, 1990.

성 있는 문제(정말 어렵고 답을 예상할 수 없는 문제. 그래서 팀원들이 모두 모여 진지하게 고민해야 목표를 달성할 수 있을 것 같은 성질의 문제!)'가 부족한 것이거나 아니면 도구의 쓰임새가 필요 없는 문제 유형들이 다수를 차지한 결과로 보인다. 이 도구의 설명은 다양한 출처에 요약돼 있지만 여러 형태의 변종이 있어 원류인지 확인하긴 어렵다. 그러나 아마도 이 부분에 있어선 1990년대 말, 미국 컨설팅회사인 'SBTI社'에 의해 제작된 '연구 개발 방법론 교재'의 것이 의미가 있지 않을까 생각된다. 본문은 이 내용을 옮겼다. 다음 [표 AD-1]은 작성 절차를 요약한 표이다. 이해를 돕기 위해 단계와 일부 내용을 약간 편집하였다.

[표 AD-1] '친화도법' 작성 절차

단계	내용	단계	내용
단계 1	질문(주제 문제)을 결정한다.	단계 12	'1, 2차 수준'을 정리한다.
단계 2	질문을 이해한다.	야호!	
단계 3	질문에 대한 '고객의 소리(또는 아이디어)'를 기록한다.	단계 13	'1차 수준'을 외곽선으로 묶는다.
단계 4	'고객의 소리(또는 아이디어)' 수를 줄인다.	단계 14	'2차 수준'을 외곽선으로 묶는다.
단계 5	'단계 4'를 정리한다.	단계 15	그룹 사이의 관계를 굵은 빨간 색으로 표현한다.
야호!		단계 16	팀원 각자가 '1차 수준'을 평가 한다.
단계 6	'1차 수준'의 개념을 모은다.	단계 17	'중요도'를 표현한다.
단계 7	누락된 것이 없는지 확인한다.	야호!	
단계 8	'1차 수준'에 제목을 붙인다.	단계 18	'전체 결론'에 대해 토의하고, 그 결론을 표기한다.
야호!		단계 19	회의 이력을 기록한다.
단계 9	'2차 수준'의 개념을 모은다.	야호!	
단계 10	'2차 수준'에 제목을 붙인다.	종료	
단계 11	그룹 사이의 관계를 설정한다.		

중간중간의 '야호!'는 중요 단계가 마무리되었다는 것과, 또 진행이 잘 되었음을 서로 확인하는 차원에서 탄성을 지르는 상황의 표현이다. 사례는 「Be the Solver_제품 설계 방법론」편에 수록된 '친화도법'의 내용을 활용하였다. 다음은 작성 과정이다.

① 질문(주제, 문제)을 결정한다.
② 질문을 이해한다.

「Be the Solver_제품 설계 방법론」편의 개발 제품은 '토이박스'라는 뚜껑을 열 때 튀어나오는 인형을 대상으로 하고 있으며, 기존 제품의 시장 매력도가 떨어짐에 따라 차세대 제품 개발로부터 시장 선점을 꾀하자는 데 연구 목적을 두고 있다(고 가정한다). 따라서 '주제'는 "신규 시장 창출을 위한 토이박스 설계에 대해 고객의 요구는 무엇인가?"로 설정한다. '단계 2: 질문을 이해한다'는 팀원들이 본 주제에 대해 상황과 필요성 또는 질문의 적합성 등을 재확인하는 절차이나 편의상 수행한 것으로 가정한다. 보통 총 소요 시간을 5분 정도로 설정하는데, 예를 들어 팀원이 6명이면 한 명당 50초의 발언권이 주어지는 식이다.

③ 질문에 대한 '고객의 소리(또는 아이디어)'를 기록한다.

'고객의 소리(VOC)'는 개발 방향성을 설정하기 위해 수집된 초기 자료에 해당한다. 회사가 영리를 목적으로 하는 한 개발된 제품은 판매가 이루어져야 하고, 그 주체는 시장 세분화 등을 통해 확인된 특정 대상이 돼야 한다. 결국 이 고객층의 요구 사항이 개발 제품에 제대로 반영되면 시장에서 많은 판매가 이루어지리라 기대할 수 있다. 초기 수집된 자료는 완벽한 표현은 아니더라도 그 자체로 의미가 있으며, 따라서 개발 중 창의적인 개념 생성의 기반이 되도록 본 단계에서 '요구 사항'으로의 전환이 필요하다. 방식은 하나의 포스트잇에 하나의 내용을 적되, 가능하면 다음과 같은 작성 원칙을 따른다.

1) 능동태를 사용한다(주어+목적어+동사).
2) 긍정문을 사용한다(예: 토이박스가 1회 조작 후 더 이상 동작하지 않는
   다 → 토이박스가 동작을 변환한다).
3) 명료하게 작성한다(예: 토이박스가 사람들의 관심과 재미를 이끌어낸다
   → 토이박스는 호기심을 유도한다).

작성 시 주의할 점은 '해결책'이나 '해결을 암시하는 표현' 등은 삼간다. 결
정된 것은 그냥 하면 되므로 '개발'이란 의미가 불필요하다. 본 결과는 'QFD'
의 입력이 되며, 'QFD'의 결과물은 'CTQ(Critical to Quality)'들이다. 이
'CTQ'들로부터 제품의 '기능(Function)'과 '기능 대안'이 얻어지는데, '해결책'
의 윤곽은 바로 이 시점에 잡힌다. 설명된 과정은 '제품 설계 방법론'의 로드
맵 이해가 필수이므로 이 정도에서 정리한다. [그림 AD-1]은 본 단계의 실
행 상태를 보여준다.

[그림 AD-1] '고객의 소리(요구 사항)' 포스트잇 작성 예

④ '고객의 소리(또는 아이디어)' 수를 줄인다.

제품 개발에 반영할 핵심적인 '요구 사항'들을 선별한다. 고객이 요구했다고 해서 모두 중요하다고 볼 수도 없을뿐더러, 또 그들 모두를 반영할 자원이나 비용이 무한한 것도 아니기 때문이다. 통상 20∼30개 수준으로 줄이는 게 목표다. 이 과정은 모든 포스트잇을 차트에 붙인 뒤 "인터뷰 등을 통해 얻은 정보 중에서 고객의 제품 사용 환경에 가장 중요한 소리는 무엇인가?"라는 질문을 한 뒤 각 팀원이 중요하다고 생각되는 포스트잇 하단에 빨간 점을 찍는다. 빨간 점이 있는 포스트잇에 또 점을 추가하진 않으며, 점이 없는 것들은 모두 떼어내 다른 곳에 보관한다. 이 1회의 과정을 통해 20∼30개보다 약 30% 정도 많은 양(20개 기준으론 26개가 될 것임)이 뽑혔다면 목표하는 포스트잇 수를 정한 뒤(예로 팀원이 8명이면, 팀원당 3개씩 총 24개를 목표로, 팀원이 7명이면, 팀원당 4개씩 총 28개를 목표로 하는 식), 팀원당 정해진 수만큼 포스트잇을 선택해가면서 서로에게 설명하는 시간을 갖는다. 왜 중요한 '요구 사항'으로 생각하는지를 확인하는 순간이다. 목표로 하는 포스트잇 수(예: 팀원 8명 경우 24개)에 이르면 나머진 떼어내 다른 곳에 보관한다.

만일 최초의 선별 과정에서 빨간 점이 찍힌 포스트잇 수가 20∼30개의 약 30% 정도를 훨씬 넘어서는 양(50개 등)이 나왔다면, 팀원들이 다시 하나씩 확인하며 포스트잇에 두 번째 빨간 점을 추가해 나간다. 역시 두 개의 빨간 점이 찍힌 포스트잇이 20∼30개의 약 30% 정도를 훨씬 넘어선 양(40개 등)이 또 나왔다면, 세 번째 빨간 점을 찍는 과정이 반복적으로 수행되며 20∼30개보다 약 30% 정도 많은 양이 되도록 준비한다. [그림 AD−2]는 '단계 4'에 대한 개요도이다.

[그림 AD−2] '단계 4' 전개 개요도

목표 20 ~ 30건보다 30% 이상을 훨씬 넘음? (예 50개)

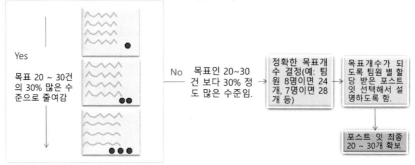

⑤ '단계 4'를 정리한다.

플립 차트나 벽에 붙여진 큰 용지 등을 활용하여 지금까지의 내용을 정리한다. 플립 차트의 예를 들면, 왼쪽 상단에 '주제'인 "신규 시장 창출을 위한 토이박스 설계에 대해 고객의 요구는 무엇인가?"를 적고, 선별된 20~30건의 '요구 사항'들을 모두 붙여놓는다. 여기까지 전개되면 '야호!'라고 모두 복창한 뒤 완료되었음과 다음 단계로 넘어감을 확인한다. [그림 AD−3]은 플립 차트 등에 정리된 예를 보여준다.

[그림 AD−3] 플립 차트에 정리된 예

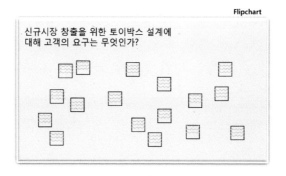

⑥ '1차 수준'의 개념을 모은다.

⑦ 누락된 것이 없는지 확인한다.

'친화도법'의 '친(親)'자 의미가 실현되는 단계이다. 즉, 최초의 '친한 것끼리 묶어내는 단계'로 볼 수 있다. 팀원들 전원이 참여토록 하고, 논리보다는 직관과 연상되는 이미지 등을 떠올리며 묶어 나간다. 이때 어디에도 속하지 않는 포스트잇이 나올 수 있는데 이를 '외로운 늑대(Lonely Wolf)'라 지칭한다. [그림 AD-4]는 묶어낸 예와 플립 차트의 상황을 보여주는 개요도이다.

[그림 AD-4] '1차 수준'을 묶은 개요도

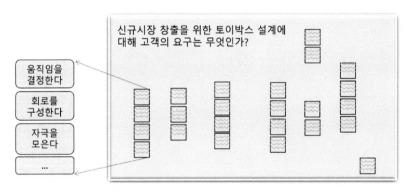

'단계 ⑦, 누락된 것이 없는지 확인한다'는 [그림 AD-4]의 결과가 제품 개발을 위해 충분한 정보가 되는지 팀원들의 검토가 이루어지는 단계이며, 여기선 수행된 것으로 가정하고 생략한다.

⑧ '1차 수준'에 제목을 붙인다.

묶인 '1차 수준'들에 적절한 제목을 붙인다. 주의할 사항은 그룹 내 요소들의 내용을 요약하는 것이 아니라 '한 레벨 높은 추상적 언어'를 사용한다는 점이다. 따라서 '그리고'처럼 요약을 위한 접속어 사용은 자제한다. 좀 어려운 표현처럼 느껴지지만 "묶인 요소들을 아우르는 이미지의 표현"쯤 정도로 이해되었으면 한다. 한 개만으로 존재하는 '외로운 늑대'는 제목을 붙이지 않는다. 제목은 '굵은 빨간색'을 사용하는 것이 원칙이다. [그림 AD–5]는 제목을 붙인 예와 개요도이다.

[그림 AD–5] '1차 수준'에 제목 붙인 예

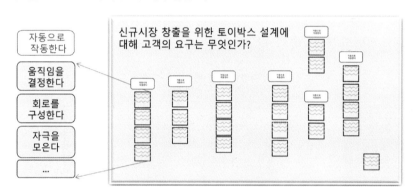

⑨ '2차 수준'의 개념을 모은다.
⑩ '2차 수준'의 제목을 붙인다.

'2차 수준'이란 '1차 수준'들의 새로운 묶음을 의미한다. 앞서 진행된 '1차 수준'들 역시 '친(親)'한 것들이 존재할 수 있기 때문이다. '1차 수준'의 '제목'만을 보면서 묶어놓되, '외로운 늑대' 등을 포함해 전체 그룹 수가 5개 내외가 되도록 준비한다. 묶음이 완료되면 굵은 파란색으로 '2차 수준'의 '제목'을 써넣는다. '제목'을 써넣는 과정은 '단계 ⑩'이며, 편의상 별도의 설명은 생략한다. [그림 AD–6]은 '2차 수준'을 묶어낸 개요도이다.

[그림 AD-6] '2차 수준'의 개념을 모은 예

신규 시장 창출을 위한 토이박스 설계에 대해 고객의 요구는 무엇인가?

⑪ 그룹 사이의 관계를 설정한다.

⑫ 묶여진 1, 2차 수준을 정리한다.

'2차 수준'들 간 '인과관계'나 '모순관계'를 설정한다. 모든 그룹들이 이 둘의 관계로 묶이는 건 아니지만 제품 개발 범위가 규정된 상황에선 그룹들 간 관계 형성이 이뤄지는 게 보통이다. [그림 AD-7]은 표현에 쓰이는 심벌을 나타낸다.

[그림 AD-7] 그룹 간 '관계 설정'을 위한 심벌 예

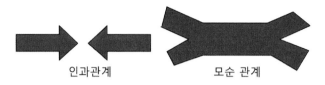

인과관계   모순 관계

[그림 AD-8]은 그룹 간 관계 설정 및 '단계 ⑫, 묶여진 1, 2차 수준을 정리한다'의 결과를 함께 보여주는 예이다. [그림 AD-6]에서 그룹들이 흩어져 있는 것과 대조를 이룬다. 이 단계가 끝나면 다시 '야호!'를 복창한다.

[그림 AD-8] 그룹 간 '관계 설정' 및 '1, 2차 수준' 정리 예

신규 시장 창출을 위한 토이박스 설계에 대해 고객의 요구는 무엇인가?

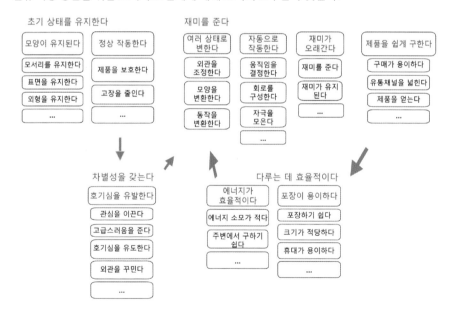

⑬ '1차 수준'을 외곽선으로 묶는다.

⑭ '2차 수준'을 외곽선으로 묶는다.

⑮ 그룹 사이의 관계를 굵은 빨간색으로 표현한다.

[그림 AD-8]에서 '1차 수준'은 굵은 검은색으로, '2차 수준'은 굵은 초록색으로 외곽선을 긋는다. 또 관계 형성을 확인하기 위해 임의로 그었던 화살표를 [그림 AD-7]의 심벌을 이용해 최종 마무리한다. [그림 AD-9]는 이과정을 적용한 결과이다.

[그림 AD-9] '1, 2차 수준' 및 관계 설정 최종 예

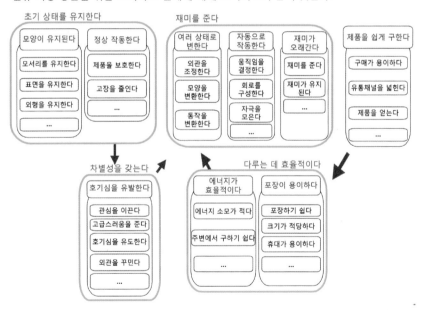

⑯ 팀원 각자가 '1차 수준'을 평가한다.

⑰ '중요도'를 표현한다.

'1차 수준(빨간색 제목)'과 '외로운 늑대'를 점수로 평가한다. 방법은 각 팀원에게 '3점(빨강)', '2점(파랑)', '1점(녹색)'의 스티커를 나누어준 뒤, 중요하다고 판단되는 '1차 수준' 제목 옆에 붙이도록 한다. 각 '1차 수준'들의 점수를 모두 합한 뒤 가장 중요한 순으로 빨강의 그물 모양 빗금, 파랑의 사선, 초록의 점 모양을 [그림 AD-10]과 같이 표현한다.

[그림 AD-10] '1차 수준'의 중요도 평가 예

'중요도'를 평가하는 이유는 고객이 개발될 제품의 어떤 부분에 관심이 많은지 명확히 해서, 이를 최대로 반영해보자는 의도가 깔려 있다. 이 결과가 'QFD(Quality Function Deployment)'의 입력으로 들어가면, 'QFD' 전개 중 수행될 '중요도 평가'에 본 결과를 그대로 활용해도 무방하다. [그림 AD-11]은 '중요도' 결과를 반영한 결과이다.

[그림 AD-11] '중요도'를 반영한 예

신규 시장 창출을 위한 토이박스 설계에 대해 고객의 요구는 무엇인가?

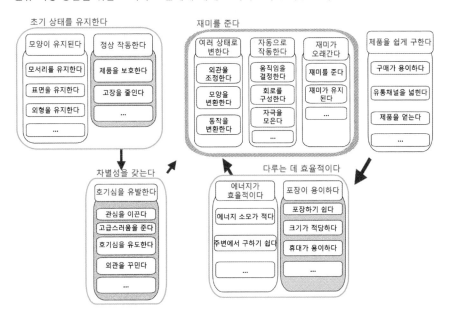

⑱ '전체 결론'에 대해 토의하고, 그 결론을 표기한다.

⑲ 회의 이력을 기록한다.

[그림 AD-11]과 같이 고객의 핵심 요구 사항을 묶어 요약하였으므로, 그룹 제목을 잘 연결하면 개발 방향 등을 확인할 수 있다. 따라서 '전체 결론'을 얻기 위해 이미 형성된 관계(빨간 화살표)를 관찰하며, 팀원들의 협의하에 하나의 문장으로 요약하는 과정을 밟는다. 본 예의 '전체 결론'을 요약하면, "개발 제품은 최초 출하된 모습에 변형이 없도록 튼튼해야 하며, 호기심을 유발할 정도의 차별성과 주변에서 구하기 쉽고, 작동에 효율적이면서 재미를 줄 수 있어야 한다"가 될 수 있다. 또 이 작업에 참여한 '팀원명'과 '수행 기간'

등을 오른쪽 아래에 기입해 기록으로 남긴다. [그림 AD – 12]는 최종 정리된 결과를 보여준다.

[그림 AD – 12] 토이박스 개발에 대한 '친화도법' 작성 예

신규 시장 **창출**을 위한 토이박스 설계에 대해 고객의 요구는 무엇인가?

개발 제품은 최초 출하된 모습에 변형이 없도록 튼튼해야 하며, 호기심을 유발할 정도의 차별성과 주변에서 구하기 쉽고, 작동에 효율적이면서 재미를 줄 수 있어야 한다.

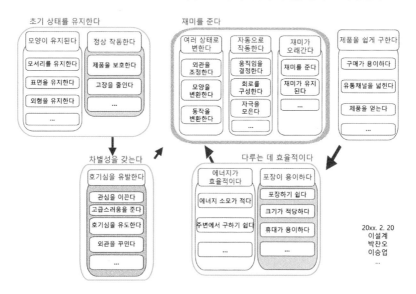

이 과정이 끝나면 다시 '야호!'를 복창함으로써 '친화도법'이 잘 마무리되었음을 확인한다. 그러나 본 단계엔 포함시키지 않았지만 만일 이 결과를 'QFD'의 입력으로 활용한다면, 각 수준을 일렬로 나열해 '수형도(Tree Diagram)'를 구성한다. [그림 AD – 13]은 [그림 AD – 12]를 이용해 '수형도' 및 'QFD'와의 관계를 개요도로 나타낸 것이다.

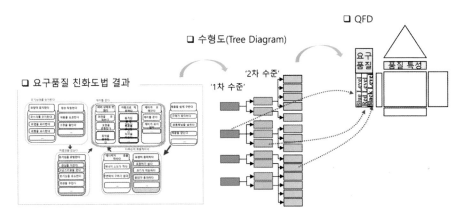

이후의 과정과 활용 등에 대해서는 「Be the Solver_제품(또는 프로세스) 설계 방법론」편을 참고하기 바란다.

2.2.2. 화살선도(Arrow Diagram)

'Arrow Diagram'은 문제 해결 중 자주 등장하는 도구는 아니다. 그러나 '화살표(Arrow)'란 단어가 특별한 것도 아니고, 또 이를 이용한 '그림(Diagram)' 역시 별개로 볼 필요는 없을 것 같다. 왜냐하면 '화살표'가 들어간 그림은 모두 'Arrow Diagram'이라 호칭해도 별문제가 없기 때문이다. 그런데 단순하다고 생각하는 이런 '화살표'도 학계에선 중요한 연구 대상이 되곤 한다. 이와 관련된 논문63) 중 일부 내용을 옮겨보았다. 우선 '화살표'는 다음과 같이 구분해서 정의한다.

---

63) 'Semantics of Simple Arrow Diagrams', Yohei Kurata and Max J. Egenhofer. 2005.

[그림 AI - 1] '화살표' 부위별 명칭

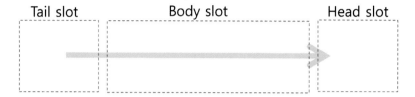

Tail slot　　　　　　　Body slot　　　　　　　Head slot

Horn('98)[64]이나 Wildbur and Burke('98)[65] 등은 '화살표'에 대해 "화살표
는 다이어그램의 중요 성분 중 하나로, 형태가 단순함에도 방향, 움직임, 변
화, 시간의 순서, 상호작용 같은 다양한 의미를 내포한다. 따라서 이를 이용해
여러 유형의 그래픽 묘사, 예를 들어 교통 신호, 경로 안내, 시각 전달을 위한
해설도, 흐름도 등에 쓰인다"로 설명하고 있다. 이에 반해 'Arrow Diagram'은
"화살표 심벌과, 설명하고 싶은 관련 요소의 결합을 통해 만들어진 의미 있는
단위"로 정의한다. 또, 'Arrow Diagram'을 그 쓰임과 연구 목적에 따라 여러
유형으로 분류하고 있는데 관심 있는 독자는 논문(주석 63) 등을 참고하기 바
란다.

　지금까지 설명된 'Arrow Diagram'이 일반적 해석에 따른 것이었다면 본문
은 품질 분야에서의 'Arrow Diagram'이며, 특히 이 도구는 '신 QC 7가지 도
구(The Seven New QC Tools)'의 하나이기도 하다. '40(또는 50) - 세부 로드
맵' 경우 'Step - 2.6. 일정 기술'을 위한 도구에 한정하는 것이 바람직하다.
'Arrow Diagram'은 다음과 같은 용어로도 불린다.

---

64) Horn, R. E., 1998, Visual Language: Global Communication for the 21st Century. Bainbridge
　　Island, Wash: MacroVn, Inc.

65) Wildbur, P. & Burke, M. 1998, Information Graphics: Innovative Solutions in Contemporary
　　Design, London: Thames & Hudson.

*Activity-on-Arrow(AOA) //Arrow Diagramming Method(ADM) //Arrow Diagram Method//Activity Network Diagram//Network Diagram //Activity Chart //Node Diagram //CPM(Critical Path Method) or PERT(Program Evaluation and Review Technique)*와 유사   (AI.1)

탄생 배경이나 출처에 대해서는 '묶음형 도구'의 '신 QC 7가지 도구(The Seven New QC Tools)'의 설명을 참고하기 바란다. 사전에 나와 있는 용어 정의는 다음과 같다. 참고로 'WIKIPEDIA'에선 'Arrow Diagramming Method (ADM)'로 표기한다.

· **화살표 선도(Arrow Diagram, -標線圖)** (네이버 용어사전) 프로젝트 달성에 필요한 작업의 상호 관계를 '결합 점'과 '화살 선'으로 표시한 순서 계획도. 프로그램 평가·검토 도구(PERT)나 임계 경로법(CPM) 등을 분석할 때 개발 작업 순서를 망으로 표현한다.

· **Arrow Diagramming Method(ADM)** (WIKIPEDIA) 화살표들로 활동(Activity)을 표현한 망구조의 도구. 주로 프로젝트 계획 시 활동들의 일정 수립에 사용된다. '마디(Node)'는 원(Circle)으로 표현하고, 마디와 마디 사이를 화살표로 연결한다. 또 화살표상에 활동을 기입하며, 화살표 길이는 해당 활동의 소요 기간을 대변한다. '마디(Node)'는 다음의 특징을 갖는다.
  1) 프로젝트에서 하나의 활동이 마무리되는 시점이다.
  2) 그 자체의 소요 시간이나 자원(Resource)은 존재하지 않는다.
  3) '마디'에 도달한 모든 활동은 이어질 활동이 시작하기 전에 모두 마무리돼야 한다.

'Arrow Diagram'을 표현하는 방법엔 크게 2가지가 있다. 하나는 'WIKIPEDIA' 에 설명된 방법인 'AOA(Active-on-Arc)'이고, 다른 하나는 'AON(Active-on-Node)' 이다. 각각을 정리하면 다음 [표 AI-1]과 같다.

구분	AOA(Active-on-Arc)	AON(Active-on-Node)
방법	'활동'은 화살표 위에, '활동'의 시작과 끝은 '마디(Node)'로 표현함.	'활동'은 '마디(Node)' 속에, 화살표는 '활동'의 선후 관계 표시로 사용함.
표현 예		
설명	'마디 1'은 '활동 A'의 시작점이고, '마디 3'은 '활동 A와 B'의 완료 시점 및 '활동 C'의 시작점이 된다.	'활동 A와 B'가 완료된 후 '활동 C'가 시작된다. '활동 C'가 끝나면 이어 '활동 D'가 시작된다.

'Arrow Diagram'의 작성법은 'PERT'의 그것과 매우 유사하다. 본문에선 'Diagram'의 표현에 맞게 정량적 해석인 'Critical Path' 등의 산정은 생략한다. 작성에 따른 기본 원칙이 있는데 대표적인 것만 요약하면 [표 AI-2]와 같다.

[표 AI-2] 'Arrow Diagram' 작성법

내용	틀림(X)	올바름(O)
두 마디 사인엔 1개의 활동만		
최초 시작점과 최종점은 마디 하나만		
화살표의 역진은 허용 안 함		

실험실의 실내 구조에 대한 변경 예를 통해 'Arrow Diagram'을 완성해보자. 작성법들은 앞서 설명했고, 작성 절차는 다음과 같다.

① 문제 해결에 필요한 모든 활동들을 나열한다.

문제 해결에 필요한 '활동'들을 나열할 때, 일반적으로 '세부 로드맵'을 기술하는 경우가 많은데, '로드맵'은 직렬이므로 'Arrow Diagram'의 적용이 불필요하다. 예를 들면 '현 수준의 평가'에 있어 '데이터 수집 → 프로세스 능력 평가 → 목표 재설정'보다는 '자료 요청, 사업부장 협조 요청, 표집법 결정, 자료의 안정성 평가, 담당자 협의' 등등의 내용들이 '활동'들로써 적합하다. [표 AI-3]은 실험실의 구조 변경에 대한 '활동'들의 예이다.

[표 AI-3] 문제 해결에 필요한 '활동'들의 예

No.	활동
1	실내를 비운다.
2	벽과 천장을 수리한다.
3	바닥을 수리한다.
4	배관 및 전기 공사를 한다.
5	독성 배기 후드를 분리한다.
6	새로운 배기 후드를 설치한다.
7	캐비닛을 구입한다.
8	배기 후드를 구매한다.

② 수행할 '활동'들의 '선행 활동'을 기록한다.

'선행 활동'은 [표 AI-3]에 기술된 개별 '활동'들 보다 앞서 추진돼야 한다. 새로운 '활동'을 발굴하는 것이 아닌 [표 AI-3]의 것들 내에서 설정한다. 예를 들어, '배관 및 전기 공사를 하려면 실내를 먼저 비우는 활동'이 선행돼야 한다. [표 AI-4]는 '선행 활동'의 예이다.

No.	활동	선행 활동
1	실내를 비운다.	—
2	벽과 천장을 수리한다.	1, 5, 7
3	바닥을 수리한다.	1, 5
4	배관 및 전기 공사를 한다.	1
5	독성 배기 후드를 분리한다.	1
6	새로운 배기 후드를 설치한다.	2, 3
7	캐비닛을 구입한다.	—
8	배기 후드를 구매한다.	—

③ '화살표'와 '마디'를 이용하여 'Arrow Diagram'을 작성한다('AOA' 적용).
처음 작성할 경우 무엇부터 해야 할지 모호한 부분이 있지만 차근차근 정
해진 내용을 정리해 나간다. 예를 들어, '벽과 천장을 수리한다'의 경우 '실내
를 비운다', '독성 배기 후드를 분리한다', '캐비닛을 구입한다'가 선행돼야 하
므로 이들이 '벽과 천장을 수리한다'보다 앞에 위치해야 하는 식이다. [그림
AI-2]는 작성 예이다.

[그림 AI-2] 'Arrow Diagram' 작성 예

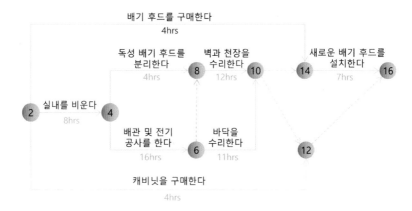

[그림 AI-2]의 화살표 아래 시간들은 그 '활동'을 수행하는 데 필요한 '소요 시간'을 나타낸다. 각 '마디'의 숫자는 새로운 단계가 추가될 가능성을 염두에 두고 짝수로 표현하였다. 중간의 '점선'은 'Dummy Activity'라고 하며, [표 AI-3]의 활동에서 드러나 있지 않은 관계를 설정하는 데 쓰인다. 예를 들어, '벽과 천장을 수리한다'는 '독성 배기 후드를 분리한다'와 '배관 및 전기 공사를 한다'가 완료된 후 수행된다. 사실 이 결과에 이어 '주 경로(Critical Path)'를 구하고, 과제 완료 일자 등을 추정하는 작업이 가능하나, '정성적 도구'의 범위를 고려해 이 정도에서 마무리한다. 정량적 해석이 필요한 부분은 'CPM(Critical Path Method)'이나 'PERT(Program Evaluation and Review Technique)'를 참고하기 바란다.

2.2.3. 체크 시트(Check Sheet)

'Check Sheet'는 적어도 회사 또는 조직 생활을 한 번쯤 해본 사람이면 누구나 접한 경험이 있을 정도로 업무와 밀접한 관계가 있다. 단순한 예로 공중 화장실에만 가더라도 청결 상태를 유지할 목적으로 여러 항목들이 주기적으로 점검('√' 표시)되고 있음을 확인할 수 있다. 이와 같이 접근성이 뛰어난 만큼 여러 용도로 쓰일 수 있어 응용적 형태도 다양하다. 'Check Sheet'는 다음의 용어로도 불린다.

Data Collection Sheets //Defect Concentration Diagram //Tally Charts(정량적으로 쓰일 때, Tally=To Count) //Tally Sheet (CS.1)

'40-세부 로드맵' 경우 분석을 목적으로 'X'들의 자료를 모으거나, 때에 따라 그 빈도를 수집하여 'Vital Few X'를 찾는 데 쓰인다. 따라서 'Step-8.1. 가설 검정', 또는 '핵심 인자'를 지속적으로 관리할 목적의 'Step-13.3. 관리 계획 수립'에서 쓰일 수 있다. '50-세부 로드맵'은 유사하게 Verify Phase의 'Step-13.3. 관리 계획 수립'에 쓰일 수 있으나 용도만 부합하면 로드맵 어디서든 사용이 가능하다. 이 도구는 'QC 7가지 도구(The Seven QC Tools)' 중 하나이며 '탄생 배경'은 '묶음형 도구'를 참조하기 바란다. 다음은 사전적 정의를 옮겨놓은 것이다. 참고로 '네이버 용어사전'에 '체크 시트'가 있으나 농업 부문에 한정돼 있어 설명에서 제외하였다.

· **Check Sheet** (WIKIPEDIA) 데이터를 발생하는 장소에서 실시간으로 수집하는 데 사용되는 단순한 문서이다. 주로 비어 있는 칸에 정성적이든, 정량적이든 원하는 정보를 빠르고, 쉬우면서 경제적으로 기록하는 데 적합하다. 수집하는 정보가 정량적일 경우, 'Tally Sheet'라 부르기도 한다. 'Check Sheet'의 특징은 '데이터'가 'Check(√)' 표시로 기록되며, 일반적으로 서로 다른 구획으로 나뉘어 있어 '√' 표시 여하에 따라 상대적 중요도 등을 비교할 수 있다. 데이터 판독은 '표시의 수'와 '위치'를 관찰해서 이루어진다. 기본적으로 5가지 유형이 존재한다.

  1) 분류(Classification): 결점이나 고장 형태 등이 임의 유형으로 분류된다(발생 원인 등을 파악하는 경우).

  2) 위치(Location): 제품의 어느 위치에 결점(또는 문제)이 발생하는지 제품 그림상에 표시한다(외관 관리가 중요한 제품 경우).

  3) 빈도(Frequency): 결점이나 그들의 복합 발생 유무, 또 개개의 출현 빈도가 표시될 수 있다(주로 프로세스에서 발생되는 문제나 결점의 경우).

  4) 측정 단계(Measurement Scale): 측정 단계를 간격들로 구분하고, 측정은 이 간격을 체크함으로써 표시된다.

  5) 체크 리스트(Checklist): 업무를 위해 수행되어야 할 항목들이 열거되고, 각각이 수행되면 완료되었음을 표시한다.

'Check Sheet'의 작성 절차는 'www.asq.org'에 실린 내용을 참고하였으며, 5가지 유형 중 사용 빈도가 높은 '1), 3)' 등의 예는 'http://class.et.byu.edu'의 것을 활용하였다. 다음은 작성 절차 및 사례이다.

① 관찰할 사건이나 문제를 결정한다.

'용어 정의'에서 설명된 5가지 유형별로 사건이나 문제가 결정될 것이다. 예를 들어, 납땜 공정에서의 결점 발생 빈도를 확인하려는 경우, 또는 특정 오류를 유발하는 복합 요인들의 영향을 확인하려는 경우 등이 해당된다.

② 데이터가 수집될 시점과 소요 기간을 결정한다.

처한 상황에 따라 결정될 요소들이다. 일단 수집이 시작된 후 방법이나 조건들이 변경되면 이미 확보된 자료들과 괴리가 발생할 것이다. 사전에 철저한 일정 수립이 이루어져야 한다.

③ 양식을 설계한다. 양식엔 '√'나 'X' 또는 유사한 기호로 간단히 기록할 수 있어야 한다. 나중에 분석 등의 목적으로 다시 정리하는 일은 없어야 한다.

양식은 '①'에서 결정된 사건이나 문제에 따라 적정하게 꾸며져야 한다. "납땜 공정에서의 결점 발생 빈도 확인"과 "특정 오류를 유발하는 복합 요인들의 영향 확인" 각각에 대해선 다음과 같다.

[표 CS-1] '납땜 공정에서의 결점 발생 빈도 확인' 양식 예

결점 유형	납 부족	냉납	납 걸침	블로우 홀	납 초과
발생 빈도					
합					

[표 CS - 2] '특정 오류를 유발하는 복합 요인들의 영향 확인' 양식 예

담당자	시간대	설비	
		설비 1	설비 2

④ 양식을 표준화한다.

각 칸의 제목 및 양식을 구별하기 위한 관리 번호 등을 기록한다. 앞으로도 이와 같은 'Check Sheet'는 지속적으로 발생할 것이므로 표준화된 양식과 관리 방법 등을 규정하는 것도 한 방법이다.

⑤ 만들어진 양식으로 적합한 데이터를 확실히 수집할 수 있는지 또 쉽게 사용할 수 있는지를 짧은 기간 동안 점검한다.

혼자 쓸 목적이 아니라면 같은 부서 동료나 수집할 장소의 담당자들과 양식에 대해 상의하는 절차를 반드시 거친다. 새로운 아이디어를 얻을 수 있을 뿐더러 혹시 중요 사항을 놓쳐 다시 수집하는 일을 사전에 방지할 수 있다.

⑥ 사건이나 문제가 발생하면 빠트리지 않고 양식에 기록한다.

다음 표들은 [표 CS - 1]과 [표 CS - 2]에 데이터를 수집한 예를 각각 보여 준다.

[표 CS - 3] '납땜 공정에서의 결점 발생 빈도' 수집 예

결점 유형	납 부족	냉납	납 걸침	블로우 홀	납 초과
발생 빈도	XXXXXXXXXXXX XXX	XX	XXXXXX	X	XXX
합	15	2	6	1	3

[표 CS-4] '특정 오류를 유발하는 복합 요인들의 영향' 수집 예

담당자	시간대	설비	
		설비 1	설비 2
홍길동	오전	////	///
	오후	///////	/
박만이	오전	///	///////
	오후	////////////////	//

[표 CS-3]은 '납땜 불량'이 주로 '납 부족'에서 온다는 것과, [표 CS-4]는 특정 불량이 '박만이의 오후 때이면서, 설비 1'의 복합 요인에서 주로 발생하는 것을 확인할 수 있다. 원인들에 대해선 '사실 분석'을 해보면 좀 더 명확해질 것이다. 그 외에 다음 [표 CS-5]와 같은 양식(시계열적 조사)도 많이 쓰이는 유형 중 하나이다.

[표 CS-5] '요일별 배달 사고 분석' 예

원인	월	화	수	목	금	합
서류 누락	///	/	////	//	/	11
수취인 잘못 배달	/////	///	////////	//////////	/////	32
서류 분실	/	//	////	///	/	11
합	9	6	17	15	7	54

2.2.4. 5세력 분석(Porter Five Forces Analysis)

이 도구는 비즈니스 상황에서 경쟁 세력이 어디에 있는지 알려주는 단순하면서도 매우 설득력 있는 '산업 구조 분석' 정보를 제공한다. 예를 들어, 현재

사업 중인 환경과 앞으로 나아갈 환경에서 어느 세력과 경쟁해야 원하는 바를 성취할 수 있는지 알 수 있게 해준다. 초기엔 주로 새로운 제품이나 서비스, 비즈니스 등에서 과연 수익이 창출될 것인지 식별할 목적으로 쓰였으나, 이 외에 여러 사업 환경에서 세력 간 힘의 균형을 이해하는 데도 그 빛을 발하고 있다. '40(또는 50)−세부 로드맵' 경우 Define Phase의 'Step−1.1. 과제 선정 배경 기술'이나, 분석적 특징을 살려 Analyze Phase의 'Step−8.1. 가설 검정'에서 이용될 수 있다. 다음의 용어로도 불린다.

5세력 모형(분석) //Five Forces Model //Porter's Five Forces (PF.1)

다른 대부분의 도구들과 달리 탄생 배경이 명확한 게 특징이다. 다음과 같다.

· (www.mindtools.com) 이 도구는 하버드 비즈니스 스쿨 교수, Michael Porter에 의해 한 산업의 매력도와 수익 창출 가능성을 분석할 목적으로 '79년에 제시되었다. 출판 직후 훌륭한 비즈니스 전략 도구들 중 하나로 자리매김하였다.
〈출처〉"How Competitive Forces Shape Strategy" in Harvard Business Review 57, March−April 1979, pp.86~93.
Michael E. Porter, Competitive Strategy: Techniques for Analyzing Industries and Competitors, New York, The Free Press, 1980, p.4.

다음은 사전적 정의를 요약한 것이다.

한 기업의 전략적 포지션을 정성적으로 평가하기 위해 'Porter's Five Forces Framework'를 사용하는데 [그림 PF-1]과 같다. 이 프레임워크는 컨설턴트들이 기업 상황을 파악하기 위한 초기 분석 또는 '체크 리스트'용으로도 자주 애용된다.

[그림 PF - 1] 산업 구조를 이루는 요소(Elements of Industry Structure)

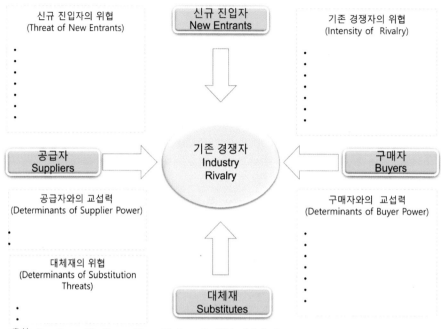

<출처> How Competitive Forces Shape Strategy, *By Michael E. Porter*

　프레임워크 내 용어들은 출처마다 약간씩 다르게 표현되지만 그 의미는 동일하다. '5 Forces'의 각 해석과 고려 항목들에 대해 'WIKIPEDIA'의 내용과 기업 교재 등을 참고해서 옮기면 다음 [표 PF - 1]과 같다.

[표 PF - 1] '5 Forces' 각 해석과 고려 항목들

Force	내 용
신규 진입자의 위협	높은 수익을 보장하는 이윤 높은 시장은 신규 기업에게 매력으로 작용한다. 이런 상황은 많은 새로운 기업들을 양산하고, 점차 그 산업 군에 속한 모든 기존 기업들의 이윤 감소를 초래한다. 만일 새로운 회사들의 진입이 기존 시장 지배력이 높은 회사들에 의해 차단되지 못하면, 이익률은 '0'에 접근할 것이다. 다음은 신규 진입자의 진입 장벽 <u>결정 요소</u>들이다. ☐ 기존 산업의 규모 정도 ☐ 사업 확장 및 R&D를 위한 대규모 자본 투자 필요성 ☐ 제품 차별화 정도 ☐ 절대적 비용 우위 여부 ☐ 유통 채널의 확보 여부 ☐ 정부의 진입 규제 여부 ☐ 기존 업체들의 보복 가능성 등
기존 경쟁자의 위협	현재 강한 영향력을 행사할 수 있는 회사들의 위협이다. '경쟁'을 위해 어떤 행위가 다른 회사에 의해 이루어지고 있는가? 주로 가격, 품질, 혁신 등의 차원에서 경쟁 행위가 이루어진다. 기술적 진보는 경쟁으로부터 회사를 보호한다. 신기술을 획득한 회사는 경쟁사가 그를 모방할 때까지 높은 가격과 이윤을 보장받는다. 이 위협은 다음에 의해 결정된다. ☐ 다수의 경쟁 업체 존재 ☐ 산업의 저성장률 시기 ☐ 상품 차별화가 낮은 상황 ☐ 높은 고정 비용 ☐ 높은 철수 장벽 등
대체재의 위협	일반(또는 기존) 제품의 영역을 뛰어넘는 좋은 제품들이 있다면 고객들은 그 대체품을 선택하는 경향이 있다. 대체재의 위협은 다음과 같은 항목들에 의해 결정된다. ☐ 대체재의 가격 ☐ 구매자의 의지 및 성향 ☐ 대체재로의 전환 비용 ☐ 대체 상품의 수 ☐ 차별화에 대한 인식 정도 ☐ 품질 하락 등

(계속)

Force	내 용
구매자(또는 고객)와의 교섭력	구매자들은 가격 인하, 품질 제고 압력, 판매 경쟁자 간 수익성 조정을 통해 산업과 경쟁한다. 통상 구매자들의 가격 민감도와 공급자에 대한 구매자들의 상대적 교섭 능력에 의해 교섭력이 결정된다. 결정 요소들은 다음과 같다. ☐ 공급 업체의 공급 범위 ☐ 공급자를 교체할 경우 발생되는 비용 ☐ 대체 공급자의 존재 여부 ☐ 공급자의 구매자 영역으로의 수직적 통합 가능성 등
공급자와의 교섭력	공급자들은 가격을 인상하거나 품질을 저하시키려는 위협으로 협상력을 가질 수 있다. 특히 대체재가 거의 없는 경우라면 강한 영향력을 행사할 수 있게 된다. ☐ 투입 원재료 차별성 ☐ 공급 물량의 규모 ☐ 원가 또는 차별화에 대한 원재료 영향도 ☐ 전후방 통합 위협 등

사실 '산업 구조 분석'을 위한 이 도구는 Stewart Neil, Kevin P. Coyne, Somu Subramaniam과 같은 학계나 전략가들에게 불합리성에 대한 각종 도전을 받아왔다. 예를 들면, 포터 교수는 한 산업 내의 기업들은 그 안에서 경쟁 방식을 결정하고, 이 결과가 기업의 수익성을 결정하는 요인이 된다고 했지만, 산업 구조는 기업들 간 경쟁에 따라 다양하게 변할 수 있다는 점, 또 같은 산업 내에서라도 세분화를 어떻게 하느냐에 따라 수익성(또는 매력도)이 달라진다는 점을 들 수 있다. 그 외에 산업의 경쟁 강도나 수익성 등은 '5 Forces' 뿐만 아니라 정치적 요소나 세계 경제 여건 등에 따라서도 영향을 받는다는 점을 인식할 필요가 있다. 이들을 2가지로 요약하면 다음과 같다.

1) 규제 – 산업 분석에 중요 변수가 되는 '규제'의 언급이 없음.
2) 산업 구조의 시간적 변화 – 산업의 정적인 부분만 언급하고 있고, 시간에 따른 트렌드는 반영돼 있지 않음.

다음은 작성 절차에 대한 요약이다. 절차만 언급하고 맨 끝 단계에 사례를 포함시켰다.

① 산업을 정의하고, 분석 대상 기업의 1, 2차 자료를 수집한다.

'1차 자료'는 "연구자가 수행 중인 연구의 목적을 달성하기 위해 직접 수집하는 자료(설문, 인터뷰 등)"를, '2차 자료'는 "수행 중인 연구에 도움을 줄 수 있는 기존 모든 자료로서, 직접 조사한 '1차 자료'를 제외한 모든 자료"를 의미한다.

② '5 Forces'에 속할 Player들을 선정한다.

기본적으로 경쟁자(Competitor), 공급자(Supplier), 구매자(Customer or Buyer), 신규 (예상)진입자(New Entrant), 대체품 공급자(Substitute) 들이 해당된다. 필요 시 1, 2차 자료를 추가 수집한다.

③ 선정된 Player들에 대한 정보를 수집한다.

당사와의 상호 관계 또는 위협 여부를 확인하려면 기본적으로 Player 기업들의 개황이나 기업 정보들이 필요할 것이다. 또 미래에 위협이 될 수 있는 정보들도 필요한데 이에는 중장기 전략이나 기술 개발 현황 또는 수준, 핵심 역량, 미래 성장 동력 등의 자료들이 해당된다.

④ 조사 내용을 [그림 PF－1] 'Porter's Five Forces Framework'에 정리한다.

조사 양이 많을 때는 표에 내용을 정리한 뒤, 'Porter's Five Forces Framework'에 '강/약'의 표현만 포함시킨다. 이때 현재에서 미래로의 변화 모습을 반영하면 기업의 전략적 판단에 도움을 준다. [표 PF－2]는 그 예이다.

[표 PF-2] '5 Forces' 정리 예

구 분	항목	검토 사항	결과		당사 전략
			현재	미래	
신규 진입자의 위협	규모의 경제	규모 경제 작용 여부	작용	낮아짐	마케팅강화
	제품 차별화	시장 반응 수준	중간	높아짐	연구력확보
	…	…	…	…	…
	결론		중	강	
기존 경쟁자의 위협	산업 성장률	수요량 규모	한계	낮아짐	규모축소
	원가 구성	원가 비교 수준	간접/외주 비↑	↓	원가 미세 관리 배양
	…	…	…	…	…
	결론		강	매우 강	
대체재의 위협	구매자 교체 비용	경쟁사 제품으로 교체 시 비용수준	저	저	로열 고객 집중관리
	대체재 가격/품질	당사 대비 수준	유사	높아짐	대체재개발
	…	…	…	…	…
	결론		중	매우 강	
구매자(고객)와의 교섭력	구매자 전후방 통합력	구매 체계 변경 가능성	저	중	원가 절감
	가격 민감도	가격 변화에 대한 고객의 반응	고	고	원가 절감
	…	…	…	…	…
	결론		약	약	
공급자와의 교섭력	자재 차별성	공급사 가격/기술력 수준	중	높아짐	구조단순화
	대체 공급자 존재	동급 업체 분포	많음	많음	업체 개발
	…	…	…	…	…
	결론		약	중	

[표 PF-2]의 열(Column) 제목 중 '항목'은 [표 PF-1]의 '내용' 열에 들어있는 '결정 요소'들이 온다. 기본적으론 다양한 출처에서의 예시들이 있지만 분석 성격에 맞게 새로운 걸 추가해도 무방하다. [표 PF-2]의 '현재'와 '미

래'에 대한 '결론'을 'Porter's Five Forces Framework'에 표현하면 [그림 PF
－2]와 같다.

[그림 PF－2] Porter's Five Forces Framework 예

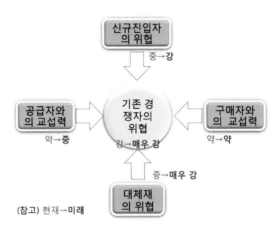

⑤ 결론인 '5 Forces'의 '현재 → 미래'로의 변화 필요성에 대해 설명한다.
[표 PF－2]와 [그림 PF－2]의 결과로부터 각 'Force'별 전체 요약 및 향후
전략 방향을 정리한다. 다음 [표 PF－3]이 그 결과이다.

[표 PF－3] '5 Forces' 전체 요약

Forces	Force 변화	전체 요약	전략 방향
신규 진입자의 위협	중 → 강	현 분야에 속한 11개 업체 중 대부분이 기존 제품의 업그레이드 수준을 유지. 따라서 향후 특징 있는 신제품을 내세운 신규 기업 출현 시 위협이 클 것으로 보임.	연구 개발 투자 강화(고급 인력 확보, 차세대 제품 연구 정책화 등)
기존 경쟁자의 위협	강 → 매우 강	시장 규모가 축소됨에 따라 기존 업체 간 M/S 경쟁이 치열해질 것으로 보임.	마케팅 강화, 원가 관리력 배양

대체재의 위협	중 → 매우 강	경쟁사 교체 비용이 낮은 반면 대체품의 출현 가능성은 매우 높아 위협적임.	로열 고객 집중관리, 신제품 개발 정책 강화
구매자(고객)와의 교섭력	약 → 약	가격 변화가 없는 한 구매자와의 협상력엔 큰 변화가 없을 것으로 판단됨.	극한의 원가 절감 노력 추진
공급자와의 교섭력	약 → 중	공급자들의 가격 및 차별화 경쟁이 치열해질 것으로 보이며, 이런 현상은 교섭력에 유리하게 작용할 것으로 보임.	신규 업체 개발 강화

'Porter Five Forces Analysis'로부터 기업이 현재 처한 상황과 미래 상황을 분석하여 대응력을 높인다는 관점에선 그 자체로도 유용하지만, 다양한 도구 (SWOT 등)들과 어우러져 활용된다면 훨씬 더 높은 진가를 발휘할 수 있다. 이 부분에 대해선 리더들의 숙제로 남겨둔다.

2.2.5. 연관도법(Relations Diagram)

이 도구는 우리말로 '연관도법(일부 출처에 따라 '관련도'로도 명명)'으로 알려져 있으며, '신 QC 7가지 도구(The Seven New QC Tools)' 중 하나이다. '40 - 세부 로드맵'의 'Step - 8.1. 가설 검정'에서 유용하며, 다음과 같은 명칭으로도 통용된다.

Interrelationship Diagraph //Interrelationship Diagram

//Interrelations Diagram (RD.1)

유래와 탄생 배경은 '묶음형 도구'의 '신 QC 7가지 도구(The Seven New QC Tools)'를 참조하기 바란다. 도구에 대한 정의를 요약하면 다음과 같다.

- **Interrelationship Diagraph** (WIKIPEDIA) 이 도구는 복잡하게 얽힌 문제에 대해 그 원인과 결과들 간 연관성을 시각적으로 밝혀 원하는 결과를 얻게 해준다. 즉, 관련 팀은 이 도구의 작성 과정을 통해 복잡한 사안들 간 연계성 분석이 가능하다.

- **Relations Diagram** (www.projectreview.net) 이 도구는 '인과관계'를 시각적 네트워크 형태로 표현한다. 이를 통해 '근본 원인(Root Causes)'을 밝히는 데 활용된다. 이 도구는 복잡하고 변수가 많이 관련된 문제에 적합하며, 요인들 상호 간의 연계성을 밝힐 수 있다.

도구를 좀 더 풀어 설명하면 "근본 원인들을 정리해서 중요한 결론을 얻는데 사용하며, 주로 'Why'라는 물음을 통해 걸맞은 답을 구해간다. '친화도법

[그림 RD-1] '친화도(Affinity Diagram)' 적용 예

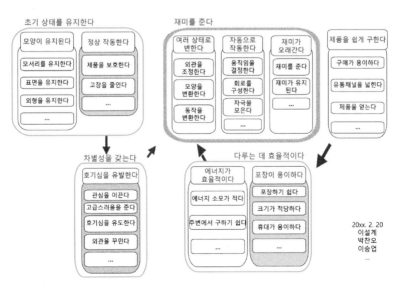

(Affinity Diagram)' 수행 후 묶음 간 연계성 파악에 활용하면 매우 유용하다." '친화도'에 대한 적용례는 「Be the Solver_제품(또는 프로세스) 설계 방법론」편의 'Step-5.5. VOC 체계화'에 잘 나타나 있다. 그 결과만 옮긴 것이 [그림 RD-1]이다.

[그림 RD-1]에서 각 묶음이 하나의 '요인(Factor)'으로 간주되며, 그들 간의 연관성을 화살표로 표기하고 있다. 결국 전체 그림에서 '재미를 준다'가 '핵심 결과'로, '초기 상태를 유지한다' 등은 '근본 원인'의 개념이다. 작성 절차는 출처마다 약간씩 차이가 있을 뿐 대체로 비슷한 경로를 밟는다.[66] 다음과 같다.

① 논점이나 문제를 명확하게 기술한 뒤, 카드(또는 포스트 잇)에 써서 화이트보드 중앙에 붙인다.

② 논점(또는 문제)과 연관된 '요인(Factor)'들을 발굴한다. 만일 '친화도(Affinity Diagram)'가 수행됐으면 묶음별 부여된 명칭이 '요인(Factor)'에 해당한다. 논점(또는 문제)을 적어놓은 카드 주변에 원을 긋고 연관된 요인들이 적힌 카드를 모아놓는다.

③ 만일 요인들 간 '인과관계'가 성립하면 '원인(Cause)' 카드로부터 '결과(Effect)' 카드로 화살표를 그린다. 이 작업은 모든 관련성이 밝혀질 때까지 계속 이어진다(이때 'Why'라고 자문한다).

④ 연관성을 파악한다. 즉, 바깥으로 나가는 화살표가 가장 많은 '요인'이 '근본 원인(Root Cause)'이 될 가능성이 높다. 반대로 가장 많은 화살표가 들어가는 '요인'이 '핵심 결과(Root Effect)'에 해당된다.

---

66) Total Quality Management, Poornima M. Charantimath, Dorling Kindersley(India) Pvt. Ltd. p.96 참조.

작성 절차는 복잡하거나 특별히 고려할 사항은 없으므로, 다음 [그림 RD-2]에 그 최종 결과만을 적어보았다.

[그림 RD-2] '연관도(Relations Diagram)' 작성 예

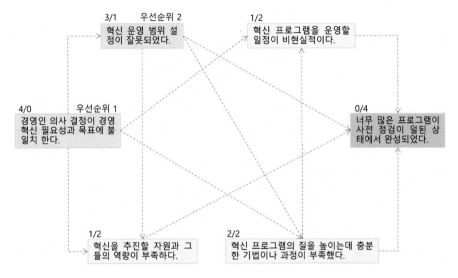

[그림 RD-2]에서 연두색으로 표기된 두 요인이 '근본 원인(화살표의 나가는 개수가 4개와 3개로 많음)'임을, 분홍색으로 표기된 상자 내용이 '핵심 결과'임을 각각 나타낸다(고 가정한다).

이 도구와 '특성 요인도(Ishikawa Diagram 또는 Fishbone Diagram)'는 '근본 원인'을 찾는 용법엔 유사하나 '특성 요인도'가 문제의 원인을 계통적으로 분해해 나가는 반면, '연관도'는 원인들 간 관계 형성을 발견하므로 이 경우가 훨씬 복잡한 문제 해법에 적합하다.

2.2.6. 3C 분석[Three Cs Model(3Cs Model)]

'3Cs Model'은 우리에게 너무도 잘 알려진 도구들 중 하나이다. 앞서 기술된 명칭보다 주로 '3Cs Model'로 통용된다. 다음과 같은 동일 호칭들이 있다.

3C 분석("3Cs" Analysis) //Three C's //Strategic Triangle   (TC.1)

탄생 배경과 출처 등에 대해서는 다음과 같다.

> · (WIKIPEDIA) 이 도구는 비즈니스 모델의 하나로, 기업이 시장에서 성공하는 데 필요한 전략적 관점의 요소들이 무엇인지를 알게 해준다. 이 도구는 사업 및 기업 관련 전략가인 일본의 Kenichi Ohmae에 의해 개발되었다.
>
> · (www.mindtools.com) Kenichi Ohmae는 그의 대표 저서인 "The Mind of the Strategist: The Art of Japanese Business(1982)"에서 '3Cs Model'을 발표했다. 비즈니스 전략은 집중화가 필요하다고 주장한 그는 가장 중요한 집중화 요소로 3가지(자사, 고객, 경쟁사)의 중요성을 강조하였다.

'40(또는 50) - 세부 로드맵' 경우 'Step - 1.1. 과제 선정 배경 기술'에서 매우 유용하게 이용된다. 즉, 과제의 선정은 "경쟁사가 하기 때문에" 하거나, "고객의 요구 또는 경향이 바뀌었기 때문에" 또는 "자사 내 분석을 통해 할 필요가 있어서"와 같이 하나 이상의 환경적 요소를 배경으로 탄생하기 때문이다. 이 도구의 정의를 여러 출처로부터 정리하면 다음과 같다.

> ・**3Cs Model** (WIKIPEDIA) 이 모델에 대해 전략가들은 성공을 위해선 3개의 핵심 요
> 소에 집중해야 한다고 강조하는데, 다음과 같다.
>   1. 자사(The Corporation)
>   2. 고객(The Customer)
>   3. 경쟁사(The Competitors)
>   이 3C's가 전략 삼각형 구조로 완성된다면 지속적 경쟁 우위가 가능하다고 보는데,
>   특히 Ohmae는 이 3개의 핵심 요소들을 3C's 또는 전략 삼각형(Strategic Triangle)
>   이라 불렀다...(중략).
>
> ・**3C 분석** (기업 교재) 3C란 '고객(Customer)'에게 최고의 만족과 감동을 제공하기
>   위해 '경쟁사(Competitor)'의 움직임, 강점/약점 등을 잘 파악하여 '자사(Corporation)'
>   의 지속적인 경쟁 우위를 지켜 나가기 위한 현상 분석의 한 방법이다.

'3Cs Model'에 대해 'WIKIPEDIA'의 내용을 좀 더 옮기면 다음과 같다. 주로 '자사', '고객', '경쟁사'별 가능한 접근 전략을 묘사한다.

1. 자사(the Corporation, Corporate-based Strategies): 기업이 해당 산업 분야에서 성공하려면, 핵심적인 기능에서 경쟁사 대비 회사의 강점을 극대화시키려는 노력이 필요하다.

▷ 선택과 연결(Selectivity and Sequencing): 기업이 경쟁에서 승리하기 위해 사내 모든 기능이 뛰어날 필요는 없으며, 단 하나의 핵심 영역에서라도 우위에 설 수 있으면 평균 수준의 다른 영역들도 궁극적으로 연결돼 개선될 수 있다.

▷ 만들 것인가, 아니면 구매할 것인가(Make or Buy): 만일 임금이 급속히 상승할 경우, 회사는 생산 라인의 상당 부분을 하청할 것인지 여부를 의사 결정해야 한다. 이와 같은 신속한 결정이 경쟁사보다 먼저 이루어지면, 자사와 경쟁사 간 비용과 수요 변동에 대한 전략적 대응 능력의 차이는 최종 의미

있는 결과로 나타날 수 있다.

▷ 비용 대비 효과(Cost - Effectiveness): 3가지 기본 실행 방법이 있다. 첫째는 경쟁사보다 기본 비용을 낮추는 일이고, 둘째는 비용 절감 측면에서 효과가 큰 영역에 집중하는 일, 끝으로 기업 내 다른 사업부 내지는 타 기업과 핵심 기능을 공유하는 일이다.

2. 고객(the Customer, Customer-based Strategies): '3Cs Model' 개발자인 Ohame에 따르면, 기업의 모든 전략의 기본 대상은 고객이다. 즉, 기업이 최대로 관심을 가져야 할 대상은 주주 같은 '이해 당사자'가 아닌 '고객'이어야 하며, 결국 고객에게 진정한 관심을 갖는 기업만이 투자자에게도 매력을 끌게 된다. 따라서 고객을 어떻게 구분할지에 대한 '세분화'가 중요하다.

▷ 목적에 의한 세분화(Segmenting by Objectives): 고객을 세분화할 때, 동일한 제품을 다른 방법으로 사용할 경우의 구분을 의미한다. 예를 들어, 커피의 경우 좋아서 마시는 사람과 졸지 않기 위해 마시는 사람으로 세분화가 가능하다.

▷ 고객 범위에 따른 세분화(Segmenting by Customer Coverage): 마케팅 투입 비용과 시장 진출 범위의 관계에서 수익이 줄어드는 경계점이 존재하는데, 이때 기업의 임무는 시장 진출 범위를 지리적 또는 물류 관점에서 최적화가 되도록 세분화해야 한다.

▷ 시장의 재세분화(Segmenting the Market Once More): 경쟁이 심한 시장에서, 기업과 직접적인 경쟁을 벌이는 업체는 비슷한 세분화 방법을 사용하는 경향이 있다. 따라서 초기의 세분화 방법은 시간에 따라 그 효과가 점차 줄어들 것이다. 이 같은 상황이면 소규모의 핵심 고객을 찾아내 그들이 진정으로 원하는 바가 무엇인지 파악하는 접근이 유효하다. 시장 세분화에 변화가 일어난다는 의미는 시장 자체가 인구 통계, 유통 채널, 고객 규모 등에 영향

을 미침으로써 사용자 구성에 변화를 일으키고 있다는 증거다. 따라서 기업은 그 사업에 투입된 자원의 조정과 변경에 관심을 기울여야 한다.

3. 경쟁사(the Competitors, Competitors-based Strategies): 이 접근은 구매, 설계, 엔지니어링, 판매 및 서비스 등의 기능을 어떻게 차별화할 수 있는가를 검토함으로써 이루어진다. 다음에 설명되는 사항들은 이런 차별화를 이루기 위한 방법을 소개한다.

▷ 이미지의 힘(the Power of an Image): 제품의 성능과 물류 등에서 경쟁사와 차별화를 이루기 어려울 때, 기업의 PR과 광고에 들이는 노력, 즉 이미지 극대화는 차별화의 원천이 될 수 있다.

▷ 이익과 비용 구조 차이에 투자(Capitalizing on Profit and Cost Structure Differences): 첫째, 신제품 판매 등과 같이 이윤이 나올 수 있는 출처를 활용할 수 있다. 둘째, 고정비와 변동비의 비율 차이를 전략적으로 활용할 수 있다. 고정비 비율이 낮은 기업은 시장 침체기에 원가를 낮출 수 있는 기회가 된다. 단, 고정비 비율이 높은 기업의 경우는 오히려 해가 될 수 있다.

▷ 사람 - 돈 - 물건(Hito - Kane - Mono): 일본의 사업 기획 담당자들이 선호하는 말로서 '사람', '돈' 그리고 '물건'을 의미한다. 그들은 이들 3개의 핵심 자원이 넘쳐나거나 모자라지 않고 균형을 이룬다면 기업 관리가 잘 이루어지고 있다고 믿는다. 예를 들어, 정상의 사람이 그가 쓸 수 있는 한도를 넘어선 지출이 발생하면 그것은 낭비다. 3개의 핵심 자원 중, 자금(돈)은 맨 마지막에 고려한다. 기업은 제일 먼저 'Mono(물건)', 즉 공장, 설비, 기술, 공정 노하우 등을 근거로 능력 있는 관리자를 제 위치에 배정하고, 이들 'Hito(사람)'들로 하여금 사업을 번성하게 할 창조적 아이디어를 개발하도록 함으로써 'Kane(돈)'이 개개 관리자에 의해 창조된 특별한 아이디어나 프로그램에 지불되도록 해야 한다. 이 같은 과정을 통해 경쟁 우위를 확보할 수 있게 된다.

기업 교재를 보면 '3Cs Model'과 늘 함께 등장하는 단어가 있는데 바로 'FAW(Forces at Work)'이다. 예를 들어, '3Cs Model & FAW' 등과 같은 표기가 그것이다. 언제부터 함께 쓰였는지 그 출처를 찾진 못했으나 '3Cs Model'이 '자사', '고객', '경쟁사'에 국한된 한계점(환경적 요소는 이것 말고도 많을 것이므로)을 극복하기 위해 도입된 것만은 분명하다. 용어 정의는 다음과 같다.

> ·**FAW(Forces at Work)** (기업 교재) FAW는 경영 또는 사업 환경의 변혁이나 변화를 일으키는 Macro한 힘(또는 요인)으로, '3Cs Model'과 함께 쓰여 '3Cs'에서 언급된 사항들에 대한 '원인'으로 작용한다. 주로 경제, 정부 정책, 사회/기술, 국제 관계로 구분된 후 세분화 단계를 밟는다.

[그림 TC - 1]은 '3Cs Model'과 'FAW'의 관계를 도식화한 것이다.

[그림 TC - 1] '3Cs Model'과 'FAW' 개요도

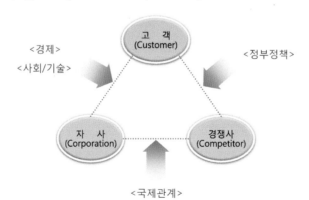

[표 TC-1] '3Cs Model'과 'FAW' 유형 예

3Cs Model			FAW	
고객	☐ 당사의 대상 제품 시장 규모 추이는? ☐ 당사의 주 고객은? ☐ 당사 주 고객의 특성과 속성은?	경제	☐ 물가(원재료/소비재/원유) ☐ 노동 임금 등	
자사	☐ 당사 주요 제품, 서비스의 매출, 이익에 의한 공헌도는? ☐ 당사의 사업 운영 흐름, 조직 체제는? ☐ 당사의 강점은?	정부정책	☐ 지방 정책 ☐ 자본 제한 등	
경쟁사	☐ 당사의 주 경쟁사는? ☐ 주 경쟁사의 약점은? ☐ 모델이 되는 선진 기업의 성공 요인은 무엇이며, 당사에 주는 의미는?	사회/기술	☐ 소비자 기호 변화 ☐ 기술 혁명 등	
		국제관계	☐ 환율 ☐ 선진국 보호 무역 정책 등	

이제 작성 절차에 대해 알아보자. 작성 전 '3Cs Model'의 용도를 다시 한 번 상기한다. 즉, 시장이 세분화되면 이어서 기업은 세분된 시장 내에서 마케팅 전략의 일환으로 표적 시장을 선정해야 한다(통상 마케팅 분야에서 STP, 즉 Segmenting → Targeting → Positioning의 전개를 사용한다). 이때 기업들은 각 세분 시장별 매력도 평가를 실시하는데, 이 단계에서 고려할 사항이 바로 '자사', '고객' '경쟁사'의 '3Cs Model'이다. 기업은 현재의 시장 규모와 시장 성장률, 경쟁사와 잠재적 경쟁사, 자사와의 적합성 분석 등을 통해 세분 시장별 매력도를 평가하고 자사와 가장 적합한 표적 시장을 선정한다.[67] 물론 이 외에 다양한 상황에 맞게 응용할 수 있는 부분은 독자의 역할에 맡긴다.

① 시장 세분화가 이루어졌다는 전제하에 '평가 항목'과 '평가 기준'을 설정한다.

다음 [표 TC-2]는 '3Cs'에 따른 '평가 항목'과 '평가 기준' 예를 나타낸다.

---

67) 본 작성 예는 '3Cs Model' 정의에 맞는 마케팅 분석의 한 예를 선택한 것임.

[표 TC-2] 표적 시장 선정을 위한 '평가 항목'과 '평가 기준' 설정 예

	평가 항목	평가 기준
고객	☐ 총 시장 규모 ☐ 연간 시장 성장률 ☐ 과거의 유사품 이익 추세 ☐ 환경에의 영향 ☐ …	☐ 시장 규모 5,000억 이상 ☐ 초기 3년간 예상 성장률 15% 이상 ☐ 이익률 10% 이상 ☐ …
자사	☐ 예상 시장 점유율 ☐ 점유율 예상 성상 추세 ☐ 단위 원가 ☐ …	☐ 3년 후 예상 점유율 25% 이상 ☐ 연평균 5% 이상의 성장 추세 ☐ 원가 경쟁사 대비 90% 수준 ☐ …
경쟁사	☐ 경쟁 강도 ☐ 기술의 우위 조건 ☐ 유통망 ☐ 연구 개발 수준 ☐ …	☐ 경쟁사 경쟁 강도 5점 우위(별도 평가 점수) ☐ 경쟁사 기술 우위 10점 이상(별도 평가) ☐ 공급망/판매망 10점 차 이상 ☐ 연구 능력(인력, 투자 규모 등) 10점 차 이상 ☐ …

② '평가 항목'과 '평가 기준'을 이용하여 세분화 시장을 평가한다.

각 항목별 가중치와 '평가 기준'의 적합 여부로 점수를 부여한다(5점 척도 등 사용). [표 TC-3]은 그 예이다.

[표 TC-3] '표적 시장' 평가 예

	평가 항목	가중치	세분 시장 1		세분 시장 2		세분 시장 3		…	
			평가	점수	평가	점수	평가	점수	…	…
고객	☐ 총 시장 규모	0.30	3	0.90	3	0.90	2	0.60		
	☐ 연간 시장 성장률	0.20	2	0.40	1	0.20	5	1.00		
	☐ 과거의 유사품 이익 추세	0.10	4	0.40	5	0.50	1	0.10		
	☐ 환경에의 영향	0.15	1	0.15	2	0.30	3	0.45		
	☐ …	…	…	…	…	…	…	…	…	…
	합 계	1.00	2.25		2.10		3.35		…	
자사	☐ 예상 시장 점유율	0.25	2	0.50	1	0.25	2	0.50		
	☐ 점유율 예상 성장 추세	0.20	5	1.00	3	0.60	1	0.20		
	☐ 단위 원가	0.20	2	0.40	2	0.40	4	0.80		
	☐ …	…	…	…	…	…	…	…	…	…
	합 계	1.00	2.35		2.90		3.00		…	

경쟁사										
	☐ 경쟁 강도	0.15	2	0.30	2	0.30	3	0.45		
	☐ 기술의 우위 조건	0.20	3	0.60	4	0.80	2	0.40		
	☐ 유통망	0.15	4	0.60	4	0.60	4	0.60		
	☐ 연구 개발 수준	0.25	1	0.25	3	0.75	1	0.25		
	☐ …	…	…	…	…	…	…	…	…	…
	합 계	1.00		2.10		2.55		2.90		…

③ '표적 시장'을 선정한다.

[표 TC-3]의 결과를 참고해서 '표적 시장('STP 전략' 중 'Targeting'에 해당)'을 선정한다. 이때 주의할 점은 다른 평가 선정 과정과 동일하게 점수가 제일 높은 것을 기계적으로 선택하기보다 그를 우선순위로 참고하되, 각 항목별 점수 분포와 비이상적 평가 점수에 대한 토의, 또는 과정 중 드러난 평가 항목의 부적합성 등 다방면의 논점을 깊이 있게 협의해 나가면서 결론을 도출한다. [그림 TC-2]는 세분화 시장별 점수를 시각화시킨 예이다.

[그림 TC-2] '표적 시장' 선정 예

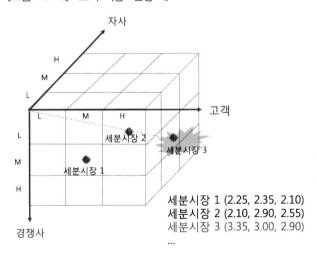

세분시장 1 (2.25, 2.35, 2.10)
세분시장 2 (2.10, 2.90, 2.55)
세분시장 3 (3.35, 3.00, 2.90)
…

물론 앞서 언급한 바와 같이 '3Cs Model'이 반드시 '표적 시장' 선정에만 사용되는 것은 아니다. 「Be the Solver_제품 설계 방법론」편의 'Step-1.1. 과제 선정 배경 기술'에 사용된 '3Cs Model'의 예를 다음 [그림 TC-3]에 옮겨 놓았다. 편의상 '자사', '고객', '경쟁사'별 설명은 생략(있다고 가정)하고 그를 토대로 개발 방향(또는 연구 개발에 중점적으로 추진해야 할 사항, 즉 CTQ 선정) 설정 장표만 기술하였다.

[그림 TC-3] 연구 과제의 'CTQ 도출'에 사용된 '3Cs Model' 예

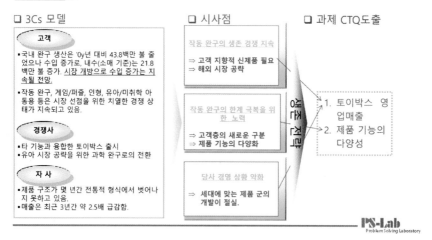

[그림 TC-3]에서 고객, 경쟁사, 자사 분석을 통해 향후 제품의 개발 방향 인 '과제 CTQ'를 도출했다. 다양한 분야의 응용적 측면은 숙제로 남긴다.

‘Value Chain’은 우리말 ‘가치 사슬’로 명명된다. 이 도구의 문제 해결에서의 사용 빈도는 그리 높은 편은 아니나 굳이 적용된다면 ‘40(또는 50)－세부로드맵’의 Define Phase ‘Step－1.1. 과제 선정 배경 기술’에서 과제 선정을 위한 현황 파악, 또는 ‘분석(Value Chain Analysis)’의 용어가 지칭하듯 ‘Step－8.1. 가설 검정’에서 정성적 분석용으로 활용이 가능하다. 탄생은 ‘Porter Five Forces Analysis’와 동일한 하버드 비즈니스 스쿨 교수 ‘Michael Porter’에 의해 제시되었다. 다음은 그 배경을 요약한 것이다.

· (WIKIPEDIA) 이 도구는 ‘Value Chain Analysis’로 알려져 있으며, 마이클 포터가 다음의 출처에 발표한 후 유명세를 탄 경영학의 한 개념이다.

〈출처〉 Porter M. E.(1985), Competitive Advantage, Creating and Sustaining Superior Performance, The Free Press, New York.

· 좀 더 이전의 이력을 살펴보면, 이 개념은 ’60～’70년대 광물 수출 경제의 발전 경로를 도표화하는 분석가에 의해 처음 사용되었고(Girvan, ’87; Kaplinsky, R., 2002), 또 한편으론 McKinsey 컨설팅사가 개발한 Business System을 포터가 ’85년에 정교한 분석 툴로 발전시킨(진양호·정소윤, 2000) 것이다.

사실 ‘Value Chain’이란 용어는 포터가 언급했지만 그것을 이해하는 입장에선 여러 정의로 해석하는데, 예를 들어 “가치 사슬이란 제품 구상부터 생산 단계와 최종 소비자까지, 또 이후인 사용 후 처리까지 제품과 서비스를 발생

시키는 데 필요한 전체 활동이다. 예를 들어, 제품 개발 경우 아이디어 수집, 소비 환경 분석, 상품 기획 등과 같이 설계와 상품 개발과 관련된 다양한 세부 활동들의 묶음을 'Link'라 하고, 이러한 연결 고리들의 흐름을 '가치 사슬'이라 한다(Kaplinsky, R. and Morris, M., 2001)"라 했고, 국내 경우 "가시 사슬이란 소비자에게 가치를 제공함에 있어 부가가치 창출에 직간접적으로 관련된 일종의 활동, 기능, 프로세스의 연계를 의미한다(박경숙, 2006)" 등이 있다. 이 외에도 여러 정의가 있으나 개념적으론 큰 차이가 없다. 다음은 'Value Chain'의 사전적 의미를 모아놓은 것이다. 이해하는 데 도움이 될 것이다.

·**가치 사슬(價置사슬, Value Chain)** (네이버 백과사전) 기업 활동에서 부가가치가 생성되는 과정을 의미한다...(중략). 주 활동(Primary Activities)과 지원 활동(Support Activities)으로 나눠볼 수 있다. 여기서 '주 활동'은 제품의 생산, 운송, 마케팅, 판매, 물류, 서비스 등과 같은 현장 업무 활동을 의미하며, '지원 활동'은 구매, 기술 개발, 인사, 재무, 기획 등 현장 활동을 지원하는 제반 업무를 의미한다. '주 활동'은 부가가치를 직접 창출하는 부문을, '지원 활동'은 부가 가치가 창출되도록 간접적인 역할을 하는 부문을 말한다. 이 두 활동 부문의 비용과 가치 창출 요인을 분석하는 데에 사용된다. 이를 통하여 가치 활동 각 단계에 있어서 부가 가치 창출과 관련된 핵심 활동이 무엇인가를 규명할 수 있으며, 각 단계 및 핵심 활동들의 강점이나 약점 및 차별화 요인을 분석하고, 나아가 각 활동 단계별 원가 동인을 분석하여 경쟁 우위 구축을 위한 도구로 활용할 수 있다. 보통 기업의 내부 역량 분석 도구로 많이 사용된다...(중략).

·**가치 사슬 모형** (위키백과) 가치 사슬 모형(Value Chain Model)은 기업에서 경쟁 전략을 세우기 위해 자신의 경쟁적 지위를 파악하고, 이를 향상시킬 수 있는 지점을 찾기 위해 사용하는 모형이다. 가치 사슬의 각 단계에서 가치를 높이는 활동을 어떻게 수행할 것인지, 비즈니스 과정이 어떻게 개선될 수 있는지를 조사하여야 한다.

다음 [그림 VC-1]은 포터가 언급한 '포터의 가치 사슬 기본 모델(The Basic Model of Porters Value Chain)'을 나타낸다.

[그림 VC-1] 포터의 가치 사슬 기본 모델

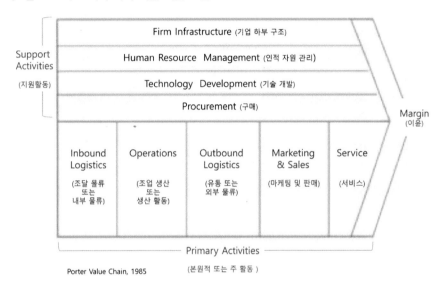

Porter Value Chain, 1985

[그림 VC-1]의 용어들 중 출처마다 영문 해석에 약간씩 차이가 있는 것은 한 개씩 더 추가하였다. 내용 설명에 대해서는 앞서 기술된 용어 정의 '가치 사슬'을 참고하기 바란다. [그림 VC-2]는 한 복사기 제조사에 대한 '가치 사슬'의 예이다.68) 본 예는 '가치 사슬 분석'이라기보다 기업 내 '가치 사슬'을 찾아 정리한 단계로 볼 수 있다. 따라서 이 '가치 사슬'을 이용한 '분석(Analysis)'은 이후 장표에서 설명이 있을 것이다.

---

68) 'www.edbarrow.com'의 'Value Chain' 문헌을 참고함.

[그림 VC - 2] '복사기 제조사'의 '가치 사슬' 예

인적자원 관리		기술인 모집 양성 교육		모집	모집	
기술개발	제품설계	부품, 제조, 설계, 시험	정보기술 지원	마케팅 조사, 판매와 판매 지원	서비스 매뉴얼 개발과 지원	
구매	운송	자재 공급, 에너지, 전기 부품	기술 지원 서비스, 운송 서비스	매체 구매 공급, 출장 비용	예비 부품, 출장 비용	Margin (이윤)
	조달 자재 취급 수입 검사 부품 선별과 인도	부품 조립 미세 조정 및 조립 유지 관리 설비 가동	주문 처리 선적	광고 판촉 판매 부서	서비스 센터 예비 부품 지원 체계	
	조달 물류	조업 생산	유통	마케팅 및 판매	서비스	

이제 '가치 사슬 분석'에 대해 알아보자. '가치 사슬 분석(Value Chain Analysis)'을 알기 쉽게 정리하면, '공급자 → 회사 → 고객'으로 이어지는 전체 시스템(또는 프로세스)을 '사슬(Chain)'로 정의할 때, 그중 '가치(Value)'를 창출하는 '회사' 내 '핵심 활동(Key Activity)'들의 강점과 약점을 찾아내 궁극적으로 '경쟁 우위(Competitive Advantage)'를 키워 나가는 접근 과정이라 할 수 있다. 여기서 '경쟁 우위'를 이루기 위해 필요한 분석 대상은 바로 '① 원가(또는 비용)(Cost)'와 '② 차별화(Differentiation)'이다. 이들에 대해 정리하면 [표 VC - 1]과 같다.

[표 VC - 1] '경쟁 우위' 실현을 위한 '가치 사슬 분석' 유형

분석 대상	분석 내용
원가 또는 비용 (Cost)	'가치'를 창출하는 '핵심 활동'들에 있어 경쟁사보다 효율적인 운영을 통해 원가나 비용을 절감할 수 있는지에 대한 접근
경쟁적 포지셔닝 내 차별화 (Differentiation)	'가치'를 창출하는 '핵심 활동'들에 있어 경쟁사와 다른 운영이나 방법을 통해 차별화를 이룰 수 있는지에 대한 접근. 단, '차별화'의 궁극적인 목표는 '원가(또는 비용) 절감'을 포함할 것임

[표 VC-1]을 좀 더 일반적인 사항으로 도식화하면 [그림 VC-3]과 같다.

[그림 VC-3] '경쟁 우위' 실현을 위한 '가치 사슬 분석' 유형의 도식화

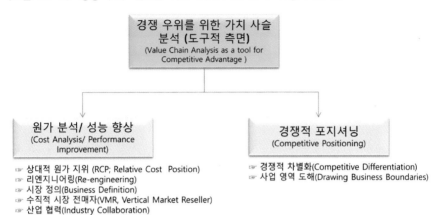

즉, '경쟁 우위'를 확보하기 위한 분석적 접근으로 크게 '원가 분석'과 '경쟁적 포지셔닝'이 있고, 그들 각각의 구체적 방법론이 세분화돼 있다. 이들을 하나하나 여기서 소개하는 것은 범위를 벗어나므로 관심 있는 리더는 별도의 학습을 해주기 바란다. 이제 [표 VC-1]에 초점을 맞춰 '가치 사슬 분석'을 단계적으로 수행해보자(www.mindtools.com 참조).

① 활동 분석(Activity Analysis)

제품이나 서비스 전달로 고객 요구를 충족시키는 데 중추적인 역할을 할 '활동'을 식별한다. 이를 위해 팀은 브레인스토밍을 실시한다. 거시적 관점에선 '핵심 활동'을 선별하기 위해 특정 영역이 아닌 마케팅, 판매, 구매, 생산, 물류, 지원 등 해당 산업에서 고려할 만한 전반적인 '비즈니스 프로세스'를 포함시킨다([그림 VC-4]의 맨 위 흐름도). 또 팀이나 개인이 속한 미시적 관

점에선 일하고 있는 분야의 '흐름(Flow)'에 초점을 맞춰 진행한다([그림 VC-4]의 맨 아래 흐름도). 다음 [그림 VC-4]는 관심 영역별 '가치 사슬'의 '범위'와 '분석 대상'을 도식화한 것이다.

[그림 VC-4] 목적에 따른 '가치 사슬'의 '범위'와 '분석 대상'

가치를 부여할 '활동'들이 브레인스토밍으로 도출되면 목록을 만든 후 간단한 플로 차트로 재구성한다. 이 과정을 통해 '핵심 활동'들을 포함한 '가치 사슬'이 완성된다. [그림 VC-5]는 도출된 '활동(Activity)'들에 대한 다른 흐름도 예이다.

[그림 VC-5] 도출된 '활동(Activity)'에 대한 흐름도 예

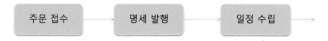

② 가치 분석(Value Analysis)

'활동(Activity)'이 식별되면, 각 '활동'에서 고객에게 가치를 부여할 수 있

는 "가치 요소(Value Factors)"들을 뽑아낸다. 예를 들어, '전화 주문 접수 프로세스'에 관심이 있다면, 고객은 전화에 대한 빠른 응답, 친절한 응대, 주문 사항의 온전한 접수, 문의에 대한 빠르고 적합한 답변, 또 문제의 정확하고 빠른 해결책 마련 등에 가치를 느낄 것이다. '①'에서 식별된 각 '활동'에 이같은 '가치 요소'들을 나열한 뒤, 이들을 실현시키기 위해 행해져야 할 일이 무엇인지 적어 나간다.

[표 VC-2] '가치 요소'와 '변화될 방향(개선 사항)' 작성 예

구분 활동	주문 접수	명세 발행	일정 수립
가치 요소 (Value Factors)	☐ 전화에 빠른 응답 ☐ 요구 사항의 정확한 이해 ☐ 요구 사항의 정확한 접수	☐ 쉬운 표현 ☐ 가격 설정 근거 ☐ 전체 항목 기술	☐ 기대 사항 반영 ☐ 명확한 문장 ☐ 계획대로 이행
변화될 방향 (개선 사항)	☐ 3번 벨 울림 규칙 ☐ 시스템 및 고객의 산업에 대한 교육 훈련 ☐ 전화 종료 직전 요약 멘트	☐ 작성법 교육 ☐ 내부 재검토 ☐ 모든 활동 기술	☐ 정확한 시간 추정 ☐ 일정 수립 체계 ☐ 비상 계획 수립

[표 VC-2]의 접근은 경쟁사와의 '차별화'에 초점을 맞추고 있다. '핵심 활동'에 획기적인 변화(아이디어)가 마련된다면 말이다. 이 외에 [그림 VC-3]에 언급된 '원가 분석'적 접근이면 [그림 VC-6]과 같은 접근이 필요할 것이다.

[그림 VC-6] '원가 분석'을 통한 '핵심 활동' 발굴

[그림 VC-6]에서 가장 핵심적인 '활동'은 '주문 접수'와 '일정 수립'임을

알 수 있다(고 가정한다). 따라서 이 '활동'들의 비용을 절감할 필요가 있다. 그러나 이런 접근의 가장 큰 장애는 역시 투입 비용을 어떻게 정확히 산정하는가이다. 아마 이 부분에 대해선 각고의 노력이 있거나 또는 산정의 어려움으로 시도조차 못하는 일이 발생할 수도 있다. 이론적 도구의 한계에 해당한다.

③ 변화 사항 점검과 '실행 계획(Plan for Action)'을 수립

'가치 분석'이 마무리되면, 이제부턴 실행에 온 힘을 기울여야 한다. 이를 위해 발굴된 변화 사항들이 실질적 가치를 만들어낼 수 있는지 팀원들과 재점검하고, 실행을 위한 계획도 수립한다. 만일 고객이 느낄 만한 훌륭한 가치를 대거 발굴했고, 또 그들이 고객에게 온전히 전달되게 한다면 아마 그 서비스는 놀랄 만한 결과를 초래하게 될 것이다. 주의할 점은 추진에 있어 선택과 집중을 통해 불필요한 활동에 자원과 비용이 낭비되는 일이 없도록 해야 한다.

특정 산업에 있어서의 '가치 사슬'은 '가치 시스템', 즉 회사 내의 가치 활동뿐만 아니라 '회사의 가치 사슬(Firm VC)'과 '공급자 가치 사슬(Supplier VC, Upstream VC)' 및 '유통 구매자/사용자 가치 사슬(Channel VC·Buyer/User VC)'이라는 '전방 채널 가치 사슬(Downstream VC)' 사이에 상호 의존적 관계를 창출한다. 따라서 '가치 시스템'은 기업 간뿐만 아니라 동종 업체, 산업 및 국가 간 관계까지 확장될 수 있으며, 각각의 경쟁 우위 강화 및 구축을 위한 전략적 도구로서 유용하게 활용될 수 있다. '가치 시스템'하에서 회사는 공급자와의 관계에서 '공급 사슬 관리(SCM, Supply Chain Management)', 회사와 고객과의 관계에서는 '고객 관계 관리(CRM, Customer Relationship Management)'가 추가되며, 오늘날 ERP(Enterprise Resources Planning)는 회사 하부 구조 차원을 넘어 지원 및 본원적 활동 전 영역으로 확대 적용되고 있다.[69]

---

69) <출처> http://misofjob2310.tistory.com

묶음형 도구

도구의 특징상 묶음의 형태로 탄생했거나, 또는 용법이 유사해 그들을
묶어 설명하면 효과적인 것들을 모아놓았다. 본 단원에서는 그들의 종
류와 용법에 대해 학습할 것이다.

1. 묶음형 도구 개요

                '묶음형'은 용법이 유사해 그들을 묶어 설명하면 효과적이거나, 애초 묶음의 형태로 탄생한 것들로 문제 해결 시 자주 맞닥트리는 도구들이 포함된다. 요약하면 다음과 같다.

> · 무정형이면서 용법이 유사한 도구들의 모임. 또는
> · 애초 묶음의 형태로 탄생함.

[표 E-1] '묶음형' 도구들 예

정성적 도구	연관 세부 로드맵	설명위치
Gap Analysis	(IC)Step-8.1 (DV)Step-9.2	1
Idea Generation	(IC)Step-11.1 (DV)Step-7.3	2
the Seven QC Tools(QC 7가지 도구)	모든 단계 가능	3
the Seven New QC Tools(신 QC 7가지 도구)	모든 단계 가능	4
the 7 Tools of Customer Value Analysis(CVA 7가지 도구)	(IC)Step-8.1 (DV)Step-5.4	5

    [표 E-1]에 요약된 '정성적 도구'들은 명칭 그 자체가 하나의 도구라기보다 하위 도구들을 묶어놓은 '그룹 명칭' 정도로 이해하는 게 유익하다. 하위 도구들의 용도가 유사하므로 개별적으로 설명하면 오히려 혼란이 가중될 수 있기 때문에 묶어 설명하는 방법을 선택하였다. 각각의 하위 도구들에 대해선 본문에서 언급할 것이다.

    'QC 7가지 도구' 계열은 이미 'X-Y 좌표형 도구'와 '전개형 도구' 설명

에 대부분 포함돼 있다. 따라서 여기선 전체 개요를 파악하는 수준에서 정리하고 넘어갈 것이다.

1.1. 갭 분석(Gap Analysis)

'Gap Analysis'는 '네이버 백과사전'에서 "(갭 분석) 케인스 학파의 소득 결정, 저축, 투자 이론을 기초로 하고, 완전 고용의 수준을…"와 같이 거시 경제를 설명하는 경제 용어로 해석하고 있다. 그러나 문제 해결 중 쓰는 용법과는 거리가 있는 듯하다. 반면에 'WIKIPEDIA'에서의 정의가 현 상황과 유사하므로 옮겨놓았다. 다음과 같다.

> · **Gap Analysis** (WIKIPEDIA) 비즈니스와 경제 분야에서 '갭 분석'은 회사가 실제 성능과 잠재적 성능을 비교하는 데 유용한 도구이다. 항상 두 가지 질문이 따르는데: "우리는 어디에 있는가?"와 "우리는 어디로 가야 하는가"이다. 만일 회사나 조직이 현재의 자원을 백분 활용하지 못하거나 투자, 기술 개발 등에 무관심하다면 잠재 성능 이하의 낮은 실제 수준을 드러내게 될 것이다…(중략). '갭 분석'의 목적은 최적 수준과 실제 수준의 차이를 식별하는 데 있으며, 절차로는 '차이의 확인(Determining) → 문서화(Documenting) → 승인(Approving)'의 과정을 따른다…(중략). 따라서 '갭 분석'은 자연스럽게 '벤치마킹(Benchmarking)'과 여러 '평가(Assessment)'의 방법을 필요로 한다…(중략).

'WIKIPEDIA'에서 '갭 분석'의 대상이 제품 수준이나 경쟁 수준 간 차이로 언급하고 있으나, 문제 해결 중 쓰이는 도구에 범위를 한정하면 다음과 같은 유형들이 포함된다.

	정성적 도구	비고
갭 분석 (Gap Analysis)	벤치마킹(Benchmarking)	우리 수준과 다른 대상(주로 경쟁 상대)의 수준 차이를 분석
	현장 실사	직접 관찰을 통해 차이 분석
	기술 자료 분석	문헌을 통해 차이 분석
	전문가 의견	전문가 의견이나 조언을 통해 차이를 분석
	…	…

이 외에도 현 상태를 개선하기 위해 '차이'를 느끼게 할 탐색 방법이 있으면 모두 이 유형에 포함된다. 도구들이 단순하므로 '벤치마킹'만 알아보자.

'**벤치마킹(Benchmarking)**'의 탄생 배경은 다음과 같다.

· (www.bestransport.org와 기업 교재) '70년대 말 복사기 제조사인 제록스(Xerox)는 미국 시장 점유율 80% 수준에서, 더 싸고 품질이 우수한 일본 제품의 등장으로 30% 수준까지 추락하자 일본 제품의 특징을 조사하게 되었고, 그 결과 생산성에 큰 차이가 있음을 발견하였다. 이에 당시 연 8%대의 생산성 향상 수준을 18%대로 상향해야만 5년 뒤에 겨우 일본 업체와 동등 수준이 됨을 확인하고, 이 조사를 근거로 생산성 혁신 운동을 전개해 '86년에 시장 점유율을 상당히 회복하였다. 이 같은 제록스의 성공은 '80년대 '경쟁적 벤치마킹(Competitive Benchmarking)'으로 불리게 되었고, '89년 'Camp, R, the Search for Industry Best Practices that Lead to Superior Performance(Productivity Press)'라는 제록스 벤치마킹의 활동과 성과를 기술한 최초의 책이 출간돼 대중에게 '벤치마킹'이 각인되기 시작하였다. '91년엔 '말콤볼드리지 품질상'의 포상 지침에 단어 '벤치마크'가 삽입돼 대중적 인식을 증폭시키는 계기가 되었다.

유사하지만 '경제 용어'로 사용된 최초 기원을 '네이버 용어사전'은 다음과

같이 설명하고 있다. 직전 기술된 출처와 함께 읽으면 보완 설명이 될 것이다.

> • (네이버 용어사전) …(중략)… 벤치마킹은 원래 토목 분야에서 사용되던 말이었다. 강물 등의 높낮이를 측정하기 위해 설치된 기준점을 벤치마크(benchmark)라고 부르는데, 그것을 세우거나 활용하는 일을 벤치마킹이라고 불렀다. 그 후 컴퓨터 분야에서 각 분야의 성능을 비교하는 용어로 사용되다가 기업 경영에 도입되었다. 경영 분야에서 이 용어가 처음 사용된 것은 1982년 미국 뉴욕주 로체스터에서 열린 제록스사의 교육 및 조직 개발 전문가 모임이었다. 제록스사는 일본의 캐논 등의 관련 회사에 뒤지는 이유를 단순히 복사기의 부품 문제뿐 아니라 디자인, 생산, 주문 처리의 모든 면에서 분석해, 일본식 작업 방식을 배우는 벤치마킹을 시도, 벤치마킹의 꽃을 피웠다. 그리고 1989년 로버트 캠프 박사의 『벤치마킹』이란 저서에서는 동종 업계가 아닌 다른 업계의 경영 도구도 비교·분석해 벤치마킹의 범위를 확대했다.

인터넷을 검색해보면 '벤치마킹'의 기원을 제록스(Xerox)보다 훨씬 이전인 중국의 '춘추시대'로 보는 견해도 있다. 이는 기원전 6세기경 오나라 합려를 섬기던 명장 손무('손자'는 높여 부르는 호칭이다)의 병법서 '손자병법'에 "지피지기(知彼知己), 백전불태(百戰不殆)"를 언급한 데 기인한다. 그러나 이렇게 따지면 옆 동네 돌팔매 사냥을 따라 한 선사시대까지도 거슬러 올라갈 수 있으므로 더 이상의 확대해석은 않는 게 좋을 것 같다. 단지 영어 단어 '벤치마킹'이 어떻게 명명된 것인지는 의미가 있을 것 같다. 다음에 옮겨놓았다.

> • (WIKIPEDIA) ('Benchmark'로 검색); 용어 'Benchmark'는 측량 기사에 의해 끌로 조각된 수평 표식(Mark)에서 유래되었으며, 이때 앵글(L자형 철재)을 그 표식에 맞춰 수준 조척(건설에서 쓰이는 상자 모양의 자)의 제 위치 안착(Bench)을 돕게 된다. 이 과정을 통해 향후 수준 조척을 정확히 원위치로 되돌릴 수 있다.

- (WIKIPEDIA) ('Benchmarking'으로 검색); 'Benchmarking'이란 용어는 사람들의 신발 높이를 측정했던 구두 수선공에 의해 처음 사용되었다. 즉, 수선공이 측정이 필요한 누군가의 발을 긴 의자(또는 작업대, Bench)에 올리게 한 후, 신발 바닥 형상을 표시(Mark)한 데서 단어 'Benchmark'가 탄생하였다.
- (answers.yahoo.com) 목공이 가공체의 크기를 측정할 때 작업대(Workbench)크기를 기준으로(예로 작업대 크기보다 2배 크면, 2 Benches) 삼은 데서 유래하였다.

좀 부연하면, 실제 사람의 발 크기와 만들어낼 신발 크기를 비교하거나, 작업대 크기와 가공물의 크기를 비교하는 개념으로 볼 때, 앞서 'Gap Analysis'의 용어 정의에서 기술된 "최적 수준과 실제 수준의 차이를 식별"하는 문장과 일치한다. 즉, '벤치마킹'이 넓게 봐서 'Gap Analysis'의 일종이란 의미로 해석되는 대목이다. 다음은 단어 '벤치마킹'의 사전적 정의를 모아놓은 것이다. 그 전에 '벤치마크'만 따로 떼서 확인한 뒤, 이어 '벤치마킹'을 알아볼 것이다.

- **Benchmark** (영한사전) 기준(점).
- **Benchmark** (영영사전) 벤치마크는 품질 또는 수량이 알려져 있는 것. 따라서 다른 것과 비교 시 기준 역할을 한다.
- **수준점(水準點, Benchmark)** (네이버 백과사전) 기준 수준면에서의 높이를 정확히 구해놓은 점으로 측량의 기준이 되는 점이다...(중략).
- **BM(bench mark)** (네이버 백과사전) 벤치마크(Bench Mark)의 약자로 펀드를 운용할 때 그 운용 성과를 비교하는 기준을 말한다...(중략).
- **Benchmark** (아래 '출처' 참조) 서로 간 유사성 비교가 아닌, 우수성이나 성취한 업적을 확인하는 데 쓰이는 기준. 경쟁할 가치가 있는 것(그것을 뛰어넘으면 우수성이 입증될 것이므로).

  〈출처〉 Paul Leonard, Key Factors for Successful Benchmarking: The Rank Xerox Experience, State of the Art of Benchmarking Conference 19th-20th October 2000, Brussels.

'Benchmark'가 '기준(점)'임을 감안하면, '현 프로세스 능력 분석' 시 미니 탭의 「통계 분석(S) > 품질 도구(Q) > 공정 능력 분석(A) > 정규 분포(N)...」 내 '옵션'에 들어가면 선택 사항 중 '벤치마크 Z(시그마 수준)'으로 쓰여 있는 의미를 이해할 수 있다. "앞으로 이룰 성과에 대한 비교 기준점이 현 프로세스 능력(수준)"이라는 뜻이다. 정의 중 맨 아래에 기술된 내용은 사전적 정의보다는 도구 측면의 정의이므로 'Benchmarking'을 논하는 현 과정과 직접 연결된다. 즉, '현 기준점' 의미보다 '최고의 기준점'이라는 의미가 있다. 부연하면, 현재 수준(능력)의 기준이 아닌, 도달을 꿈꿔야 할 목표 성향의 기준점(이를 현 수준으로 삼겠다는 의지)이란 뜻이다. 다음은 'Benchmark'에 'ing'가 붙은 'Benchmarking'의 정의를 옮겨놓은 것이다.

- **Benchmarking** (영어사전) 벤치마킹(우량 기업의 장점을 도입해 기준으로 삼는 경영 도구).
- **벤치마킹(Benchmarking)** (네이버 백과사전) 어느 특정 분야에서 우수한 상대를 표적으로 삼아 자기 기업과의 성과 차이를 비교하고, 이를 극복하기 위해 그들의 뛰어난 운영 프로세스를 배우면서 부단히 자기 혁신을 추구하는 경영 도구이다. 즉, 뛰어난 상대에게서 배울 것을 찾아 배우는 것이다...(중략). 벤치마킹을 성공적으로 활용하기 위해서는 벤치마킹의 적용 분야, 벤치마킹 상대, 성과 측정 지표, 운영 프로세스라는 벤치마킹의 4가지 구성 요소에 대한 명확한 이해가 필요하다.
- **Benchmarking** (아래 '출처' 참조) 벤치마킹은 '프로세스'다. 관심 분야에서 우리보다 월등한 수준(성능)에 도달하려 노력할 때 쓰이는 방법(또는 절차)이다. 간단히 요약하면 다음 것들의 '~프로세스'다.
  ▷ Benchmark(월등한 수준)를 측정하는 데 쓰이는
  ▷ Benchmark(월등한 수준)를 찾는 데 쓰이는
  ▷ 월등한 수준에 도달하는 방법(즉, 어떤 방법이나 절차로 그런 결과에 이를 수 있는지)을 결정할 때 쓰이는
  ▷ 우리 스스로 월등한 수준에 이르거나 뛰어넘을 목적으로 현 사업 습성의 변화를 모색할 때 쓰이는

〈출처〉 Paul Leonard, Key Factors for Successful Benchmarking: The Rank Xerox Experience, State of the Art of Benchmarking Conference 19th–20th October 2000, Brussels.

'벤치마킹'이 "우월한 수준을 우리의 기준으로 삼기 위한 접근 절차나 프로세스"라면, 단계적 접근법이 논의돼야 한다. 이에 대해서는 체계화 과정에 참여한 여러 전문가들에 의해 잘 정립돼 있는데 다음과 같다.

· (네이버 백과사전) …(중략)… 벤치마킹 도구를 활용한 경영 혁신의 추진은 일반적으로 ① 벤치마킹 적용 분야의 선정, ② 벤치마킹 상대의 결정, ③ 정보 수집, ④ 성과와 차이의 확인 및 분석, ⑤ 벤치마킹 결과의 전파 및 회사 내 공감대 형성, ⑥ 혁신 계획의 수립, ⑦ 실행 및 평가의 순으로 진행된다…(중략).

· (WIKIPEDIA) 특정할 수 있는 벤치마킹 프로세스란 존재하지 않는다. 벤치마킹의 폭넓은 유용성과 수용성 때문에 다양한 방법론이 제시되어 왔다. 이 중 지금까지도 변함없이 읽히는 벤치마킹을 체계적으로 설명한 저서[70]에 Boxwell의 것이 있다. 절차를 설명한 최초의 서적[71]은 Kaiser Associates에서 출판한 것이 있으며, 여기서 7−단계의 접근법을 논하고 있다. Robert Camp(1989년에 벤치마킹에 대해 처음 책을 썼던)는 그의 저서에서 12−단계의 접근법을 개발해 제시하고 있다. 12−단계의 접근법은 ① 앞서 나가야 할 주제 선정, ② (관련) 프로세스 정의, ③ 잠재적인 상대들 식별, ④ 자료 출처들 파악, ⑤ 자료 수집과 상대들 선택, ⑥ 차이(Gap) 파악, ⑦ (운영) 프로세스 차이의 입증, ⑧ 향후 (달성해야 할) 성과 목표 설정, ⑨ (팀 내) 내용 협의, ⑩ 목표 조정, ⑪ (결정 사항에 대한) 이행, ⑫ (이행 결과에 대한) 재검토/재조정이다. (참고로 'WIKIPEDIA'에 6−단계 접근법이 설명돼 있다).

---

70) 'Benchmarking for Competitive Advantage', Rebort J. Boxwell Jr, New York: McGraw-Hill, 1994, p.225, ISBN 0-07-006899-2.

71) 'Beating the Competition a Practical Guide to Benchmarking', washington, DC: Kaiser Associates, 1988, p.176, ISBN 978-1563650186.

사실 접근법에 대해선 설명한 바와 같이 출처에 따라 여러 개가 존재하는데 중복은 되겠지만 이들을 한자리에 모아 정리할 필요가 있을 것 같다. 차이가 무엇인지 서로 비교하면 활용에 유익하기 때문이다.

[표 GA-2] 출처에 따른 '벤치마킹 접근 절차'

유형	단계	출처
4단계	①계획(Plan) ②측정(Measure) ③학습(Learn) ④적용(Learn)	기업 교재
5단계	①주제선정 ②프로세스 분석(자사) ③대상선정 ④실시 ⑤결과분석/적용	
6단계	①문제 영역 확인 ②유사 프로세스가 있는 산업 조사 ③산업 내 연구 대상기업 식별 ④조사 기업의 운영 수단, 실천 사례 조사 ⑤가장 뛰어난 실천 사례 보유 회사 방문 ⑥새롭고 향상된 업무 실천 사례 (자사)적용	WIKIPEDIA
7단계	①벤치마킹 적용 분야의 선정 ②벤치마킹 상대의 결정 ③정보 수집 ④성과와 차이의 확인 및 분석 ⑤벤치마킹 결과의 전파 및 회사 내 공감대 형성 ⑥혁신 계획의 수립 ⑦실행 및 평가	네이버 백과
12단계	①앞서 나가야 할 주제 선정 ②(관련) 프로세스 정의 ③잠재적인 상대들 식별 ④자료 출처들 파악 ⑤자료 수집과 상대들 선택 ⑥차이(Gap) 파악 ⑦(운영) 프로세스 차이의 입증 ⑧향후 (달성해야 할)성과의 목표 설정 ⑨(팀 내) 내용 협의 ⑩목표 조정 ⑪(결정 사항에 대한)이행 ⑫(이행 결과에 대한) 재검토/재조정	Robert Camp

현업에서 [표 GA-2] 중 어떤 유형을 선택할 것인지는 이행할 '벤치마킹'의 대상이나 목적, 규모, 난이도 등을 고려해 '4단계 → 5단계 → 6단계 → 7단계 → 12단계'와 같이 그 접근법을 상향해갈 것을 추천한다. 단계가 많다는 것은 그만큼 일의 세분화가 이루어진 것이고, 시행착오나 오류를 최소화시킬 가능성도 높아질 것이기 때문이다. 다음은 '벤치마킹 유형'에 대해 알아보자. '벤치마킹 유형'들은 다음 [표 GA-3]과 같다.[72)]

---

72) <출처> WIKIPEDIA.

[표 GA - 3] '벤치마킹 유형'

비고	내용
Process Benchmarking	사업 시작 초기에는 보다 앞선 회사의 실행력 관찰이나 목표 설정과 같은 실무 프로세스에 관심을 갖는다. 단위 활동 분석엔 주로 비용(원가)이나 효율 관점의 조사로부터 점점 비영업부문으로 확대된다. (부연) 통상 '내부 프로세스'와 '외부 프로세스'로 재분류된다.
Financial Benchmarking	재무 분석을 통해 경쟁력과 생산성 부문의 평가 결과를 비교한다.
Performance Benchmarking	사업 시작 초기에 자사 제품과 서비스를 목표 회사의 그것들과 비교해서 '경쟁 위치(Competitive Position)'를 평가한다.
Product Benchmarking	신제품 설계 또는 현 제품의 업그레이드를 목적으로 한 접근. 때론 자사 제품의 강점과 약점을 알아내기 위해 경쟁사 제품을 분해하는 '분해 공학(또는 역설계, Reverse Engineering)'을 수행한다.
Strategic Benchmarking	다른 회사들이 (시장에서) 어떻게 경쟁하고 있는지를 조사한다. 이 유형은 동종 업계가 아닌 타 산업 군을 대상으로 이루어질 수 있다.
Functional Benchmarking	회사가 조직의 특정한 기능을 향상시킬 목적으로 그 기능의 운용에 대해서만 조사하는 경우다. 인적 자원, 재무 회계, 정보 통신 기술들은 전체의 원가나 효율을 직접 비교하긴 어렵고, 전체 프로세스를 분해해서 축소시킨 후 접근할 필요가 있다.
Best-in-class Benchmarking	산업을 선도하는 경쟁사나 특정한 기능에 뛰어난 회사를 조사한다.
Operational Benchmarking	근무하는 직원, 업무 흐름의 생산성, 운영되는 절차들의 분석 등으로부터 알고자 하는 바를 얻어낸다.
Energy Benchmarking	예를 들어, 사용량 감소를 측정할 목적으로 건물의 정확한 에너지 소비 모델 식을 개발하는 경우 등이다.

'Process Benchmarking' 경우, '내부 프로세스 벤치마킹'과 '외부 프로세스 벤치마킹'으로 구분되는데, 후자는 잘 알고 있는 경쟁사나 타 산업에서의 조사를 목적으로 하는 반면, 전자는 자사 내부에서 이루어지는 특징이 있다. 금융권에 있는 보험사 경우 동일한 프로세스로 운영되는 대리점이나 영업소가 전국에 퍼져 있는 게 보통이며, 이들의 특성(매출, 고객 유지율, 고객 이탈률 등)을 조사하면 특히 앞선 영업소들이 나타나는데 이들의 영업 방식이나 운영 방식을 분석하면 의외로 좋은 아이디어를 얻을 수 있다. 이렇게 확인된 결과를 열악한 영업소로 수평 전개시키면 전체 수준이 상향평준화되는 효과를 거둘 수 있다. 실제 이런 분석적 접근은 경험적으로 금융권에 포함된 기업의 프

로세스 개선에 매우 유용하다는 것을 강조하고 싶다. 이제 작성 절차에 대해 알아보자.

작성 절차는 앞서 '4 - 단계'부터 '12 - 단계' 등을 언급했으며, 이들 중 상황에 맞는 유형을 선택한다. 다음은 가장 단순한 '4 - 단계'의 예이다. 다음과 같다.

① 계획(Plan): 기존 보유 데이터를 검토하여 벤치마킹 범위, 방법, 시기, 결과 처리에 대한 계획을 수립한다.

사례 전개를 단순화하기 위해 「Be the Solver_프로세스 개선 방법론」편의 Improve Phase에 수록된 내용을 참조하였다. 상황은 노래방 매출을 올리는 것이 목표이며, 분석 결과 최신 노래의 업데이트가 잘 안 되는 문제에 대해 개선 방향으로 경쟁사의 관리 방식을 벤치마킹하는 것이다(라고 가정한다). 물론 실제 기업에서 발생되는 벤치마킹의 규모는 훨씬 크고, 계획 수립의 복잡도 역시 차이가 날 것이나 접근 방법은 동일하다. 또, 이 경우 필요하다면 '4 - 단

[그림 GA - 1] '계획(Plan)'의 간단한 예

Plan

<목적> 당 업소의 매출 신장과 고객 만족도를 향상시키기 위해 지속적인 신곡 관리 체계를 구축하고자 벤치마킹 수행.

<범위> 신곡 Update 방법, 지속 관리 방법

<대상> 00지구 2년 연속 매출 1위 A업소

<방법> 노래방 업주자 협의체 인맥을 통한 업소 방문 및 사장 Interview

<시기> 2xxx. 10.06 14:00~18:00

<결과 처리> 매출이 2배 가량 차이 나므로, 결과를 직접 적용하는데 어려움이 예상되나 가능한 동일하게 적용하는 방안을 고려 중.

계' 이상의 접근법을 활용하는 것도 한 방법이다. [그림 GA - 1]은 '계획(Plan)'
의 작성 예이다.

'신곡 관리 체계를 구축'하고자 동종 업계 중 매출도 높고 이 부문에 높은
경쟁력을 갖춘 '○○업소'를 벤치마킹할 '계획'의 예이다. 가정된 간단한 예이
므로 내용을 참조하기 바란다.

② 측정(Measure): 벤치마킹 대상을 선택하여 질문 사항을 만들고 기초적
사전 연구와 관련 자료를 모은다.

'질문 사항'은 말 그대로 '질문'을 위한 목록일 수도 있으나, 빠트리지 않고
점검해야 할 '체크 리스트'일 수도 있다. 타사를 직접 방문하는 일 등은 반복
하기 어려운 1회성일 가능성이 높으므로 사전에 알고 싶은 내용을 철저히 검
토하는 것은 매우 중요하다. [그림 GA - 2]는 '질문'을 정리한 간단한 예이다
(너무 단순하다고 본인도 느끼지만 쉽게 설명하려는 의도이므로 리더들이 너
그럽게 이해해주기 바란다^^).

[그림 GA - 2] '측정(Measure)'의 간단한 예

Measure
< 질문 사항>
1. 신곡의 반영은 얼마나 자주 하는지?
2. 신곡을 조사하는 방법은 무엇인지?
3. 신곡 추가 시 노래 책의 분량 조정은 하는지?
4. 신곡의 관리가 매출 신장에 기여하는지?

참고로, 필요한 자료의 사전 수집 및 내용은 수행된 것으로 가정하고 본문
에선 생략한다.

③ 학습(Learn): 수집된 자료를 기초로 성과 차이 및 Gap 발생 원인을 분석하여, 유용한 지식으로 변환한다.

[그림 GA-3] '학습(Learn)'의 간단한 예

Learn			
	당 업소	A 업소	자료
신곡 반영 빈도	• 고객 요구 시 • 소문 듣고	• 주기적 조회 • 신곡 발표 시 판단	📄
신곡 조사 방법	상동	• 인터넷 업체와 연간 계약	📄
노래책 분량 관리	뒤에 덧붙임	• 가감이 가능하도록 바인더 형 책자 관리	📄
신곡의 매출 기여	고려해본 적 없음	• 약 20%(젊은 고객 층 고정 적 확보)	📄

[그림 GA-3]의 맨 끝 열은 조사된 내용이나 보조 자료들이 포함된 파일이라 가정한다(이런 처리는 실제 자료 작성에 매우 유용한 방법이다).

④ 적용(Apply): 분석 결과의 적용을 통해 현재의 프로세스를 개선한다.

'40-세부 로드맵' 중 Improve Phase의 'Step-11.1. 최적화 및 기대 효과'에 해당되는 과정이다. '최적화'란 브레인스토밍이나 외부로부터 얻은 유용한 대안을 자사 프로세스에 끼워 넣는 과정, 즉 '~화'시키는 것이다. 따라서 어떻게 변화되는지에 대한 '된 모습'을 시각적으로 표현해줄 필요가 있다. [그림 GA-4]는 작성 예이다.

[그림 GA-4]에서 '최적 대안'은 '학습(Learn)' 과정 중 경쟁 업소로부터 얻은 유용한 정보를 의미하며, '최적화' 열의 내용은 실제 자사 프로세스에 적용한 결과이다. 상세 사항들은 오른쪽 아래의 첨부 파일에 들어 있다(고 가정한다). 끝 열의 '기대 효과'는 변화된 '최적화'로부터(이것은 '변경점'이 발

생된다는 의미다) 기대되는 효과를 가급적 정량적 형태로 표현한 것이다. 개별 '최적화'의 '기대 효과' 모두를 합할 경우 '과제 Y' 또는 '과제 효과'의 결과로 나타날 것이다.

[그림 GA − 4] '적용(Apply)'의 간단한 예

구 분	최적 대안	최적화	기대 효과
신곡 반영 빈도	• 주기적 조회 • 신곡 발표 시 판단	• TV 프로 '토요 앨범' 모니터링(주 1회) → 주간 인기 순위 파악하여 10위까지 반영 • 인터넷 검색 (주 1회) 조회 → 최근 가요 Tend 및 관련 신곡 파악하여 즉 반영	➫ 기존 대비 매출 20% 향상 기대됨
신곡 조사 방법	• 인터넷 업체와 연간 계약	• TV 및 인터넷 조사(상동) • 인터넷 가요 동호회 가입 → 20대, 30대, 40대, 50대 별로 모니터링(주 1회) ※ 인터넷 정보 업체와의 계약은 추가 비용 부담이 큰 관계로 일단 위 개선을 반기 수행 후 활용 여부 결정할 계획임.	
노래책 분량 관리	• 가감이 가능하도록 바인더형 책자 관리	• 가감이 가능하도록 바인더형 책자 관리	➫ 관리 비용 연 30만 원 절감 예상됨
신곡의 매출 기여	• 약 20%(젊은 고객층 고정적 확보)	• 기대 예상 효과로 활용	

많은 과제 리더들이 '벤치마킹'은 꼭 경쟁사나 동종 업계에서만 이루어져야 한다고 믿는 경향이 있다. 그러나 이런 제약은 둘 필요가 없다. 새로운 아이디어의 단서는 전혀 다른 현상을 보면서도 창출될 수 있기 때문이다. 참고로 본문에 소개된 사례의 전후 관계를 파악하고 싶은 독자는 「Be the Solver_프로세스 개선 방법론」편을 참고하기 바란다.

'Idea Generation'은 우리말로 '아이디어 발상/발굴/창출/도출/' 등으로 해석한다. 물론 너무도 친숙하고 잘 알려져 있으며, 알게 모르게 주변에서 쉽게 활용되는 발상 도구로 '브레인스토밍(Brainstorming)'이 있다. 그러나 이 도구 하나만 존재하면 전개에 무리가 없겠으나, 용법이 유사하면서 다양한 형태로 분가된 도구들이 상존하므로 이들을 따로 보기보단 묶어서 한 번에 설명하는 방법을 선택하였다. 따라서 'Idea Generation'이란 용어는 본 서적에서만큼은 '유사 도구들의 묶음명'으로 정의하겠다. '40 – 세부 로드맵' 경우 Improve Phase의 'Step – 11.1. 최적화 및 기대 효과'와, '50 – 세부 로드맵'의 Analyze Phase인 'Step – 7.3. 기능 대안 도출'에서 주로 활용된다.

앞으로 설명될 'Idea Generation' 내 개별 도구들은 시각화가 어려운 '무정형'들만을 포함시킬 것이다. 따라서 유사한 '아이디어 발상' 도구지만 시각화가 가능한 'Mind Map' 등과 구별된다. 그렇다면 '아이디어 발상' 도구면서 '무정형'의 것들엔 어떤 것들이 있을까? 하나하나 찾으려는 노력도 필요하지만 이 분야에 관심을 갖고 연구를 수행한 결과물, 즉 문헌들 중 성균관대 시스템 경영 공학부의 김성대, 박영택 교수님이 발표한 논문이 있다.[73] 이 논문에 기존 '아이디어 발상' 도구들의 종류와 특정 분류 기준을 통한 구분이 잘 정의돼 있어 우선 그를 참조하고, 그로부터 문제 해결과 관련된 사용 빈도 높은 도구들에 초점을 맞추도록 하겠다. 다음 [표 IG – 1]은 논문에 포함된 도구들의 분류표를 옮겨놓은 것이다.

---

[73] 「브레인스토밍 및 그 파생 기법들의 분류 및 활용에 관한 연구」, 김성대·박영택, 『품질경영학회지』, V.29, No.2 (2001).

[표 IG-1] '브레인스토밍 파생 도구'들의 특성 비교

구분	도구	구두제시	기록	구두접촉	비 구두접촉	선별포함	카드사용	용지사용
브레인 스토밍 계열	브레인스토밍	O		O				
	Gordon법	O		O				
	Phillips 66	O		O		O		
	역 브레인스토밍	O		O				
	Wildest Idea	O		O				
	Stop and Go 브레인스토밍	O		O				
	Round-Robin 브레인스토밍	O		O				
	Challenge 브레인스토밍	O		O				
	SCAMPER	O		O				
브레인 라이팅 계열	브레인라이팅		O		O			O
	6-3-5 브레인라이팅		O		O			O
	Solo 브레인스토밍		O			O	O	
	Crawford Slip Writing		O				O	
	명목 집단 도구(NGT)		O			O		
	브레인스토밍 게시판		O					
	브레인라이팅 Pool		O		O			O
	KJ법		O		O		O	
	TKI법		O			O	O	
	Take Five		O			O		O
	Pin Card법		O			O	O	
	브레인라이팅 게임		O		O		O	
	Gallery법		O		O			O
	Collective Notebook		O					O
	전자 브레인스토밍		O		O			
혼합 ·계열	미츠비시 브레인스토밍	O	O	O				
	Trigger법	O	O	O				O
	NHK 브레인스토밍	O	O	O		O	O	
	Panel Format	O	O	O	O			O
	SIL법	O	O	O		O		O

참고로 'SCAMPER'는 논문에 포함돼 있지 않으나 문제 해결 분야에서 자주 언급되고 활용도도 높은 만큼 [표 IG-1]에서 유사한 분류로 생각되는 '브레인스토밍 계열'에 포함시켰다. 또 품질 교재에 자주 등장하는 'Six Thinking Hats'는 실제 문제 해결에서의 사용 빈도가 매우 낮아 고려 대상에서 제외시켰다. 표에서 빨강으로 표기된 도구들은 앞으로 설명할 대상을, 파랑으로 표기된 도구들은 이미 본문에서 설명했던 것들이다.

[표 IG-1]을 부연하면, 열 제목 '구두 제시'는 '말'로 아이디어를 제시한다는 의미고, 열 제목 '기록'은 '글'로 제시를, 또 열 제목 '구두 접촉'과 '비구두 접촉'은 팀원 상호 간 접촉이 필요한 경우 '말'로 하는지, 그 외의 다른 방식으로 하는지를 구분한 것이다. 열 제목 '선별 포함'은 보통 '아이디어 평가/선정'에 해당되는 분류로 도구 자체가 '아이디어 발상'뿐 아니라 발굴된 것들의 우선순위를 정해 선정하는 것까지를 포함하는지의 구분이다. 끝으로 열 제목 '카드 사용'과 '용지 사용'은 아이디어 발굴이나 팀원 상호 간 접촉 시 '카드' 또는 '용지' 사용 유무에 대한 구분이다. 이제부터 도구의 용법을 설명하되, '브레인스토밍', '브레인라이팅'을 제외한 대부분이 이들로부터 파생된 유사성을 보이므로 가장 중심에 자리하는 '브레인스토밍', '브레인라이팅'과 추가로 'SCAMPER'에 대해 알아볼 것이다.

'브레인스토밍(Brainstorming)'은 사실 너무 흔하게 접하는 도구인지라 상세히 언급할 필요는 없을 것 같다. 이미 리더들이 내용과 절차에 대해 잘 알고 있기 때문이다. 따라서 탄생 배경과 기본 원칙에 대해서만 간단히 언급하고 넘어갈 것이다. 다음은 '브레인스토밍'의 탄생 배경이다.

- (논문 '주석 73') 이 도구는 1938년 미국 광고 회사인 BBDO(Batten, Barton, Durstine and Osborn)사의 창립자 중 한 사람인 알렉스 F. 오즈번(Alex Faickney Osborn)이 자사 직원들과 함께 개발하여 1940년대와 1950년대에 보급하였고, 후에 제자이자 후임자인 Sidney Parnes에 의해 지속적으로 보급되었다(Rickards, 1990; Lumsdaine, 1995).
- (WIKIPEDIA) 문제 해법을 찾기 위해 많은 양의 아이디어를 발굴할 목적으로 만들어진 '그룹 창의적 도구(Group Creativity Technique)'이다. 이 방법은 1953년 오즈번이 쓴 'Applied Imagination; Principles and Procedures of Creative Thinking'에 의해 대중화되었다. 오즈번은 그룹이 브레인스토밍으로 그들의 창의적 결과물을 두 배로 늘릴 수 있음을 제시하였다.

오즈번이 쓴 그의 저서에는, 좋은 '브레인스토밍'을 위해 지켜야 할 4가지 기본 원칙(Ground Rules)을 제시하고 있다. 다음과 같다.

- (WIKIPEDIA)
  1. 양에 집중(Focus on Quantity): 이 원칙은 '확산적 발산(다양하고 많은 정보의 생산)'을 증대시킨다. 수가 많을수록 좋은 해법도 많이 나온다.
  2. 비판 금지(Withhold Criticism): 비판은 정체 상태를 만든다. 따라서 판단보다 수를 늘리는 데 집중한다. 이를 통해 별난 아이디어들이 발굴된다.
  3. 별난 아이디어의 수용(Welcome Unusual Ideas): 충분하고 훌륭한 아이디어를 얻기 위해 현실에서 벗어난 아이디어들도 환영한다.
  4. 아이디어의 결합을 통한 개선(Combine and Improve Ideas): 좋은 아이디어들의 결합으로 단 하나의 훌륭한 아이디어가 탄생될 수 있다. 슬로건 "1+1=3"을 내건다. 이것은 아이디어 형성을 자극한다.

4가지 기본 원칙을 알기 쉽도록 '수량 추구', '비판 금지', '자유분방', '결합 개선'으로 요약하기도 한다(주석 73). 작성 절차는 기업 교재에 잘 나와 있지만 출처를 명확히 하기 위해 '주석 73'의 논문 내용을 인용하였다. 이 논문에선 (Higgins, 1994)를 참조하고 있다.[74]

① 6~12명으로 구성되는 참가자 그룹을 정하고, 리더와 기록원을 선발한다.
② 리더는 참가자들이 해결할 문제를 정의한다. 대개 브레인스토밍을 시작하기 전에 한다.
③ 참가자들은 서로 영향을 주고받는 방식으로 문제에 대한 해결 안을 제시하고 기록원은 참가자가 모두 볼 수 있도록 플립 차트나 화이트보드에 제안된 아이디어를 기록한다. 이때 위에서 설명한 4가지 원칙을 준수한다.

'브레인라이팅(Brainw-riting)'은 단어 'Writing'이 의미하듯 '쓴다'라는 행위를 연상케 한다. 즉, '브레인스토밍'이 '말'로 아이디어를 표출하는 데 비해, '글'을 이용하는 차이점이 있다. 브레인스토밍과 유사하지만 사람 심리를 더 잘 반영하도록 고안된 도구가 아닌가 싶다. '브레인스토밍' 과정을 통해 새로운 '브레인스토밍 도구'를 창출해낸 것은 아닐까? 여하간 기존의 '브레인스토밍'과 쌍벽을 이루는 도구에 해당된다. 탄생 배경을 정리하면 다음과 같다.[75]

• (서적 '주석 75') 이 도구는 독일의 호리겔이 1968년경 개발한 회의 도구이다. 호리겔은 형태 분석법 연구자로 경영 컨설턴트이기도 하다. 그는 브레인스토밍에 몇 가지 문제점이 있음을 발견하였다. 즉, 발언하는 사람과 발언하지 않는 사람이 극단적으로 나눠진다는 점이다. 또 하나는 발언이 회의의 중심이 되므로 조용히 생각할 수 없다는 점이다. 그는 이런 단점을 개선하기 위해 브레인라이팅을 고안했다. 그리고 이것을 1968년에 시작된 독일 직업 훈련 코스 '로바크'에서 처음 소개했다. 이후 독일에 급속도로 보급되었다. 브레인라이팅이 개발된 지 5년 후인 1973년에 보급률이 18%였던 것이, 12년 후인 1980년에 62%까지 증가했다.
• (논문 '주석 73') 브레인라이팅이라는 단어는 독일 프랑크푸르트에 있는 바텔 연구소 과학자들이 만들어낸 것이다(Michalko, 1991).[76]

---

74) Higgins, J. M.(1994), 101 Creative Problem Solving Techniques, New Management Publishing Company.
75) 『브레인라이팅』, 다카하시 마코트 저, 송수영 역, 이아소, 2010.

'WIKIPEDIA'는 '브레인라이팅'과 동의어로 '6-3-5 Brainwriting' 또는 '6-3-5 Method', 'Method 635'를 들고 있다. '6-3-5'란 "6명이 3개의 아이디어를 5분 동안 만들어냄"의 의미다. 출처는 다음과 같다.

- (WIKIPEDIA) Rohrbach, Bernd: "Kreativ nach Regeln – Methode 635, eine neue Technik zum Lösen von Problemen." Creative by rules – Method 635, a new technique for solving problems first published in the German sales magazine "Absatzwirtschaft", Volume 12, 1969. pp.73~75 and Volume 19, 1 October 1969.

'6-3-5 Brainwriting'은 30분간 진행하며, 총 108개(6명×3개×30분/5분)의 새로운 아이디어를 발생시킨다. 각자가 아이디어를 적으므로 'Brainwriting'의 파생 도구에 해당한다.

'Brainwriting'의 작성 절차는 여러 출처가 있지만 쉽게 설명된 기업 교재의 내용을 옮겨놓았다. 사례는 생략하고 진행 순서는 다음과 같다.

① 회의 진행자가 플립 차트에 제목을 적는다. 이때 참석자들이 회의 중 지켜야 할 지침을 확실히 전달한다. 또 주제가 무엇인지와 진행 절차도 설명해준다.
② 참석자들이 탁자에 둘러앉아 종이 위에 아이디어를 적는다.
③ 각자 적은 종이를 탁자 중앙에 모아놓고 다른 사람들과 바꾸어 볼 수 있도록 한다.
④ 다른 사람이 작성한 아이디어를 검토한다. 아이디어를 추가하거나 다른 아이디어로 바꿀 수 있다.

---

76) Michalko, M.(1991), Thinkertoys, Ten Speed Press.

⑤ 정해진 시간이 다 되었으면 종이를 한 곳에 모은다.

⑥ 아이디어를 적은 종이를 벽에 붙여놓고 종이에 적힌 아이디어에 대한 합의가 도출될 수 있도록 토의를 한다.

⑦ 우선순위를 매겨 아이디어를 평가한다(복수 비교 또는 단순히 점수만 부여한 평가도 가능).

'**스캠퍼(SCAMPER)**'는 '브레인스토밍'이 사고의 제약 없이 아이디어를 마음껏 도출해내는 데 반해, '**SCAMPER(영어 단어의 첫 자 모임)**'로 사고 영역을 미리 제시해 좀 더 명확한 안들이 나올 수 있도록 유도한다. 탄생 배경은 다음과 같다.

- (www.fuzz2buzz.com, Alan Black) 일리노이주 Edwardsville에서 교육 행정관이었던 Robert F. Eberle이 아이들과 선생들의 창조성을 높이기 위해 서적(아래 '서적명' 참조) 'SCAMPER'를 집필하였다. Bob Eberle는 아이들이 그들의 타고난 창조성을 쉽게 드러내도록 Alex Osborn의 83개 질문을 참조하였으며, 짧고 단순하면서 기억하기 쉽도록 7개 단어와 그들의 첫 문자를 조합한 도구를 개발하였다.

- (서적) Robert F. Eberle, Scamper games for imagination development: illus. de June kern weber, D.O.K, 1971.
  (서적) Robert Eberle, SCAMPER: Games for Imagination Development (buffalo, New York: D.O.K, Press, 1972); Alex F. Osborn, Applied Imagination (New York: Charles Scribner's & Sons, 1953).

- (네이버 블로그, ryanplee) 미국의 광고 회사 BBDO의 CEO였던 Alex F. Osborn은 1939년 그의 저서를 통해 브레인스토밍 도구를 널리 알렸고, 1950년 '체크 리스트 법'을 개발하였다. 이후 1971년 Bob Eberle이 '체크 리스트 법'을 보완하여 발전시킨 형태가 SCAMPER이다.

'SCAMPER'는 다음의 단어들 첫 자를 따서 합쳐진 명칭이다.

유형	내용
Substitute	부품, 재료, 인력들의 대체
Combine	혼합, 다른 조립품이나 서비스를 결합하거나 통합
Adapt	개조하거나 기능의 변경, 다른 요소의 일부로 사용
Modify	크기(규모)를 늘리거나 줄임, 모양을 바꾸거나 속성(색 등)을 변경
Put to Other Uses	다른 용도로 사용
Eliminate	성분을 제거하거나, 단순화하거나, 핵심 기능만 남도록 줄임
Reverse	안과 밖 또는 위아래를 뒤집음

Bob Eberle의 '96년 판 'Scamper on: More Creative Games and Activities for Imagination Development'에선 'A=Adjust', 'M=Modify, Magnify, Minify', 'R=Reverse, Rearrange'로 정의하고 있다.

'SCAMPER'는 필요 시 접근성은 뛰어나나 막상 사용하려면 팀원에게 어떤 질문을 해야 할지 난감할 때가 있다. "대체(Substitute)할 수 있는가?"라고 명확하게 질문할 수 있으면 문제없지만, '규칙을 대체할 순 없는가?' 등은 언뜻 팀원들이 받아들이기에 어려움이 있다. 따라서 적합한 질문 목록이 필요한데, 다음은 품질 교재에 포함된 각 유형별 질문들을 모아놓은 예이다.[77]

[표 IG - 3] 각 유형별 질문 목록 예

유형	질문 내용
Substitute	1) 무엇으로(누가, 무엇을) 대체할 수 있을까? 2) 규칙은 변화될 수 있는가? 3) 다른 성분(물질)은 가능한가? 4) 다른 과정(절차)도 가능한가? 5) 다른 장소도 가능한가? 6) 다른 접근 방식도 가능한가? 7) 대신 무엇이 좋겠는가? 이 부분 대신 다른 것은 어떨까?

---

77) 다음 Site에도 소개돼 있다; 'http://litemind.com/scamper/'

유형	질문 내용
Combine	1) 어떤 아이디어가 결합될 수 있을까? 2) 목표들도 결합할 수 있을까? 3) 혼합, 합금, 합성은 어떨까? 4) 단위끼리 조합하는 것은 어떨까? 5) 다른 품목과 결합이 가능할까? 6) 용도를 증가(향상)시키기 위해 무엇을 결합할 수 있는가? 7) 어떤 물질을 합칠 수 있는가? 8) 각 제품의 매력도를 결합하면?
Adapt	1) 이것이 또 다른 아이디어를 제안할 수 있는가? 2) 과거에 유사한 것이 있었는가? 3) 모방할 수 있을까? 4) 흉내 낼 수 있을까? 5) 어떤 과정을 통해 응용할 수 있을까? 6) 나의 생각을 적용시킬 새로운 상황은 없을까? 7) 내 분야가 아닌 것과도 결합할 수 있을까?
Modify/Magnify	1) 무엇을 변형시킬 수 있을까? 2) 다른 관점에서 볼 수는 없을까? 3) 의미, 색상, 동작, 소리, 향기, 구조를 변화시킬 수 있을까? 4) 이름/명칭을 바꾸면? 5) 또 다른 변화는? 6) 기획, 과정, 마케팅상에서 어떤 변화가 가능할까? 7) 다른 형태를 취한다면 어떻게 될까? 다른 포장을 한다면? 8) 그 포장이 그 형태와 서로 어울리는가?
	1) 무엇을 확대하고, 확정할 수 있을까? 2) 무엇을 과장할 수 있을까? 3) 무엇을 추가할 수 있을까?(더 많은 시간? 더 강력하게? 더 높이? 더 길게?) 4) 빈도를 높이면 어떨까? 5) 더 많은 가치를 추가할 수 있는 게 무얼까? 6) 무엇이 배가될 수 있을까? 7) 어떻게 하면 그것을 극적인 것으로 만들 수 있을까?
Put to Other Uses	1) 이것을 다른 용도로 사용할 수는 없을까? 2) 이것을 사용할 새로운 용도가 있을까? 3) 이것으로부터 다른 것을 만들 수 있을까? 4) 다른 곳으로의 확장은 가능할까? 다른 시장을 찾는 것은?

유형	질문 내용
Eliminate	1) 이것을 더 축소시키면 어떨까? 2) 무엇을 생략해야만 할까? 3) 그것을 분할하면 어떨까? 여러 부분으로 분리시켜야 할까? 4) 과소평가할까? 5) 간소화? 세밀화? 압축? 간결화? 6) 공제? 삭제? 7) 그 규칙을 없앨 수 없을까? 8) 무엇이 불필요한가?
Reverse/Rearrange	1) 어떤 배열이 더 나은가? 2) 요소를 바꾼다면? 3) 다른 형태는? 다른 배치는? 4) 다음 차례는? 순서를 바꾼다면? 5) 원인과 결과를 바꾼다면? 6) 속도를 바꾼다면? 7) 일정을 바꾼다면?

    팀원들이 모여 있는 상황에서 [표 IG‒3]에 포함된 질문들을 바꿔가며 대응하면, 한 가지 물음에 얽매여 정체될 수 있는 환경을 유연하게 만들 수 있다. 참고로 'SCAMPER'와 유사한 용법으로, 좀 더 단순화한 'CDMA(Combine, Delete, Modify, Add)', '블루 오션 전략'에서 '가치 곡선' 작성을 위해 쓰이는 '액션 프레임 워크'에 'ERRC(Eliminate, Reduce, Raise, Create)'가 있고, 시간이나 돈 관리에 응용되는 'DIC(Delete, Insert, Combine)', 제안된 아이디어의 장점(Plus), 단점(Minus), 흥미로운 점(Interesting)을 따져본 후 그 아이디어를 평가하는 도구에 'PMI' 등이 있다. 개념을 확장하면 원하는 분야에서 원하는 문제 또는 목표 달성을 위해 마련된 특정한 단어들의 첫 자 모음 모두를 'SCAMPER' 아류들이라 규정할 수 있겠다. 즉, 기존의 것을 아는 것도 중요하지만 필요하다면 우리 각자가 만들어낼 수도 있다는 뜻이다. 'SCAMPER'의 각 단어별 실 사례는 관련 자료를 참조하기 바란다. 끝으로 작성 절차에 대해 알아보자. 작성 절차는 다른 아이디어 창출 도구들과 유사하므로 기업

교재의 내용을 참고하였다.

① 분석해야 할 주제, 안건 또는 문제를 정의한다.
② '①'에서 정한 내용의 지식을 갖고 있는 직원들로 대표 팀을 구성한다.
③ 아이디어 창출을 극대화하기 위한 'SCAMPER' 질문을 하나씩 제시한다.
④ 참가자들은 질문에 대응해서 토의하고 아이디어를 구성한다.
⑤ SCAMPER 체크 리스트 질문이 마무리되면 창출된 아이디어를 공유한다.
⑥ 실제 적용이 가능한 아이디어를 확정한다.

1.3. QC 7가지 도구(The Seven QC Tools)

국내 제조 기업 경우 수십 년간 항상 입에 달고 다닌 도구가 바로 'QC 7가지 도구'임을 부인할 수 없다. 또 각종 품질 교육에도 빠지지 않고 등장하는 마치 제조를 업으로 삼는 기업은 'QC 7가지 도구'를 늘 옆에 차고 다녀야 만사가 형통한다는 느낌을 가졌던 것 같다. 동경대 공학부 교수였던 이시가와(Kaoru Ishikawa, 1915~1989)는 모든 품질 문제의 95%는 'QC 7가지 도구'로 해결할 수 있다고 할 정도였다. 그러나 이 도구를 이해하려면 품질 관리의 역사와 주요 역할을 한 대가들의 업적을 숙지할 필요가 있다. 다만 본문이 품질을 논하는 자리가 아닌 만큼 도구를 이해하는 선에서 조정할 것이다.

품질 경영의 큰 흐름을 개략적으로 이해하기 위해선 파이겐바움(Armand V. Feigenbaum, 1922~)의 저서 (Total Quality Control, McGraw-Hill, 1951; 이후 1991년까지 3차례 개정판 출간, 논문 1건은 별도)에 설명된 5단계 구분이 가장 적절할 것 같다. 최초 출간이 1951년도이므로 5단계 구분은 80년대 이후 출간된 서적에 구체화돼 있다. 다음은 5단계를 간단히 요약한 것이다.

[표 QC-1] '품질 경영' 발전 단계 요약

단계	명칭	내용
1단계	Operator Quality Control	1800년대 말, 자신의 작업을 스스로 관리
2단계	Foreman Quality Control	1900년대 초, 분업화로 감독 책임자 관리가 형성됨
3단계	Inspection Quality Control	20~30년대(제1차 세계대전 전후) 복잡화, 검사 중심으로 재편
4단계	Statistical Quality Control	40년대 이후(제2차 세계대전 전후), Shewhart의 관리도, Dodge & Romig의 샘플링 검사('29) 적용으로 QC 발전
5단계	Total Quality Control	60년대 이후 일본서 확대, 이시가와의 QC 서클 등

특히, 'QC 7가지 도구'와 연관 지을 수 있는 단계가 '5단계'이다. 데밍(W. Edwards Deming, 1900~1993)이 '50년도에 일본을 방문해 슈와르츠의 SPC 를 전수한 이래, 통계적 관리에 기반을 둔 일본 기업들은 제조 현장에서의 품질 관리뿐만 아니라, 그와 연계된 모든 부문까지 협업(?)의 필요성을 강조하게 되었고, 급기야 일본형 품질 관리 체계인 '전사적 품질 관리(CWQC, Company Wide Quality Control, TQC에 준함)'를 완성하였다. 이때 이시가와에 의한 '품질 분임조(Quality Circles)', '특성 요인도(Ishikawa Diagram)' 등 품질을 올리기 위한 방법과 도구들이 탄생하였고, 이와 더불어 TPM(Total Productive Maintenance), 방침 관리(Policy Management), QFD(Quality Function Deployment) 등 매우 중요한 운영법과 도구들이 연이어 쏟아져 나왔다.

'QC 7가지 도구'는 '49년부터 본격화된 일본의 SQC, '60년대 TQC를 거치면서 '품질 관리 사이클'의 아버지라 불리는 이시가와 교수에 의해 처음 강조되었고, 따라서 그의 창작품인 '62년 '품질 분임조(Quality Circles) 활동'에 기본 도구로 자리 잡았다. 'QC Circle'의 명칭은 이시가와 교수가 제안한 것으로, '50년대부터 현장 관리자를 대상으로 품질 교육을 해오던 '직장 QC 검토회' 등의 이름을 '일본 과학 기술 연맹(JUSE, Union of Japanese Scientists and Engineers)'에서 발행하는 『현장과 QC』라는 전문 잡지를 창간(1962)하면서 정립된 것이다. 'QC 7가지 도구'는 초기에 'Ishikawa Chart', 'Check Sheet', 'Shewhart's Control Chart', 'Histogram', 'Pareto Chart', 'Scatter Diagram', 'Stratification'이었고, 일부에서는 'Stratification' 대신 'Flow chart'나 'Run Chart'를 사용했다. 이 도구는 다음의 명칭으로도 불린다.

7QC Tools //Seven Basic (Quality) Tools //The Seven Old Tools //SPC Tools //Seven Basic Tools of Quality (QC.1)

이후의 품질 관리 체계가 어떻게 확산돼 가는지 좀 더 기술하면('QC 7가지 도구'의 세계화 측면?), 탄탄한 품질 관리력을 바탕으로 한 일본 제품의 경쟁력이 급기야 '80년대 이후 유럽과 북미를 강타하였고, 위협을 느낀 서구 대기업들을 중심으로 일본의 '전사적 품질 관리(TQC)'가 서구적 형태로 발전하는 계기가 되었다. 이것이 잘 알려진 'TQM(전사적 품질 경영, Total Quality Management)'이다. 'TQM'은 기존 'TQC'가 통계적 접근법에 주안점을 둔 데서, 조직적이며 관리론적인 방법론에 더 많은 비중을 둔다. 즉, 품질 관리 활동을 품질 관리 책임자뿐 아니라 마케팅, 엔지니어링, 생산, 노사 관계 등 기업의 모든 분야로 확대하여, 생산 부문의 품질 관리만으로는 기업이 성공할 수 없고 기업의 조직 및 구성원 모두가 품질 관리의 실천자가 되어야 한다는 것을 강조한다. 용어 'TQM'은 1985년 미 '해군 항공 시스템 사령부(Naval Air Systems Command)'의 자체 프로그램 명칭으로 사용되었으나, 그 이후 일반적 명칭으로 자리 잡았다. 'TQM 프로그램' 참여자들은 기본적으로 'Deming's 14 Management Points', 'Juran Trilogy(Quality Planning, Quality Control, and Quality Improvement), Philip Crosby's 4 Absolutes of Quality Management' 등을 교육받아야 했다. 선호 여부에 관계없이 <u>'TQM 프로그램'은 3가지 요소를 갖추고 있는데, 그것은 경영 철학(Management Philosophy), 개선 프로세스</u>

나 모델, 그리고 'QC 7가지 도구'를 포함하는 툴 셋이다.[78) 결국 일본에서 체계화된 'QC 7가지 도구'가 서구에서도 기본적 툴로써 인정받으며 보편화된 것으로 인식된다. 다음은 지금까지의 내용을 포함하여 'QC 7가지 도구'의 탄생 배경을 요약한 것이다.

- (서적 '아래 참조') W. A. Shewhart가 쓴 "Economic Control of Quality of Manufactured Product(1931), New York: Van Nostrand"에 'QC 7가지 도구' 중 일부가 사용되었다.
  (서적명) Total Quality Management: Text and Cases, B. Janakiraman & R. K. Gopal, Gopal, 3rd printing by PHI (2006).

- (서적 '아래 참조') 'QC 7가지 도구(The Seven QC Tools)'는 '품질 관리 사이클'의 아버지라 불리는 도쿄 공대 이시가와(Kaoru Ishikawa) 교수에 의해 처음 강조되었다.
  (부연) '49년부터 본격화된 일본의 SQC, '60년대 TQC를 거치면서 '62년 '품질 분임조(Quality Circles) 활동'에 기본 툴로 쓰였다.
  (서적명) Tague, Nancy(2004), The Quality Toolbox.

다음 [표 QC-2]는 'QC 7가지 도구'의 개별 도구를 나열한 것이다. 출처마다 명칭이 조금씩 달라 'WIKIPEDIA'의 용어를 사용하였다.

[표 QC-2] 'QC 7가지 도구'

도구	본문에서의 설명 위치
특성 요인도[Cause-and-effect(or Ishikawa) Diagram]	'전개형 도구' 2.1.3
체크 시트(Check Sheet)	'전개형 도구' 2.2.3
관리도(Control Chart)	포함 안 됨
히스토그램(Histogram)	포함 안 됨
파레토 차트(Pareto Chart)	포함 안 됨
산점도(Scatter Diagram)	포함 안 됨
층화(Stratification): 대안으로 Flow chart나 Run Chart 사용	포함 안 됨

---

78) The Quality Toolbox, Nancy R. Tague, ASQ, 2005.

[표 QC-2]에서 '포함 안 됨(용법 설명을 생략했다는 의미)'인 5개 도구는 기본적으로 숫자 데이터가 확보된 상태에서 가능한 '정량적 분석'들이다. 따라서 '정성적 분석'만을 다룬다는 본 책의 범위를 넘어서므로 별도의 용법 설명은 생략한다. 다만 데이터가 있다고 가정했을 때, 미니탭의 어디에서 분석할 수 있는지 그 경로를 [표 QC-3]에 정리하였다. 리더 정도면 활용이 어려울 정도의 난해한 도구들은 아니므로 이 정도 선에서 마무리하고 넘어간다.

[표 QC-3] 'QC 7가지 도구' 용법 설명

도구	미니탭 위치	결과 모습
특성 요인도(Ishikawa Diagram)	통계 분석(S) > 품질 도구(Q) > 특성 요인도(C)...	'전개형' 2.1.3
체크 시트(Check Sheet)	-	'전개형' 2.2.3
관리도(Control Chart)	통계 분석(S) > 관리도(C)	
히스토그램(Histogram)	그래프(G) > 히스토그램(H)...	
파레토 차트(Pareto Chart)	통계 분석(S) > 품질 도구(Q) > Pareto 차트(P)...	
산점도(Scatter Diagram)	그래프(G) > 산점도(S)...	
층화(Stratification): 또는 Flow chart나 Run Chart	통계 분석(S) > 품질 도구(Q) > 런 차트(R)...	

'**Ishikawa Diagram**'은 미니탭에 기능이 있어 경로는 적어놨으나 사용에 불편이 많아(2차 가지가 만들어지지 않음) 실제 활용 빈도는 높지 않다.

'**Stratification(층화)**'는 데이터 집단을 성향이 유사한 그룹으로 묶거나 나누는 것으로, 날짜별, 유형별, 성향별 등 '층화'시킬 수 있는 다양한 접근이 가능하다. 본 예에선 '층화'가 잘 되었는지 여부를 짚어보는 '런 차트(Run Chart)'로 대신하였다. 'Stratification(층화)'은 주로 '표집(Sampling)' 과정에 중요하다. 예를 들어 '프로세스(공정) 능력'을 평가하기 위해 직전 6개월간 '장기 데이터'를 수집한다고 할 때, 프로세스 활동을 대변하기 위해선 좋은 수준의 데이터만 수집하거나, 또 너무 안 좋은 데이터만 수집하면 '프로세스 능력' 결과에 왜곡이 생긴다. 만일 정황상 '전수 데이터' 확보가 불가하고, 월별 변동이 심하다는 사전 정보가 있다면, 각 월별로 '층화'해서 랜덤하게 50개씩 총 300개의 데이터를 확보하는 접근이 필요하다. 물론 이때의 '층화' 기준은 '월'이다. 다른 예로, 시중의 참치 통조림 내 불순 성분을 조사한다고 할 때도, 그냥 참치 통조림을 수거해 분석하기보다 김치 참치 통조림, 고추 참치 통조림 등으로 구분한 뒤, 그들 중 몇 개씩 수거하는 접근이 유효한데, 이때의 '층화' 기준은 '참치 통조림의 종류'가 된다.

1.4. 신 QC 7가지 도구(The Seven New QC Tools)

'신 QC 7가지 도구'는 독립적으로 탄생했다기보다 앞서 설명된 'QC 7가지 도구'의 연장선상에 있다. 즉, 보완 차원에서 의도적으로 개발된 도구이다. 현업에서 문제를 해결하는 데 필요한 데이터는 사실 쉽게 구해지지 않는다. 예를 들어 가용할 데이터가 충분치 않거나 주관이 반영된 데이터도 있다. 이런 상황이면 정량적으로 해석할 수 있는 여지보다 정성적인 해석이 더 중요할 수 있다. 이런 필요에 의해 '신 QC 7가지 도구'가 생겨났으며, 제품의 품질을 높이거나, 비용 절감, 신제품 개발과 정책 개발 같은 영역에서 매우 유용하게 쓰이고 있다. 다음은 그 배경을 옮겨놓은 것이다.

- (서적 '아래 참조') '72년 4월, 기업의 간부와 직원들을 위한 새로운 QC 도구를 개발할 목적으로, JUSE의 오사카 지부와 연합한 위원회가 결성되었고(위원장 Yoshinobu Nayatani), '77년 1월, 'The Seven New QC Tools'로 명명된 새로운 형태의 도구를 발표하였다. 각 도구의 배경은 다음과 같다.

  ▷ Affinity Diagram → Kawakita Jiro가 개발한 'KJ Method'를 사용.
  ▷ Systematic or Tree Diagram → VE의 FAST를 응용해서 사용.
  ▷ Matrix Diagram → VE의 FRMM(Feasibility Ranking Method Matrix)응용.
  ▷ PDPC Diagram → Operation Research Methods를 응용해서 사용.
  ▷ Arrow Diagram → PERT와 CPM으로부터 응용.
  ▷ Matrix Data Analysis → 계산이 매우 복잡한 '다변량 분석(Multivariate Analysis Method)'에 뿌리를 둔 도구.

  (서적) Total Quality Management, Poornima M., Charantimath, Dorling Kindersley (India), 2006.

유사하지만 탄생 배경의 이해를 돕기 위해 또 하나의 출처를 참고하였다.

- (Nancy R. Tague's The Quality Toolbox, Second Edition, ASQ Quality Press, 2004) 1976년에 JUSE(일본 과학 기술 연맹, Union of Japanese Scientists and Engineers)는 혁신과 정보 교류, 주요 과제 계획 수립 등을 촉진시킬 목적으로 새로운 툴이 필요하다는 판단 아래 '신 QC 7가지 도구(The Seven New QC Tools)'를 개발하였다. 이는 'The Seven Management and Planing Tools' 또는 'The Seven Management Tools'로 불리기도 하지만 앞서 개발된 'The Seven QC Tools'에 대응해 간단히 'The Seven MP Tools'로 명명한다. 여기에는 'Affinity Diagram', 'Relations Diagram', 'Tree Diagram', 'Matrix Diagram', 'Matrix Data Analysis', 'Arrow Diagram',[79] 'PDPC'가 포함된다. 적혀진 순서 오른쪽으로 갈수록 상세 분석용 도구이다. 참고로 'Matrix Data Analysis'는 복잡한 수학적 기술이 요구돼 종종 'Prioritization Matrix'로 대체되곤 한다. 'The Seven MP Tools'는 '80년대 중반 'Hoshin Planning'과 함께 미국에 도입되었으며, 어려운 목표 달성을 위한 혁신적 계획 수립 과정에 쓰였다...(중략).
  ※ '신 QC 7가지 도구' 초기 출처 → Seven new tools for QC: for managers and staff promoting company-wide quality control, Shigeru Mizuno, 1979. (참고) 영문으론 1983년 번역된 것으로도 알려져 있음.

'신 QC 7가지 도구'와 동의어로 쓰이는 용어들을 모아보면 다음과 같다.

the Seven MP Tools //the Second Seven Tools //Seven (New) Management and Planing Tools //the Seven Management Tools (SM.1)

'신 QC 7가지 도구'의 사용에는 정해진 순서가 없고, 다만 효과를 극대화 하기 위해 그들을 조합해 쓸 수는 있다. 다음은 각 도구별 용도를 요약한 것이다.

[표 SM-1] '신 QC 7가지 도구'의 용도

도구	용도	본 책에서의 설명 위치
Affinity Diagram	수집정보나 자료를 그룹핑	'전개형 도구' 2.2.1
Relations(or Interrelationship) Diagram	복잡한 사안의 인과성 규명	'전개형 도구' 2.2.5
Systematic(or Tree) Diagram	상위주제(문제)를 분해해감	'전개형 도구' 2.1.6
Matrix Diagram(Many Types)	행과 열의 요소를 비교	'신 QC 7가지 도구'
Matrix Data Analysis Diagram (복잡함→ Prioritization Matrix로 대체)	가중치를 부여한 후 항목들의 우선순위화 수행	'X-Y 좌표형' 2.2.6
PDPC(Process Decision Program Chart)	잠재 위험과 대책을 도식화	'전개형 도구' 2.1.5
Arrow Diagram (Activity Network Diagram)	연속된 업무의 도식화로 최적 일정 계획 수립	'전개형 도구' 2.2.2

[표 SM-1]의 '도구' 중 괄호 안의 내용은 'WIKIPEDIA'에서의 표현이다. 특히, 'WIKIPEDIA'의 'Interrelationship Diagram' 경우 'Diagram' 대신 'Diagraph'를 쓰고 있다. 만든 이는 하나인데 어째서 쓰이는 명칭은 제각각인지 알 수 없지만 굳이 통일한다면 'WIKIPEDIA'의 표기를 권장한다. 우선 모든 이들에

---

79) 일본형 일정 수립 도구로 '간트 차트+간소화된 PERT/CPM'의 혼합물이다. '활동'을 '마디'가 아닌 '화살표' 상에 표기한다. 서구에선 'PERT/CPM'과 'Arrow Diagram'에서 유래된 'Activity Network Diagram'을 쓴다.

게 접근성이 뛰어나고, 또 정정의 기회도 있어 변화된 모습을 항상 공유할 수 있기 때문이다. 유사하게 'Matrix Data Analysis Diagram' 역시 여러 유형으로 불리는데, 끝에 붙은 'Diagram'은 출처에 따라 아예 없거나, 'Chart'로 혼용해서 쓰이고 있다(본문은 ~Chart를 사용했으며, 이후부터 적용).

 '**MDAC(Matrix Data Analysis Chart)**'는 '주성분 분석'과 같은 통계적 처리가 요구되기도 하는데 이런 복잡성으로 대부분의 출처에선 정성적 도구인 'Prioritization Matrix'로의 대체를 공식화하고 있다. 'Prioritization Matrix'는 출처(www.qualityamerica.com)에 따라 'AHP('X－Y 좌표형 도구'의 2.1.1. 참조)'를 언급하기도 하지만, 통상적으론 'C&E Matrix' 구조와 동일하다. '평가기준(Criteria)'과 '가중치(없으면 '단순 형'[80]으로 구분)'를 정해놓고 관심 항목들을 평가해서 그들의 우선순위를 정한다. 용법은 'C&E Matrix('X－Y 좌표형 도구'의 2.1.3.)'를 참조하기 바란다.

 '**Matrix Diagram**'은 형성된 구조에 따라 'L－형(L－Type Matrix)', 'T－형(T－Type Matrix)', 'Y－형(Y－Type Matrix)', 'X－형(X－Type Matrix)', 'C－형(C－Type Matrix)', 'R－형(R－Type Matrix)' 등 5 종류가 제시돼 있다. 그 외에 추가로 'Roof－형'이 있다. 앞서 언급된 'Prioritization Matrix'는 'L－Type Matrix'에 속한다. 각 유형에 대해 간단히 설명하면 다음과 같다.[81]

① L－형(L－Type Matrix)/2개 그룹 표기

 'Matrix Diagram' 중 가장 기본적이면서 활용 빈도도 높은 유형이다. 영문자 'L'을 거꾸로 세운 형태로 제목이 입력되기 때문에 붙여진 이름이다. 2개 그룹을 비교하는 데 쓰인다(A ↔ B or A ↔ A). 첫 행과 첫 열에 입력된 정

---

80) '가중치'가 없는 경우를 'Simple Prioritization Matrix'로, '가중치'가 있는 경우를 'Weighted Prioritization Matrix'로 구분하기도 한다.

81) <출처_1> www.syque.com/quality_tools/, <출처_2> asq.org/learn-about-quality

보가 서로 교차되는 빈 셀에 필요 정보를 입력한다. [그림 SM-1]은 기본 구조와 작성 예이다. 4개의 고객(첫 행)과 그들이 요구하는 제품의 특성(첫 열)이 교차하는 셀에 정확한 요구 수준을 표기한다.

[그림 SM-1] 'L-형' 기본 구조와 적용 예

	Item A	Item B	Item C	Item D	Item E
Item 1					
Item 2					
Item 3					
Item 4					
Item 5					

	Customer D	Customer M	Customer R	Customer T
Purity %	> 99.2	> 99.2	> 99.4	> 99.0
Trace metals (ppm)	< 5	—	< 10	< 25
Water (ppm)	< 10	< 5	< 10	—
Viscosity (cp)	20-35	20-30	10-50	15-35
Color	< 10	< 10	< 15	< 10
Drum		✔		
Truck	✔			✔
Railcar			✔	

② T-형(T-Type Matrix)/3개 그룹 표기

전체 표의 가운데 행에 기준 그룹을 두고, 그 상하에 다른 그룹을 각각 배치시켜 3개 그룹을 함께 파악할 수 있는 유형이다(B ↔ A ↔ C, not B ↔ C). [그림 SM-2]는 기본 구조와 작성 예이며, 회색 처리 부분이 'T'자를 형성한다.

[그림 SM-2] 'T-형' 기본 구조와 적용 예

	Item A	Item B	Item C	Item D	Item E
Item III					
Item IV					
Item V					
Item 1					
Item 2					
Item 3					

	Model A	Model B	Model C	Model D
Texas plant	●		○	○
Mississippi plant		●		○
Alabama plant	○			●
Arkansas plant		○	●	
● Large volume ○ Small volume	Model A	Model B	Model C	Model D
Zig Corp.		●		
Arlo Co.	○	○	○	●
Lyle Co.			○	○
Time Inc.	●			●

오른쪽 표에서 가운데 행에 제품 그룹(4개 모델)이 있고(그룹 1), 그 위쪽에 제조 공장의 위치(그룹 2)와 아래쪽에 판매처인 고객(그룹 3)이 위치한다. 각 입력 사항이 교차하는 빈 셀에 제품 모델별 수량 규모(큰 규모-●, 작은 규모-○)가 표기돼 있다.

③ Y-형(Y-Type Matrix)/3개 그룹 표기

6면체 모양의 구조에 3개 그룹을 위치시켜 서로 만나는 평면의 빈 셀을 채워 나간다(A ↔ B ↔ C ↔ A). [그림 SM-3]은 기본 구조와 적용 예이다. 회색 처리 부분이 'Y 형상'을 띤다.

[그림 SM-3] 'Y-형' 기본 구조와 적용 예

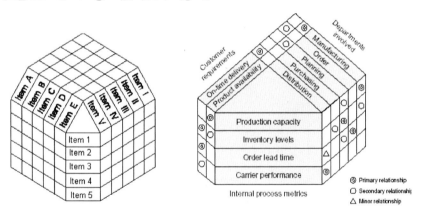

[그림 SM-3]의 오른쪽 적용 그림에서 위 오른편은 사내 관련된 부서(그룹 1)가, 위 왼편은 고객 요구 사항(그룹 2)이, 정중앙엔 내부 프로세스 관리 항목(그룹 3)이 위치한다. 해석의 한 예를 들면, '그룹 1'의 'Distribution(물류 부서)'는 '그룹 2'의 'On-time Delivery(정시 납품)'와 강한 관계(◎)에 있으

며, 다시 'On-time Delivery(정시 납품)'은 '그룹 3'의 관리 항목 'Inventory Level(재고량)' 및 'Order Lead Time(주문 처리 소요 시간)'과 강한 관계를 보인다. 그런데 정작 'Distribution(물류 부서)'은 'Inventory Level(재고량)' 및 'Order Lead Time(주문 처리 소요 시간)'과 관련 정도가 없거나 매우 약한 수준에 머물러 있음을 알 수 있다. 고객의 '핵심 요구 사항'을 담당할 부서가 '고객 만족도'를 높여줄 주요 항목들에 관리 문제를 드러낸 것이다. 말로 써서 다소 복잡한데 그림을 잘 관찰해보기 바란다.

④ C-형(C-Type Matrix)/3개 그룹 표기

이 유형은 3개 그룹을 표기하는 입장에선 'T-형' 및 'Y-형'과 유사하나, 세 그룹을 동시에 처리할 수 있는 차이점이 있다. 쉽게 말해 '3-D' 구조다. [그림 SM-4]는 기본 구조와 적용 예이다. 'C'는 'Cube'의 첫 자를 딴 것이다.

[그림 SM-4] 'C-형' 기본 구조와 적용 예

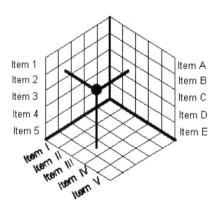
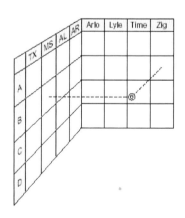

3차원 구조로 작성되므로 컴퓨터의 도움 없이는 사실 활용에 제약이 많다. 작성 예에서 'Zig社'의 제품 '모델 B'는 'MS(Mississippi Plant)'에서 생산됨을 한눈에 파악할 수 있다.

⑤ X-형(X-Type Matrix)/4개 그룹 표기

4개 그룹을 동시에 처리하는 게 아니라 인접한 것끼리의 관계를 따진다(A ↔ B ↔ C ↔ D ↔ A, 단 대각선 비교는 안 됨). [그림 SM-5]는 기본 구조와 작성 예를 나타낸다. 회색으로 표시된 '+'형 구조 때문에 'X-형'이라 불린다.

[그림 SM-5] 'X-형' 기본 구조와 적용 예

Red Lines	Zip Inc.	World-wide	Trans South		Model A	Model B	Model C	Model D
○		●	○	Texas plant	●		○	○
	○	●	●	Mississippi plant		●		○
		●	●	Alabama plant	○			●
○	○		○	Arkansas plant			○	●
		●	○	Zig Corp.		●		
			●	Arlo Co.	○	○	○	●
○	○			Lyle Co.			○	○
	○	●		Time Inc.	●			●

● Large volume
○ Small volume

사례에서 상단은 제조 지역(그룹 1)을, 왼쪽은 화물선(그룹 2), 오른쪽은 제품 모델(그룹 3), 그리고 아래쪽은 고객사(그룹 4)를 각각 나타낸다. 4개의 매트릭스엔 제품 수량이 큰 경우는 '●'를, 작은 경우는 '○'로 표기돼 있다. 해석의 한 예로 화물선 'Red Lines'와 'Zip Inc.'는 주로 적은 수량의 화물을,

'Worldwide'는 많은 수량, 'Trans South'는 혼합형 화물을 취급한다는 것을 알 수 있다. '모델 D'는 2개 지역에서 적은 수량을 생산하고 있는 반면 타 모델들은 2개 지역에서 적은 수량과 많은 수량을 각각 생산하고 있어 효율화 측면에서 '모델 D'의 적은 수량을 한 곳으로 통합하는 방안을 고려해볼 수 있다(고 가정한다).

⑥ Roof – 형/1개 그룹 표기

이 유형은 'QFD(Quality Function Deployment)'에서 지붕에 쓰이는 구조다. '품질 특성'들의 '모순 관계(또는 상관 관계)'를 '+, ++, −, − −'로 표시해서 한 특성을 향상시키면 다른 특성이 함께 향상되는지 아니면 나빠지는지를 평가한다. 기본 구조 및 사용 예는 다음과 같다.

[그림 SM – 6] 'Roof – 형' 기본 구조와 적용 예

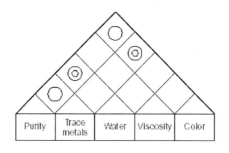

예에서 'Purity(순도)'와 Water(수분)'는 매우 밀접한 관계임을 알 수 있다.

정리하면, 'Matrix Diagram'은 문제 해결 중 "알게 모르게 쓴다"로 요약할 수 있으며, 6개 유형을 전략적으로 활용할 수 있게 기능을 잘 파악해둘 필요가 있다.

1.5. '고객 가치' 평가를 위한 7가지 도구(CVA 7 Tools, the 7 Tools of Customer Value Analysis)

마케팅이나 연구 개발 분야에서 제품 또는 서비스의 '고객 가치(Customer Value)'를 어떻게 비교 분석하고 또 표현할 수 있을까? 물론 유수의 석학들이 이 분야에 대해 연구한 결과물이 상당하겠지만 기업에서 문제 해결 중 쉽게 접할 수 있는 수준의 도구가 있으면 최상이다.

'고객 가치 평가를 위한 7가지 도구(CVA 7가지 도구, the 7 Tools of Customer Value Analysis)'는 시리즈 개정판을 내놓으며 추가된 항목이다. 개정 전에도 포함시킬지 여부를 고민했었지만 분량을 고려해 제외시켰었다. 그러나 품질 분야에 'QC 7가지 도구'가 존재하듯, 마케팅 또는 연구 개발 분야에서 유용한 'CVA 7가지 도구'의 존재도 훌륭한 '묶음형 도구'임을 알려야 한다는 의무감이 생겼다. 'CVA'는 "Customer Value Analysis"를 지칭한다. 다음은 출처이다.

> • (기업 교재) 1999년 미국 품질 컨설팅 회사인 SBTI社가 연구원 대상의 제품 설계 방법론 교재에 도구들 내용을 포함시켰다. 제품이나 서비스를 설계하기 위해서는 사용할 고객이 느끼는 가치를 평가할 필요가 있으며, 이런 이유로 설계 방법론 교재에 '고객 가치'를 분석할 기본 도구들을 묶어 소개하였다. 7개 도구들은 다음과 같다.
>
> ▷ 시장 인지 품질 프로파일(Market-Perceived Quality Profile)
> ▷ 가격 프로파일(Price Profile)
> ▷ 고객 가치 지도(Customer Value Map)
> ▷ 일대일 차트(Head-to-head Chart)
> ▷ 성공/실패 분석(Won/Lost Analysis)
> ▷ 주요 사건 연대표(Key Events Time Line)
> ▷ 무엇/누구 매트릭스(What/Who Matrix)

다음 [그림 CV-1]은 도구들 개요도이다.

[그림 CV-1] CVA 7가지 도구

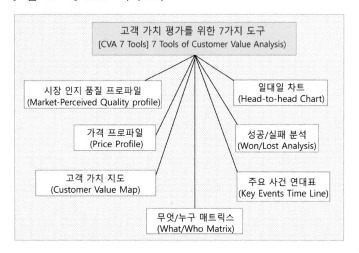

각 도구들의 용법에 대해 알아보자.

1.5.1. 시장 인지 품질 프로파일, 가격 프로파일, 고객 가치 지도
        (Market-Perceived Quality Profile, Price Profile, Customer Value Map)

[그림 CV-1]에서 연관성이 높아 함께 설명해야 할 도구들이다. 원 명칭은 '시장 인지 품질 프로파일(Market-Perceived Quality Profile)', '가격 프로파일(Price Profile)', '고객 가치 지도(Customer Value Map)'이다. '40-세부 로드맵' 경우 '정성적 분석' 목적으로 'Step-8.1. 데이터 분석'에서, '50-세부 로드맵'은 '고객 요구'를 파악할 목적으로 'Step-5.4. VOC 분석'에서 쓰인

다. 다음은 탄생 배경이다.

· (William J. Feuss, AT&T) '고객 가치 분석(CVA)'은 1980년대 말 경제, 비즈니스 전략, 고객 만족, 품질 분야의 업무에서 생겨났다. 경제학자 브래들리 T 게일은 Robert Buzzell 교수와 함께 PIMS(Profit Impact of Marketing Strategy) 데이터베이스[82])에 포함된 '전략 사업 단위(SBU)'의 성과 자료를 종단적이고 횡단적인 연구[83])를 통해 'PIMS Principles'를 발행했다. 여기서 그들은 기업의 장기적인 수익성은 '시장 점유율'에 달려 있고, 더 나아가 '시장 점유율'은 '고객 만족도'에 있다고 결론지었다. 그들은 공급자로부터 얻은 재화와 용역의 가치에 대한 고객 인식을 포착할 '고객 만족도 측정'의 필요성을 끌어냈다. 1980년대 후반 AT&T 직원이었던 Raymond Kordupleski는 '시장 점유율' 변화를 예측하는 '고객 만족도 측정 체계'를 성공적으로 개발했다. AT&T 내에서 예측력을 나타내는 특정 측정값을 '고객 부가가치(CVA)'라고 한다. AT&T 외에도 이 측정값은 '상대 고객 가치(RCV)' 또는 '고객 가치 비율(CVR)'로 알려져 있다.

'고객 가치 분석(CVA)'의 가장 중요한 도구 중 하나는 '고객 가치 지도(Customer Value Map)'이다([그림 CV－2]). '고객 가치 지도'상의 직선 위 또는 주변 점들은 시장이 '가격'에 대해 '품질'과 어떻게 거래되는지를 보여준다. 대부분의 회사는 직선 주변에 머무는 경향이 있다. 반면, 일부 기업들은 오른쪽 아래에 위치하며, 게일 박사는 이곳을 "성장과 번영의 영역(Grow-and-prosper Zone)"으로 불렀다(게일 박사의 저서 『고객 가치 관리』, 뉴욕: The Free Press, 1994). 또 다른 기업들은 왼쪽 상단에 위치하며 게일 박사는 이곳을 "시들어 죽는 영역(Wither-and-die Zone)"으로 명명했다. 새로운 경쟁자가 출현하기 전후의 '고객 가치 지도'를 비교함으로써 변화 상태를 파악할 수 있다.

---

82) 'PIMS 데이터베이스'는 "어떤 전략(예: 품질, 가격 책정, 수직적 통합, 혁신, 광고)이 어떤 환경에서 가장 잘 작동하는지 이해하는 데 도움을 준다. 수천 개의 비즈니스 사례에서 가져온 통계적으로 문서화된 경험 모음 자료"이다. 자세한 정보는 인터넷 검색 참조.

83) '종단 연구(Longitudinal Study)'는 동일한 연구 대상을 오랜 기간 추적·관찰하는 연구이다. 개인이나 집단의 변화와 성장 과정을 관찰하여 단계별 변화 양상을 발견하고 변화 요인을 구체적으로 파악한다. 그에 반해 '횡단 연구(Cross-sectional Study)'는 특정 시기에 상이한 연령대를 동시에 검사하는 연구이다. 예로써 연구 주제에 대한 다양한 연령대를 비교·분석하여 각 연령대별 특성을 파악하고 짧은 시간에 자료를 수집할 수 있다.

다음 [그림 CV - 2]는 '고객 가치 분석'의 핵심 도구인 '고객 가치 지도'와 활용 예이다.

[그림 CV - 2] '고객 가치 지도' 구조와 활용 예

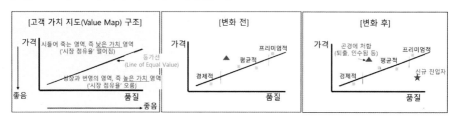

[그림 CV - 2]의 맨 왼쪽은 '고객 가치 지도'의 기본 구조를 나타낸다. 'X - 축'은 '품질(Quality)', 'Y - 축'은 '가격(Price)'이다. 직선은 '등가선(Line of Equal Value)'으로 "저가는 저품질, 고가는 고품질"의 기본 관계를 나타내며, 일반적인 경향을 대변한다. 또 직선 왼쪽 위는 "고가의 저품질" 영역으로 '시장 점유율'이 떨어지는 '시들어 죽는 영역(Wither-and-die Zone) 또는 낮은 가치 영역'을, 오른쪽 아래는 '시장 점유율'이 오르는 '성장과 번영의 영역(Grow-and-prosper Zone) 또는 높은 가치 영역'이다.

[그림 CV - 2]의 가운데와 오른쪽 끝 그림은 활용 예이다. 가운데 그림인 '변화 전'을 보면 '▲'이 존재하는 상태에서 오른쪽 그림 경우 '신규 진입자(New Entrant), ★'가 시장에 나타났다. '신규 진입자'는 '저가의 고품질'을 무기로 기존의 '고가의 저품질' 제품을 위협하며 결국 그를 시장에서 퇴출시키거나 인수의 길을 걷도록 한다.

'고객 가치 지도'를 작성하기 위해서는 두 비교 제품 A, B에 대해 '시장 인지 품질 프로파일(Market - Perceived Quality Profile)'과 '가격 프로파일(Price Profile)'을 각각 얻어 '고객 가치 지도'에 타점할 'X, Y 좌표 점'을 얻

어야 한다. 먼저 A 제품에 대한 두 프로파일의 좌표 점을 얻어보자(B 제품도 동일 과정이므로 계산 과정은 생략함). 다음 [표 CV-1]은 작성 예이다.[84]

[표 CV-1] 'A 제품'의 '시장 인지 품질 프로파일'과 '가격 프로파일' 예

품질 프로파일(Quality Profile)
① 품질 가중치 = .89
A제품 vs. B제품

② 품질 항목	③ 중요도 가중치	④ A제품	B제품	⑤ 성능 비율	⑥ 중요도 가중치 X 성능 비율
이미지 품질	32.4	3.8	4.3	0.9	28.5
색바램 저항성	11.0	3.2	4.1	0.8	8.6
결정 정도	13.2	3.4	3.4 ⑦	1.0	13.0
처리 시간	13.2	5.4	3.8	1.4	18.6
공급업체 제공 서비스	10.9	3.8	3.8	1.0	10.8
필름 가용성	8.2	4.0	4.2	1.0	7.9
재인쇄 능력	11.1	3.4	4.6	0.7	8.1
합:	100				
시장에서 인지된 품질 점수⑧					95.6
시장에서 인지된 품질 비율⑨					0.96

가격 프로파일(Price Profile)
가격 가중치 = .11
A제품 vs. B제품

가격 항목	중요도 가중치	A제품	B제품	성능 비율	중요도 가중치 X 성능 비율
전체 사진 제작 프로세스를 위한 매력적인 가격	100.0	4.9	4.3	1.1	113.1
합:	100				
시장에서 인지된 가격 점수					113.1
시장에서 인지된 가격 비율					1.131
상대적인 가격 비율 ⑩					0.884

고객 가치(Customer Value) = (시장에서 인지된 품질 비율 X 품질 가중치) + (시장에서 인지된 가격 비율 X 시장 가중치)

⑪ = (0.96 X 0.89) + (1.13 X 0.11)

= 0.975

프로파일 작성법을 자세히 소개하기 위해 [표 CV-1]에 '원 번호'를 붙였다. 각각의 내용과 계산은 다음 [표 CV-2]와 같다.

[표 CV-2] 프로파일 항목별 내용 및 계산 설명

원 번호	제목	내용 및 계산
①	품질 가중치('가격 가중치' 포함)	'품질'과 '가격'에 대해 상대적 가중치 결정 'X-Y 좌표형'의 '2.2.1. AHP' 참조
②	품질 항목('가격 항목' 포함)	'품질', '가격'을 특징지어 줄 항목 발굴해서 입력
③	중요도 가중치	'품질(또는 가격)' 항목들의 상대적 중요도 '2.2.1. AHP' 참조
④	A 제품, B 제품	비교할 제품을 입력. 현재는 'A 제품'에 대한 평가이며, 만일 'B 제품'이면 위치를 서로 바꿈
⑤	성능 비율	'A 제품 점수'÷'B 제품 점수'
⑥	중요도 가중치×성능 비율	품질(또는 가격)별 상대적 중요도

---

84) <출처> 1996 NTICE China Study: 35mm vs. Instant Type 80 - Ingraham & Rizley.

⑦	평가 점수	6점 척도로 평가한 제품별 점수
⑧	시장에서 인지된 품질 점수	'⑥'의 합
⑨	시장에서 인지된 품질 비율	'⑧÷100'
⑩	상대적인 가격 비율	1÷'시장에서 인지된 가격 비율'
⑪	고객 가치	[표 CV-1]의 계산 과정 참조

'A 제품'의 '고객 가치 곡선'상 위치는 좌표(⑨ 시장에서 인지된 품질 비율, ⑩ 상대적인 가격 비율)=좌표 (0.96, 0.88)

'B 제품'에 대해서도 [표 CV-1]의 과정을 똑같이 밟되 'A 제품'과 'B 제품'의 열 위치만 서로 바꾸어 계산한다. 결과 좌표 점은 '(1.08, 1.13)'이다. 이 점을 [표 CV-2]의 'A 제품' 좌표 점과 함께 '고객 가치 지도'에 나타내면 다음 [그림 CV-3]과 같다.

[그림 CV-3] 'A 제품'과 'B 제품'의 '고객 가치 지도' 작성 예

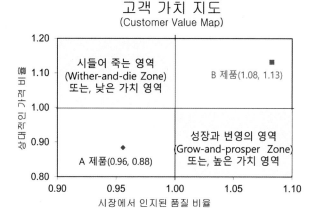

[그림 CV-3]에서 'A 제품'은 'B 제품'에 비해 상대적으로 '저가의 저품질'로 인식되고 있으나 둘 모두 '등가선(Line of Equal Value)'에 위치한다. 따라서 이러한 유형의 시장은 고품질, 저렴한 가격의 조합을 통해 새롭게 진

입하려는 기업들에 기회를 제공한다.

1.5.2. 일대일 차트(Head-to-head Chart)

[표 CV-1]의 '프로파일' 내용은 시장에서 바라보는 '품질'과 '가격'의 가치를 정량화하거나, 또는 '고객 가치 지도'를 작성할 때 유용한 정보로 활용된다. 그러나 숫자로만 돼 있어 각 '품질 항목'들과 '가격 항목'들의 비중을 빠르게 파악하기엔 역부족이다. 부족한 영역이 있으면 개선 노력을 통해 '성장과 번영의 영역, 또는 높은 가치 영역'으로 가기 위한 전략 수립을 꾀할 수 있다. '일대일 차트'는 영문인 'Head-to-head Chart'를 필자가 번역한 용어이다. 'Head'가 의미하는 바가 있으나 항목 하나하나를 나열해 비교한다는 뜻에서 붙인 이름이다. 차트 작성은 [표 CV-1]의 내용들 중 '성능 비율(Performance Ratio)'을 이용한다. 다음은 작성 예이다.

[그림 CV-4] '성능 비율'을 이용한 '일대일 차트(Head-to-head Chart)'

일대일 차트(Head-to-head Chart)

(카메라 필름) A 제품 Vs. B 제품

	50%	60%	70%	80%	90%	100%	110%	120%	130%	140%	150%	160%
이미지 품질					0.9							
색바램 저항성				0.8								
결점 정도						1.0						
처리 시간								1.4				
공급업체 제공 서비스						1.0						
필름 가용성						1.0						
재인쇄 능력			0.7									
제작을 위한 매력적인 가격					0.89							

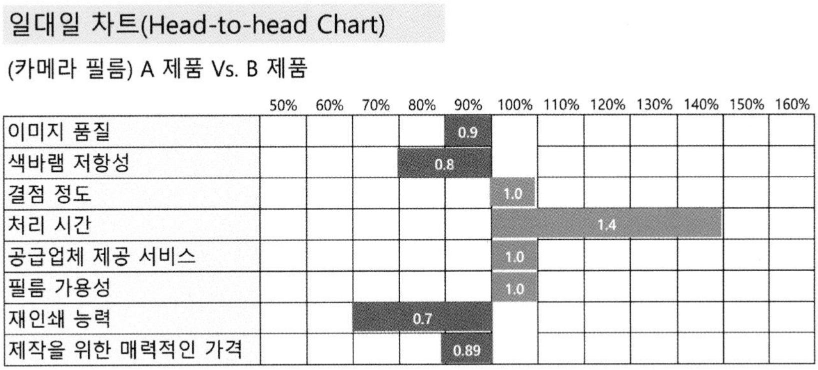

[그림 CV-4]로부터 'A 제품' 경우 시장에서의 '품질'은 '색바램 저항성'과 '재인쇄 능력'이 'B 제품'에 비해 상대적으로 떨어짐을, 반면 '처리 시간'은 상대적으로 큰 우위에 있음을 쉽게 알 수 있다.

'일대일 차트'를 어떤 목적으로 사용하든 현상을 시각화시키는 도구는 팀원들의 협의나 내용 전달에 매우 유익하다. 또 두 집단(제품, 서비스 등)을 동일한 특성들로 비교하거나 하나의 집단 내 서로 다른 특성들을 비교할 때도 매우 유용하게 응용할 수 있다.

1.5.3. 성공/실패 분석(Won/Lost Analysis)

말 그대로 과거의 '성공 사례'와 '실패 사례'를 조사한 뒤 앞으로의 전략에 활용하는 도구이다. 부동산 투자 성공/실패 사례, 영화 마케팅 성공/실패 사례, 신제품 개발 성공/실패 사례, 사업 계획 수립 성공/실패 사례 등 '○○ 성공/실패 사례'처럼 '○○'에 들어갈 수 있는 모든 분야에 대해 적용이 가능한 범용 도구이다. 기업에서는 주로 영업 환경에서 사용한다. 경쟁사를 이기고 수주에 성공했거나 반대로 실패한 사례를 두고 이유(또는 원인)를 설명함으로써 수주 상황을 분석하는 예 등이다. '성공/실패 사례'의 수집은 인터뷰나 설문으로 이루어진다. 출처에 따라 단계별 접근법이나 핵심 고려 사항들이 제시돼 있으나 사내 이력 조사이므로 처한 상황에 맞게 자료를 수집한다. 따라서 본문에서의 별도 작성 단계별 설명은 생략한다.

본 도구와 관련해서 구글 검색이나 관련 자료를 조사하면 'Win/Loss Analysis(획득/손실 분석)'란 표현을 자주 접한다. 'Won/Lost'는 과거형이지만 'Win/Loss'는 현재형이다. 둘의 차이는 시제로 봤을 때 전자는 과거 이력 자료를, 반면에 후자는 앞으로의 예측이나 대응에 있으므로 '인터뷰 지료'를 활용한다. 그러나 구분 없이 동일시하는 출처도 상당하다. 만일 인터뷰를 수행해야 하면 다음 [표 CV-3]과 관계한다.

[표 CV-3] '획득/손실 분석(Win/Loss Analysis)'의 특징

예) 주어진 영업 환경에서 고객 인터뷰를 통해 강점과 약점 이해하기

인터뷰 시 질문 (잠재 고객 대상의 질문 목록)	분석을 통해 얻는 구체적 정보
○ 애초에 당사를 선택한 이유는 무엇입니까? ○ 당사의 제품/서비스에 대한 귀하의 의견은 무엇입니까? ○ 당사와 경쟁사를 어떻게 비교하나요? ○ 구매 때 귀하의 핵심 결정 요인은 무엇입니까? ○ 해결하려는 문제는 무엇입니까? ○ 어떤 담보나 판매 도구가 관련됐다고 보십니까? ○ 구매 과정에서 누락된 요소는 무엇입니까 ? ○ 가장 좋아하는 제품 기능은 무엇입니까? 어떤 기능이 누락됐나요?	○ 제품에서 강조한 기능이 실제 얼마나 중요하게 여겨지는지 ○ 구매자의 요구에 근접하고 있는지 ○ 제품 판매 때 장애 요소는 무엇인지 ○ 제품의 어느 기능 때문에 사업 손실이 발생하는지 ○ 반복적인 업무들이 잘 처리되고 있는지 ○ 어떤 마케팅 메시지가 잠재 고객에게 전달되는지 ○ 고객이 더 쉽게 구매할 수 있도록 도울 수 있는지 ○ 가격이 구매자가 지불하고자 하는 금액대와 일치하는지

'CVA 7가지 도구'에서의 '성공/실패 분석(Won/Lost Analysis)'은 [그림 CV-3]의 '고객 가치 지도'와 관계한다. '낮은 가치 영역'이나 '높은 가치 영역'에 들거나 들지 못한 이유를 과거 '성공/실패 분석'을 통해 향후 나아갈 전략적 판단에 이용한다. 문제 해결에 있어서의 '40-세부 로드맵'은 주로 'Step-8.1. 데이터 분석'에서 활용되며, 기업의 간접 부문이나 서비스 부문의 과제 수행 중 활용 빈도가 꽤 높은 유용한 도구이다. 다음 [표 CV-4]는 간단한 작성 예이다.

[표 CV-4] '성공/실패 분석(Won/Lost Analysis)' 예

No.	발생일	고객사	성공/실패	내용(이유, 원인)
①	19xx.10.	별표(주) 홍기동 대리	실패	'재인쇄 능력'을 개선해 주문량을 맞췄으나 인쇄 문제 재발로 클레임 처리됨. 부품 변경점 관리가 표준대로 처리되지 못함.
②	201x.02.	달림(주) 강가찬 주임	성공	집중된 연구 개발로 '처리 시간'을 경쟁사 대비 140%로 끌어올려 수주에 성공함. '처리 시간'의 개선은 광학 렌즈의 형상을 최적화한 데 기인함.
③	200x.03.	나래(주) 박차노 과장	실패	'색바램'이 발생한 상태에서 폐기율을 줄이기 위해 전수 선별한 후 납품했으나 결국은 무리수가 됨. 문제의 원인 규명과 대책 마련 없이 이행한 데는 관리 표준 프로세스의 허점이 있었음이 밝혀짐.
...	...	...	...	...

[표 CV-4]의 양식 구조는 편의에 따라 필요 필드를 가감하되 '성공'이나 '실패'의 '이유(또는 원인)'는 반드시 포함시킨다.

1.5.4. 주요 사건 연대표(Key Events Time Line)

도구 명칭이 거창하기도 하고 한편으론 어떤 용도인지 감조차 잘 안 잡힌다. 'CVA 7가지 도구'에서의 쓰임은 다음과 같다.

> · **'주요 사건 연대표(Key Events Timeline)' 용도**: 모든 기업은 자사의 경쟁력을 높이기 위해 지속적으로 노력한다. 이때 적용된 조치들을 추적할 목적으로 연대표가 쓰인다. 연대표는 궁극적으로 경쟁사 대비 경쟁 우위를 확보하는 데 영향을 미친다.

한 기업의 전략을 논할 때 '회사의 성장사'가 중요한 역할을 한다. 작성 방

법은 창업 시기부터 연도별로 주요 이슈들을 기록한다. 예를 들어 기반은 언제 구축됐는지, 사업 다각화 시점은 언제부터인지, 도약기인 미국 진출 시점은, 신규 사업의 진출 시기와 내용 등 모든 주요 사건들을 시간대별로 나열한다. 이때 각 중요 시점별로 당시의 유망 사업 분야를 대조하거나 의사 결정했던 내용보다 더 나은 대안과 비교함으로써 '성공/실패 분석'을 실시한다. 일종의 '갭 분석(Gap Analysis)'으로 '회사의 성장사' 작성을 통해 간극만큼의 개선 기회를 현실에 반영할 수 있다.

'주요 사건 연대표'도 용법상 '회사의 성장사'와 차이가 없다. 다만 제품이 어떻게 성장하고 발전돼 왔는지에 초점을 맞출 경우 시간적 범위는 회사의 것과 비교해 그 폭이 훨씬 줄어든다. 다음 [표 CV-5]는 일본 후지社가 유럽에 내놓은 '도큐먼트 사진'의 발전 연대표 예이다.

[표 CV-5] 후지社의 유럽 내 '도큐먼트 사진' 발전 연대표 예

시기	내용
1980년대 후반	○ 후지社 제품 유럽 진출 ○ 고품질 사양으로 영업 이익 15~20% 유지
90년대 초반	○ 미국 폴라로이드社의 'Eyes Closed' 제품 교환 프로그램 도입 ○ 후지社 흑백 현상 시간 15초로 단축(초스피드)
97년도	○ 미국 폴라로이드社 'P6' 제품 출시 ○ 품질 문제로 시장 점유율에 악영향
98년도	○ 일본 소니社의 최고급 디지털/열전사 시스템 소개
99년도	○ 미국 폴라로이드社 'SP 350' 디지털/사진 시스템 출시 　- 소니社보다 더 나은 가치 제공. 후지 매장에서 판매량 증대

[표 CV-5]에서 후지社는 카메라 필름을 제작·판매하는 회사다. 97년에 미국 폴라로이드社의 즉석 사진기 출시로 소니社와 경쟁했으며, 99년에 들어 더 나은 가치 제공으로 시장 점유율이 높아졌음을 알 수 있다. 단순한 예지만 앞서 기술한 '주요 사건 연대표' 용법에 따라 취해진 조치들의 추적 및 경쟁

사 대비 경쟁 우위를 확보한 내용들이 고스란히 담겨 있다.

'주요 사건 연대표'는 [그림 CV-1]에서 소개한 'CVA 7가지 도구'들과 함께 고객 가치를 높이려는 노력에 통합돼 활용된다(도구들 간 관계는 [그림 CV-5] 참조).

1.5.5. 무엇/누구 매트릭스(What/Who Matrix)

'무엇/누구 매트릭스(What/Who Matrix)'는 주로 [표 CV-1]의 '품질 항목'들을 대상으로 한다. 그들 중 일부가 '고객 가치'를 떨어뜨리는 직접적 대상이므로 회사의 담당 기능(부서)을 찾아 개선 또는 조치를 취하는 기회를 제공한다. 도구의 용도는 다음과 같다.

> · **'누구/무엇 매트릭스(Who/What Matrix)' 용도**: '핵심 품질 항목'을 해당 항목의 성능을 높이는 비즈니스 프로세스에 연결하고 누가 프로세스 소유자인지 표시하는 도구이다. 즉 '품질 항목'과 그를 담당할 기능 부서를 매트릭스로 연결한다.

문제 해결 중 관련 품질 항목이 어디서 관리되고 조정되는지 아는 일은 회사 내에선 일상적이다. 특별하지 않다는 뜻이다. 그러나 조직 규모가 방대하거나 또는 업무가 매우 전문적으로 세분화돼 있다면 어느 한두 명이 '품질 항목과 담당 부서'를 단번에 연결 짓기는 분명 한계가 있다. 문제 해결이 필요한 상황에서 품질 항목에 대한 책임 공방이 생기거나 책임 소재 없이 주요 항목이 겉도는 일은 회사에 득 될 게 하나도 없다. 다음 [표 CV-6]은 매트릭스 작성 예이다.

[표 CV-6] '무엇/누구 매트릭스' 작성 예

품질 항목	개발	개발 평가	부품 조달	조립	판매	서비스
이미지 품질	◎		◎			◎
색바램 저항성	◎	◎				
결점 정도			◎	◎		
처리 시간	◎					
공급 업체 제공 서비스			◎	◎	◎	◎
필름 가용성		◎		◎	◎	
…	…	…	…	…	…	…

문제 해결은 특정 '품질 항목'을 관리해야 할 기능 부서들의 참여가 필수인 만큼 [표 CV-1]의 '고객 가치(Customer Value)'를 높이기 위한 TFT(Task Force Team) 활동이 매우 중요하다.

지금까지 설명된 'CVA 7가지 도구'들은 모두 '고객 가치'를 높이기 위한

[그림 CV-5] 'CVA 7가지 도구' 활용 관계도

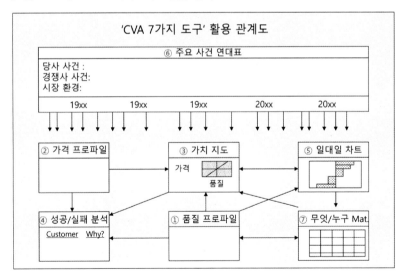

진단, 분석 및 시각화와 관련돼 있다. [그림 CV-5]는 'CVA 7가지 도구'들의 활용 관계를 나타낸다.

[그림 CV-5]에서 '원 번호' 순서는 '고객 가치'를 파악하기 위한 작성 순서이다. 관계도에서 '③ 가치 지도'가 중심에 서 있다. 화살표로부터 '③ 가치 지도'는 '① 품질 프로파일'과 '② 가격 프로파일'을 기반으로 작성되며, 또 '① 품질 프로파일'과 '② 가격 프로파일'은 다른 도구들에 정보를 제공하는 기본 구조를 갖춘다.

그러나 '정성적 도구'인 만큼 필요한 시점에 용도에 부합하면 개별적으로 가져다 사용해도 무방하다는 점 다시 한번 강조하는 바이다.

도구 선택
방법론(Methodology)

지금까지 정리된 개별 도구들은 하나하나로 봐서는 매우 중요하지만 실제 사용하려면 어떤 상황에 어느 도구들을 갖다 써야 하는지 판단에 애로 사항이 많다. 본 장에서는 정성적 도구들을 어떤 체계로 쉽게 선택해 사용할 수 있는지 알아볼 것이다.

1. 도구 선택 방법론(Methodology) 개요

'**방법론**'은 앞서 기술한 독립적 도구들을 효과적으로 쓰기 위한 방법들을 제시한다. 여기엔 필자가 직접 개발해 컨설팅 때 활용하고 있는 것도 있지만, 기존 선각자들이 문제 해결을 효과적으로 완수하기 위해 만들어놓은 것들도 있다. '방법론'에 대한 정의를 요약하면 다음과 같다.

· 정성적 도구들을 효과적으로 쓰기 위한 방법.
· 문제 해결을 목적으로 기존에 개발된 방법론. 문제 해결 방법론 속엔 항상 창안자가 만들어놓은 도구와 용법이 포함돼 있어 도구 선택과 활용을 돕는다.

[표 M-1] 기존 '방법론' 모음

No	기존 방법론	방법론 개발자	본문에 포함된 정성적 도구
1	CEDAC	Ryuji Fukuda	Windows Analysis, Ishikawa Diagram, Stratification
2	Structure for Selecting Tools (개선 체계도)	필자	Benchmarking 외 12종
3	KT(Kepner-Tregoe) Technique	Kepner, Tregoe	Kepner-Tregoe Matrix
4	RCA (Root Cause Analysis) Techniques	-	CRT, 5Whys, Why Because Analysis, Ishikawa Diagram, Tree Diagram, Relations Diagram 등
5	Risk Management	ISO Guide 73	Risk Assessment
6	Six Sigma	Bill Smith	All
7	TOC (Theory of Constraints)	Goldratt	CRT 외 4종
8	TQC/TQM	Feigenbaum	(New) QC 7 Tools
9	Value Engineering Methodology	SAVE	FAST

이들 외에 더 많은 '방법론'이 있지만, 본문에 설명된 '정성적 도구'들을 포함하는 것들로는 [표 M − 1]에 있는 것만으로도 충분하다. 본 장에서는 이 방법론을 하나하나 설명하진 않을 것이다. 특히 'CEDAC(Cause & Effect Diagram with the Addition of Cards)', 'KT Technique', 'Risk Management', 'TOC', 'TQC/TQM', 'Value Engineering(VE) Methodology' 등은 [표 M − 1]의 '본문에 포함된 정성적 도구'에 쓰인 도구 용법을 참조하기 바란다.

본 장에선 'TQC/TQM'에 쓰인 'QC 7가지 도구' 사용을 위한 간단한 흐름도와 필자가 만들어 문제 해결 컨설팅 때 쓰고 있는 '개선 체계도(Structure for Selecting Tools)'를 소개할 것이다. 리더들은 본 흐름도를 잘 학습해서 교육 강의나 문제 해결 때 직접 활용하기 바란다.

1.1. 'QC 7가지 도구' 활용 흐름도

특별한 명칭이 없어 그냥 길게 붙여보았다. 본문에서도 언급한 바와 같이 'QC 7가지 도구'와 '신 QC 7가지 도구' 안에 들은 도구들의 사용 순서는 정해져 있지 않다. 따라서 각각의 용법을 충분히 숙지한 뒤 문제 해결에 적절히 쓰면 그만이다. 다만 그들의 성격에 따른 거시적 분류 체계가 존재한다는 정도만 알려주고자 한다. 적어도 총 14개(정량적 도구도 포함해서)의 도구가 모여 있기 때문에 사용 방법을 하나로 규격화하는 것은 큰 의미가 있다. 다음 [그림 M − 1]은 흐름도이다.[85]

---

85) <출처> Nayatani, Y., The Seven New QC Tools (Tokyo, Japan, 3A Corporation, 1984).

[그림 M-1] 'QC 7가지 도구' 활용 흐름도

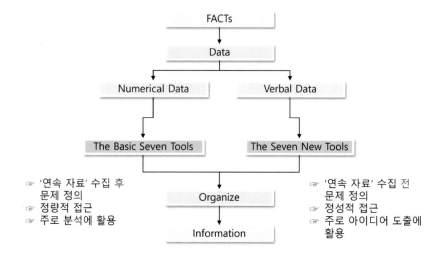

　　출처에 있는 용어 그대로 옮겼다. 'QC 7가지 도구'는 '연속 자료 수집 후
문제 정의/정량적 접근', '신 QC 7가지 도구'는 '연속 자료 수집 전 문제 정
의/정성적 접근'의 표기가 그나마 둘의 용법상 차이를 잘 설명해준다. 따라서
본래의 목적대로 제조 현장에서 단기간 개선을 목적으로 한다면 '연속 자료'
확보가 비교적 유리할 것이므로 'QC 7가지 도구'를 사용하여 문제 해결에 임
한다. 그 외에 데이터 확보에 애로 사항이 있는 경우나 수치 데이터가 불필요
한 경우, 또는 사무 간접 부문 등은 '신 QC 7가지 도구'를 적극 활용한다. 물
론 도구(Tools)들이므로 두부 자르듯 정확히 구분해 사용하는 것은 의미가 없
다. 활용의 판단은 처한 상황에 맞게 사용자 각자의 몫으로 남긴다.

1.2. 개선 체계도(Structure for Selecting Tools)

'개선 체계도'는 이미 「Be the Solver_프로세스 개선 방법론」편의 Improve Phase에서 활용한 바 있다. 따라서 한글명 '개선 체계도'의 변경은 어렵고, 영문명을 조금 구체적으로 표현하였는데, 이런 이유로 한글명과 영문명에 약간의 괴리가 생겼다. 탄생 배경은 다음과 같다.

> · (필자) 2002년 말경 체계도의 첫 윤곽이 그려졌다. 당시는 제조와 R&D 분야에서 6 시그마 경영 혁신이 성공적으로 정착되었다고 판단한 시기였으며, 삼성 SDI, 에버랜드 등 먼저 시행착오를 거친 회사들에서 사무 간접 분야로의 확산을 모색하고 있었다. 이 때 가장 큰 걸림돌이 바로 분석과 개선에서 어떤 도구들을 사용해야 하는가였다. 왜 이 같은 고민을 했을까 씁쓸한 웃음이 돌지만 당시는 상황이 그랬다. 하여튼 당시로선 주변에 참고할 만한 사례가 없어 좋은 BP를 찾아 서로 공유하고 토론하는 문화가 생길 정도였다. 필자도 같은 어려움에 처해 있기는 마찬가지였는데, 영업이나 총무, 관리 부서 등의 과제를 멘토링하면서 기존의 정성적 도구들을 모두 모은 뒤 이들을 유형별로 묶어 배열하는 방식을 구상했고, 이후 계속되는 사무 간접 부문에 적용하면서 좀 더 다듬고 구체화시켰다. 용어 등 최종적인 완성은 2009년 4월 30일 「Be the Solver_프로세스 개선 방법론」편을 출판하며 이루어졌다.

'개선 체계도'는 Improve Phase에서 '최적화'를 위한 '최적 대안' 선정에 초점이 맞춰져 있다. 따라서 아이디어를 발굴해서 그들 중 가장 좋은 것을 선택하는 절차면 언제든 이용이 가능하다. 통상 Improve Phase에선 '제어 인자(Operation Parameter)'와 '대안 인자(Critical Element)'별로 '최적 대안'을 선정하기 위한 도구(Tools)에 차이가 있으며, 올바른 도구의 선택을 '개선 체계도'가 안내한다.

다음 [그림 M−2]는 '최적 대안'을 선정하기 위한 '개선 체계도'이다.[86) 각 도구의 괄호 속 표기는 기업 교재에서 주로 쓰는 명칭이다. 쓰임새가 많은 만큼 확실히 익혀두도록 하자. 참고로 '제어 인자'까지 아우르는 전체 모습의 '개선 체계도'는 「Be the Solver_프로세스 개선 방법론」편을 참고하기 바란다.

[그림 M - 2] 개선 체계도(Structure for Selecting Tools)

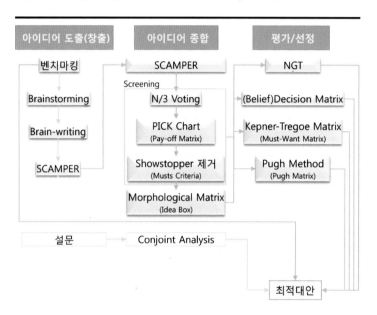

① 아이디어 도출(창출): 현 프로세스를 최적화하기 위한 구체적 안들을 도출하는 과정이다. 이 단계는 아이디어의 '질'보다는 '양'에 관심이 있으므로 과정은 대안들을 증폭시키는 쪽으로 전개된다. 사용법에 대해 알아보자.

개선이 필요한 항목에 대해 가장 손쉽게 아이디어를 얻는 방법이 '벤치마킹'이다. 잘하는 걸 보고 괜찮으면 그대로 따라 한다. 또 운영 중이므로 위험

---

86) <출처> 「Be the Solver_프로세스 개선 방법론」편, 「프로세스 설계 방법론」편에서는 '설계 상황'인 점을 감안해 "상세 설계 체계도"로 명명한다.

부담도 적은 편이다. 그런데 바로 적용 시 우려스럽거나 현상과 갭이 있으면 보완이 필요한데, 이때 'Brainstorming'을 실시한다. 또 'Brainstorming'이 한계에 이르면 나온 아이디어를 종이에 적어 팀원들에게 나누어준 뒤, 그들에 1~3 개씩 추가하거나 파생시키도록 유도하면 양이 증폭된다(Brain-writing). 다시 이들을 'SCAMPER'에 뿌려 넣은 뒤, 양이 적은 쪽 유형(예로, Combine의 도출 양이 상대적으로 적다고 가정)에 집중해서 아이디어를 추가 발굴한다. 강의 실습 시간에 3명 정도가 1시간가량 이 같은 과정을 거치도록 하면 약 150~200건의 아이디어들이 발굴된다.

② 아이디어 종합: 도출된 많은 양의 아이디어들을 선별해서 프로세스에 유용한 안들로 구체화시키는 과정이다. 일단 이전의 '아이디어 도출(창출)' 과정에서 나온 안들이 'SCAMPER'에 정리돼 있을 것이므로 이를 가져온 뒤 이후 단계인 'N/3 Voting(개수의 1/3씩 투표로 골라냄)'부터 실시한다. 'N/3 Voting', 'Pick Chart(Pay-Off Matrix)', 'Showstopper 제거(Musts Criteria)'들은 도출된 대안들 중 필요한 것들을 걸러내는 성격이 강하므로 하나로 묶어 '선별'의 의미인 'Screening'으로 명명하였다. '선별'이 종료되면 '평가/선정'으로 넘어간다.

③ 평가/선정: '아이디어 종합'에서 최종 선별된 대안들을 평가해서 '최적 대안'을 뽑는 과정이다. '개선 체계도'에 나열된 도구들은 연속해서 사용되는 것은 아니고 아래로 갈수록 위계가 높은 특징이 있다. 따라서 대안들의 유형이나 상황에 따라 적절한 평가/선정 도구를 선택해서 사용한다. 선정된 '최적 대안'들은 프로세스에 끼워 넣는(운영하는) 과정, 즉 '최적화'가 수반되는데 본문에서의 설명은 생략한다. 관심 있는 리더들은 「Be the Solver_프로세스 개선 방법론」편을 참고하기 바란다.

각 단계별 기본 설명은 마쳤으므로 실제 사용 예를 들어보자. 본 예는 「Be the Solver_프로세스 개선 방법론」편의 Improve Phase에 포함된 내용이며 두 개만 발췌해서 옮겨놓았다.

'**사례 1**' '대안 인자'의 '최적 대안'을 찾아가는 과정은 공통적으로 '아이디어 도출(창출) → 아이디어 종합 → 평가/선정'으로 진행되지만 [그림 M−2]에서와 같이 '벤치마킹'을 포함, '브레인스토밍', 'SCAMPER', 'N/3 Voting', 'NGT' 등 모든 도구들을 활용할 필요는 없다. 왜냐하면 많은 양의 대안들을 확보하기 위해 '벤치마킹~Morphological Matrix'까지 화살표를 따라 전체를 실행할 수도 있지만 대부분의 과제가 그들 중 일부만으로 대안들을 충분히

[그림 M−3] 개선 체계도(도구들의 선정 예)

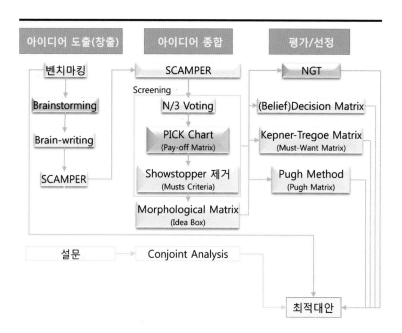

도출할 수 있기 때문이다. 따라서 [그림 M-3]의 '개선 체계도'에서 색으로 채워진 도구들처럼 '아이디어 도출(창출)' 중 도구 1개(Brainstorming), '아이디어 종합' 중 도구 1개(Pick Chart) 및 '평가/선정'의 도구 1개(NGT)씩을 상황에 맞게 선택해 활용한다. [그림 M-3]은 도구들 선정 예이다.

상황에 맞는 도구를 선택했으면 흐름에 맞도록 장표를 구성한다. [그림 M-4]는 '노래방 매출 올리기'의 '탬버린, 마이크, 노래책 손상을 줄이거나 관리를 위한 대책'이 주요 안건이며, 이에 대해 '브레인스토밍 → Pick Chart → NGT'의 적용 사례를 보여준다.

[그림 M-4] '개선 체계도' 사용 예(브레인스토밍 → Pick Chart → NGT)

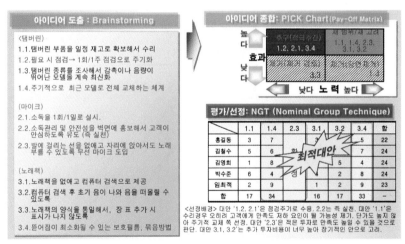

[그림 M-4]에서 문제 해결을 위한 '아이디어 도출(창출) → 아이디어 종합 → 평가/선정'용 도구로 'Brainstorming → Pick Chart → NGT'를 선택해서 활용하고 있다. 'Pick Chart' 중 '효과'가 큰 대안들을 대상으로 '평가/선정' 과정이 'NGT'로 진행되었다(포함 안 된 것은 '즉 실천'으로 간주). 평가

결과 '1.4'와 '3.4'가 '최적 대안'으로 최종 선정되었음을 알 수 있다. 그러나 무엇보다 중요한 일은 이들을 선정하기까지 팀원들이 낸 '의견'과 결정된 최종의 '선정 배경'들을 반드시 기록해둬야 한다는 점이다. '평가/선정'의 점수 자체보다 그 점수를 만들어내기까지의 팀원들 간 고민과 의견이 자료로서 더욱 가치가 있기 때문이다. 예시 중 'NGT' 아래쪽에 이들 고민과 의견을 '선정 배경'에 기록하였다.

'**사례 2**' 다음은 문제 해결을 위한 '아이디어 도출(창출) → 아이디어 종합 → 평가/선정'용 도구로 'SCAMPER → Morphological Matrix(아이디어 상자) → Kepner-Tregoe Matrix(Must−want Matrix)'를 선택해서 활용한 예이다.

[그림 M − 5] 개선 체계도(도구들의 선정 예)

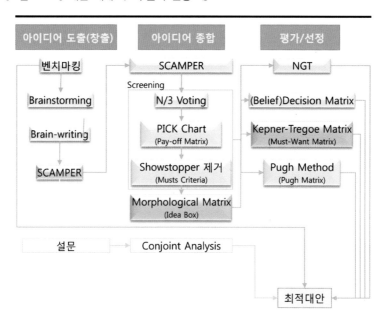

상황은 노래방 직원들의 대 고객 서비스에 문제가 있음을 가정하고 이들을 위한 교육 프로그램을 어떻게 기획할 것인가에 대한 전개다.

'Morphological Matrix(아이디어 상자)'는 'N/3 Voting, Pick Chart, Showstopper 제거' 등의 개별 안 도출과는 별개로 '조합'을 통해 대안들이 만들어진다. 따라서 '체계(System)'를 마련하는 상황에 알맞다. 예를 들면, '교육 체계를 수립'하는 '개선 방향' 경우, 최적화를 위해서는 기본적으로 운영과 관련된 사항들— 교재 제작, 교육 주기, 장소, 대상, 강사 배정— 등이 필요하다. 이들 중 현재 운영이 잘 안 되는 항목들이 '아이디어 도출(창출)' 단계에서 대안들로 나오고, 다시 개별 대안들을 종합해 'Morphological Matrix'의 'Parameter'와 'Variation'을 결정한다(X-Y 좌표형, '2.2.7.' 용법 참조). 이때 'Variation'을 추가 도출하는 것도 허용된다. 예로서 만일 대안 중 하나가 "강사는 사내 강사를 활용하자"라면 'Parameter'는 '강사 배정'이 올 수 있고, 'Variation'은 우선 기술된 '사내 강사'가 포함된다. 그러나 '사내 강사' 한 경우만 존재하는 것이 아니므로 추가 고려가 필요한데, 이들엔 '사외 강사', '사내 강사+사외 강사 혼용' 등이 별개의 'Variation'으로 올 수 있다. 따라서 다양한 대안들로부터 'Parameter'와 'Variation'을 구분해내는 안목이 요구되고, 또 좀 더 유용한 결과를 만들어내기 위한 심도 있는 고민이 필요하다. 물론 'Morphological Matrix'의 독립적인 활용도 가능하므로 상황에 맞게 대처한다. 다음 [그림 M-6]은 사용 예를 보여준다.

우선 '신입 직원'들에 대한 서비스 교육을 어떻게 실시할 것인가 하는 관점에서 'SCAMPER'로 아이디어를 도출하였고, 이로부터 4개의 'Parameter'를 끄집어내었다. 물론 각각에 대한 'Variation'도 있고, 이들을 'Morphological Matrix(또는 Idea Box)'에 종합해서 정리하였다. 이렇게 모아진 정보를 통해 팀원들과 가장 좋은 조합을 찾기 위한 또 한번의 협의가 필요하며, 최종 4개의 대안이 창출되었음을 알 수 있다. 'Morphological Matrix'는 'Parameter'가

아이디어 도출 : SCAMPER	
구 분	**도 출 내 용**
Substitute	별도의 전담 부서를 만들자
Combine	기존 오리엔테이션을 교육과 통합하자
Adapt	A 기업처럼 외부 전문 기관에서 교육 수강토록 하자
	전문 컨설턴트를 강사로 영입하자
	그룹 공통 교육에 커리큘럼을 추가하자
	각 사업부별로 가이드 라인을 만들자
	교육 점수 이수 제도를 도입하자
Modify	현재의 사내 교육을 사외로 조정하자
	현 교재를 업그레이드하자
Eliminate	규정이 바뀐 관련 교재는 빼자

아이디어 종합 : Morphological Matrix

[질문사항]
- Parameter:
  - 교육 방법
  - 교재
  - 교육 운영
  - 교육 장소

	교육 방법	교재	교육 운영	교육 장소
1	외부 기관 위탁	사내 제작	담당 부서 신설	사내
2	사업부 자체 교육	사외 제작	관련 부서 업무 추가	사외
3	계열사 공통 과정에 포함	사내/ 사외 공동 제작	담당자 지정제	사내/ 사외
4	컨설턴트 섭외	-	-	-

10개, 'Variation'이 10개면 10^{10}의 조합, 즉 100억 개의 '대안 창출'이 가능하다. 따라서 임의 체계를 필요로 하는 개선 대안을 만들어내는 도구로서는 매우 훌륭하다. 또 실제 문제를 해결하다 보면 개선해야 할 내용뿐만 아니라 '도형'이나 '개념도', 또는 특정 부위의 '구조도' 등도 포함시킬 필요가 있으며, 이들 모두를 혼합해서 'Variation'으로 표현할 수도 있다. 예를 들면, '구매 방법'의 '대량 구매 − 소량 구매 − 필요시 구매'의 내용과 '외형 모양'의 'ㅁ, △, ☆'의 그림 등이 함께 공존하는 식이다. [그림 M-7]은 이어지는 '평가/선정'의 예이다.

3개의 'Must 조건'을 모두 만족하는 '1안'과 '3안'이 'Want 조건'을 평가할 우선 대상자로 선정되었으며, 'Want 조건'의 최종 평가를 통해 3안이 '최적 대안'으로 결정되었다. 이 도구는 'Must 조건'과 'Want 조건'에 따라 선정 결과가 좌지우지되므로 조건을 선정할 때 팀원들의 신중한 판단이 요구된다. 또 결과 값의 합이 서로 비슷해서 변별력이 떨어지거나, 전체적으로 점수가 낮아 대안들의 적합성에 의심이 가는 경우, 또는 특정 점수의 비중이 너무 커서 '가중치'의 의미가 퇴색되는 경우 등 상황별 분석을 통해 보완 사항이 없는지 주의 깊게 관찰한다. 아무리 단순한 도구라도 사용하는 사람의 의지와 노력에 따라 그 가치가 크게 달라진다는 점을 명심하자.

[그림 M - 7] '개선 체계도' 사용 예(Kepner-Tregoe Matrix)

[평가/선정] : Kepner-Tregoe Matrix (또는 Must-want Matrix)

Must 조건	교육방법	• 계열사 공통 과정 포함	• 외부 기관 위탁 운영	• 사업부 자체 교육	• 사업부 자체 교육
	교재	• 사외 제작	• 사내 제작	• 사내 제작	• 사외 제작
	교육 운영	• 관련 부서 업무 추가	• 관련 부서 업무 추가	• 관련 부서 업무 추가	• 담당 부서 신설
	교육 장소	• 사내	• 사외	• 사내/사외	• 사내/사외
추가 비용 500만 이하		O	X	O	X
적용 1달 이내		O	O	O	X
임원 만장일치 여부		O	O	O	X

Want 조건	가중치	1안		2안	3안		4안
적용의 주기성	0.2	6	1.2		5	1.0	
교육 내용의 지속성	0.2	6	1.2		10	2.0	
접근의 용이성	0.1	2	0.2		9	0.9	
만족도 기여 정도	0.2	4	0.8		7	1.4	
매출 기여 정도	0.3	5	1.5		8	2.4	
합	1.0		4.9			7.?	

최적 대안

이상으로 '정성적 도구'에 대한 소개를 마무리한다. 서두에도 언급했듯이 본 서적의 장점은 기존에 쓰고 있던 도구들의 원 모습을 밝히는 데 주력했고, 이 부분에 대해선 어느 정도 성과가 있었다고 본다. 정확한 탄생 배경과 최초 의도된 용법을 모르는 상황에선 응용력도 그만큼 떨어질뿐더러, 남이 모르고 옮긴 모호한 내용을 마치 올바른 것으로 알고 쓰는 우를 범하진 않을 것이다.

만들어놓은 것을 명확히 알고 활용에도 어느 정도 자신이 생길 즈음, 그를 밑
거름으로 우리가 만든 도구들의 용법도 논하게 될 날을 기대하며 그날을 위
해 모두 노력해주기 바란다.

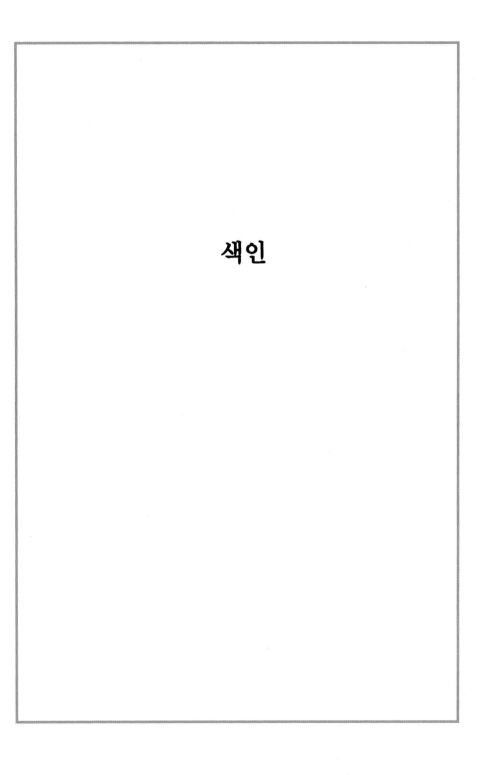

색인

(X)

(한글)

송인식 ────────────────────────────

(현) PS-Lab 컨설팅 대표

한양대학교 물리학과 졸업
삼성 SDI 디스플레이연구소 선임연구원
한국 능률협회 컨설팅 6시그마 전문위원
네모 시그마 그룹 수석 컨설턴트
삼정 KPMG 전략컨설팅 그룹 상무

인터넷 강의: http://www.youtube.com/c/송인식PSLab
이메일: labper1@ps-lab.co.kr

※ 도서 내 데이터 및 템플릿은 PS-Lab(www.ps-lab.co.kr)에서 무료로 받아보실 수 있습니다.

Be the Solver

**정성적
자료 분석(QDA)**

초판인쇄 2018년 2월 28일
초판발행 2018년 2월 28일

지은이 송인식
펴낸이 채종준
펴낸곳 한국학술정보㈜
주소 경기도 파주시 회동길 230(문발동)
전화 031) 908-3181(대표)
팩스 031) 908-3189
홈페이지 http://ebook.kstudy.com
전자우편 출판사업부 publish@kstudy.com
등록 제일산-115호(2000. 6. 19)

ISBN 978-89-268-8265-8 94320